旅游目的地服务与管理

祝招玲　主　编
马云驰　徐艳红　副主编

清华大学出版社
北　京

内 容 简 介

本书根据新时代旅游目的地发展需要，以旅游目的地服务与管理为核心，对相关知识进行梳理，在介绍相关概念和理论的基础上，对旅游目的地接待服务、游览服务、公共服务、营销管理、品牌形象管理、节事活动管理、安全管理、环境资源管理、智慧旅游目的地服务与管理、新时代的旅游目的地管理进行系统的阐述，反映旅游目的地服务与管理的新发展。

本书注重知识的科学性与前沿性，深入挖掘思政元素，紧紧围绕新时代旅游背景，及时补充新知识和新成果。本书既可作为普通高等院校旅游管理类各专业的通用教材，也可作为各级旅游管理部门、旅游目的地管理人员和旅游企业管理人员的参考用书。

图书在版编目(CIP)数据

旅游目的地服务与管理 / 祝招玲主编. —北京：清华大学出版社，2023.11
ISBN 978-7-302-64811-6

Ⅰ. ①旅… Ⅱ. ①祝… Ⅲ. ①旅游地—旅游服务 ②旅游地—旅游资源—资源管理 Ⅳ. ①F590

中国国家版本馆 CIP 数据核字 (2023) 第 206117 号

责任编辑：施 猛 张 敏
封面设计：常雪影
版式设计：孔祥峰
责任校对：马遥遥
责任印制：杨 艳

出版发行：清华大学出版社
　　网　　　址：https://www.tup.com.cn，https://www.wqxuetang.com
　　地　　　址：北京清华大学学研大厦 A 座　　　　邮　　编：100084
　　社 总 机：010-83470000　　　　　　　　　　邮　　购：010-62786544
　　投稿与读者服务：010-62776969，c-service@tup.tsinghua.edu.cn
　　质 量 反 馈：010-62772015，zhiliang@tup.tsinghua.edu.cn
印 装 者：三河市龙大印装有限公司
经　　销：全国新华书店
开　　本：185mm×260mm　　　印　　张：15.5　　　字　　数：335 千字
版　　次：2023 年 11 月第 1 版　　印　　次：2023 年 11 月第 1 次印刷
定　　价：49.00 元

产品编号：098032-01

序 言

　　旅游是人类认识新鲜事物和探索未知世界的重要途径，是人们对美好生活的向往与追求。随着改革开放的深入和经济社会的不断发展，"十四五"时期我国将全面进入大众旅游时代，旅游将逐步生活化和常态化，旅游业发展方式也将由规模速度发展向质量效益提升转变。与此同时，旅游市场的散客化、个性化、自助化发展趋势越来越明显，全域旅游、智慧旅游迅速崛起。在这样的时代背景下，旅游学的研究从旅游要素转向旅游目的地发展，提升旅游目的地服务质量，有利于对旅游目的地进行系统化和专业化的管理，这也是促进我国旅游业提档升级的关键所在。

　　《国务院关于加快发展旅游业的意见》(国发〔2009〕41号)明确提出，旅游业"国民经济的战略性支柱产业和人民群众更加满意的现代服务业"的定位，特别是随着全域旅游、乡村振兴、文旅融合等发展战略的提出，旅游业已进入全面发展阶段。《"十四五"旅游业发展规划》(国发〔2021〕32号)也明确提出，突出重点，发挥优势，打造和建设一批特色旅游目的地，努力实现旅游业更高质量、更有效率、更加公平、更可持续、更为安全的发展。2022年，旅游业内容首次被列入党的全国代表大会报告中，党的二十大报告强调，坚持"以文塑旅、以旅彰文"，并要求"推进文化和旅游深度融合发展"，体现了党和国家对旅游业的重视，为中国旅游发展指明了方向。由此可见，旅游业的强劲发展对旅游目的地的服务与管理提出了更高的要求。基于此，为了培养旅游目的地服务与管理人才，我们编写了教材《旅游目的地服务与管理》。本书融新颖性、前沿性与创新性，融理论性、实践性及趣味性为一体，注意挖掘思政元素，紧紧围绕新时代旅游背景，及时补充新知识、新技术和新成果。各章均设有学习目标、案例导引、内容小结和复习思考题，并附有大量可供研究讨论的案例、拓展知识和知识链接，力求重点突出、内容新颖、体例严谨。

　　本书主编祝招玲，副主编马云驰和徐艳红，均为佳木斯大学教师。祝招玲负责本书的筹划和统稿，并编写第一章、第二章、第六章、第八章、第九章；马云驰负责第三章、第四章、第五章、第十章的编写；徐艳红负责第七章、第十一章、第十二章的编写。全书由祝招玲、马云驰、徐艳红共同审稿。本书在编写过程中引用了大量国内外学者的相关研究成果，在此表示深深的谢意，如有遗漏者，请接受我们诚挚的歉意。

本书既可作为普通高等院校旅游管理类各专业的通用教材，也可作为各级旅游管理部门、旅游目的地管理人员和旅游企业管理人员的参考用书。由于编者水平有限，书中难免会存在疏漏，敬请读者批评指正。反馈邮箱：shim@tup.tsinghua.edu.cn。

祝招玲

2023年7月

目　　录

第一章 | 旅游目的地导论

学习目标

知识目标：掌握旅游目的地的概念、构成条件和构成要素，熟悉旅游目的地的分类及基本特征，了解我国旅游目的地发展过程及发展趋势。

能力目标：能根据时代发展需要，创新旅游目的地发展模式。

素质目标：具备旅游目的地从业人员所需的行业价值观。

案例导入

河北：打造有吸引力的红色旅游目的地

2022年5月，河北省旅游工作领导小组办公室印发了《关于推动红色旅游高质量发展的实施方案》。该方案提出，到2025年，河北省红色旅游发展体制将更加健全，教育功能更加凸显，规范化、标准化水平明显提升；红色旅游经典景区基础设施条件和服务品质进一步提升，红色旅游创新能力显著提高；革命老区等红色资源聚集地区强村富民效果更加突出，群众参与积极性和满意度显著提高；全省红色旅游接待人数占全省旅游接待总人数比例持续提升，全省红色旅游市场规模位列全国前列，将河北省打造成有吸引力的红色旅游目的地。

2021年年底，河北省文化和旅游厅印发的《河北省旅游业"十四五"发展规划》，重点提出了河北省将建设红色"太行精神"传承弘扬核心区，加强西柏坡精神、白求恩精神、太行新愚公精神、华夏根祖文化等"太行精神"研究挖掘，通过创作红色文艺作品、举办红色故事主题展播和红色主题系列等活动，推动全省红色旅游发展。

河北省将抓住京津冀协同发展的契机，加快雄安新区规划建设以及长城、大运河国家文化公园建设，优化河北红色旅游空间布局，重点打造以西柏坡红色圣地旅游区为龙头，以邢台太行新愚公全国党性教育基地、塞罕坝国家生态旅游创新示范区为两翼，以邯郸太行红河谷、冀东李大钊故里、保定抗战英雄、张家口国防文化旅游区为支撑的红色旅游目的地体系。

河北省还将加强京津冀红色旅游协同平台建设，建立高效合理的一体化发展机制，实现红色旅游协调、协作、协同发展，以长城、大运河、京张体育文化旅游带和太行山文化旅游带为依托，加强与京、津、晋、豫等地区红色旅游区域协作，推出"牢记使命重温赶考路"、冀晋豫"太行传奇"等红色旅游线路。

河北省将结合乡村振兴战略，开展"红色景区＋乡村旅游"结对行动，着重完善革命老区红色旅游基础和服务设施，联动打造产品业态，引导革命老区群众直接参与旅游经营和旅游接待服务，让红色旅游发展成果更好地惠及革命老区人民。

(资料来源：任英文，高越.河北：打造有吸引力的红色旅游目的地[N].中国旅游报，2022-05-12.)

思考： 请说明河北省打造红色旅游目的地的意义。

第一节　旅游目的地概念

随着旅游业的深入发展，"旅游目的地"的概念被提出，目前国内外学者对"旅游目的地"的概念理解并不统一，并且分别从不同的视角对"旅游目的地"进行了界定。

一、国外学者对旅游目的地的界定

旅游目的地是相对于旅游客源地来说的，它们共同构成旅游的供给侧和需求侧。国外学者对旅游目的地的研究始于20世纪70年代，最初"旅游目的地"被认为是一个明确的地理区域。1972年，美国学者冈恩(Gunn)提出了"目的地区域"(destination zone)的概念，他认为"目的地区域"包括吸引物综合体(attraction complexes)、主要的通道(corridor)和入口(gate-way)、服务中心(service center)、区内通道(linkage)、外部环境(external environment)等，并且认为这些要素的整合有利于旅游开发的成功。1997年，戴维德森和梅特兰德(Davidson & Maitland)提出，传统意义上的旅游目的地可被认为是有着良好基础设施的地理区域，如一个国家、一个岛屿或是一个城镇。2000年，英国学者布哈里斯(Buhalis)明确提出，旅游目的地是一个特定的地理区域，这一区域被旅游者公认为是一个完整的个体，有统一的旅游业管理与规划的政策司法框架，也就是说由统一的目的地管理机构进行管理的区域。2004年，世界旅游组织(World Tourism Organization，UNWTO)将"旅游目的地"定义为"旅游者至少停留一晚的物理空间"。然而，与这种用时间和地理空间来界定"旅游目的地"的方式不同，一些学者将旅游目的地定义为一种知觉性概念，如澳大利亚学者李珀尔(Leiper，1995)认为，目的地是人们旅行的地方，是人们选择逗留一段时间以体验某些特色或特征——某种感知吸引力。还有一些学者从旅游消费者的角度对"旅游目的地"进行界定，如库珀等(Cooper，1998)认为目的地是那些能够满足游客需要的设施和服务的集中地，鲁宾斯等(Robbinsetal，2007)则认为旅游目的地包含旅游者需要消费的一系列产品和服务。

二、国内学者对旅游目的地的界定

国内对旅游目的地的研究比国外晚一些，但也有不少学者提出了旅游目的地的概念，这些概念大多是从地理学和经济学的角度来定义的。郭来喜(1982)提出，旅游地是具有一定经济结构和形态的旅游对象的地域组合。保继刚(1996)指出，旅游目的地是旅游者停留活动的地方，是指附着在一定地理空间上的旅游资源，并且将其基础设施及相关设施统一联系在一起。杨振之(1996)除了强调旅游地是一种地理空间集合外，还强调旅游地要形成旅游产业发展的格局。崔凤军(2002)提出，旅游目的地是一个拥有统一整体形象的旅游吸引物的开放系统，以空间尺度作为衡量标准，旅游目的地可以划分为不同类型，一个国家、一个地区、一个城市或一个具体的旅游景区(景点)都可以是旅游目的地，从一定意义上来看旅游目的地是旅游产品和旅游服务与游客体验相结合的整体。魏小安(2002)从效用的角度指出，旅游目的地就是能够使旅游者产生动机，并追求动机实现的各类空间要素的总和。张辉(2002)认为，旅游目的地是指拥有特定性质旅游资源，具备了一定旅游吸引力，能够吸引一定规模数量的旅游者进行旅游活动的特定区域，其必须具备三个条件：一是要拥有一定数量的、可以满足旅游者某些旅游活动需要的旅游资源；二是要拥有各种相适应的旅游设施；三是该地区具有一定的旅游需求流量。魏小安、厉新建(2003)对旅游目的地构成要素进行了总结，提出旅游目的地构成要素包括吸引要素、服务要素和环境要素三个方面的内容。张立明、赵黎明(2005)认为，旅游目的地是对应旅游客源地、旅游过境地而言的，它不同于一般的旅游地或者旅游景区，是具有独特的旅游地形象、具有完善的区域管理与协调机构，能使潜在旅游者产生旅游动机并做出旅游决策，实现其旅游目的的空间区域。邹统钎(2006)认为旅游目的地是一个感性概念，它为游客提供一个旅游产品和服务的合成品，一个组合的体验经历。董观志、张巧玲(2008)认为，旅游目的地是以一定旅游资源为核心，以综合性的旅游设施为凭借，以可进入性为前提的旅游活动与旅游服务地域综合体，是旅游者停留并开展旅游活动的核心载体。

三、旅游目的地概念的界定

由于各国的制度背景和旅游业所处的发展阶段不同，国内外学者对旅游目的地界定的侧重点也各不相同，但归纳起来，存在以下共识。

(1) 旅游目的地在相对集中的一定规模的地域空间内，并具有一定数量的旅游资源，这些旅游资源是使旅游者产生旅游需求的原始动力。

(2) 旅游目的地的范围可大可小，它可以大到一个城市、一个国家，甚至跨越国家界线；小到一个景区，一个城镇、一个村落。

(3) 旅游目的地拥有相关旅游基础设施及旅游接待设施等，能够满足旅游者的旅游需求。

可见旅游目的地是一个集旅游资源、旅游活动项目、旅游设施、交通条件、旅游产业链条与旅游市场需求于一体的复合空间结构。

案例1-1

青海：高质量打造国际生态旅游目的地

青海省为全力打造国际生态旅游目的地，把保护生态环境放在首位，从国际、生态、文化视角出发，建立健全国际生态旅游目的地标准体系，打造了一批具有青海特色的以重点生态旅游景区、生态旅游线路和自然人文为主的生态旅游风景道，先后制定了《青海打造国际生态旅游目的地行动方案任务分工》《青海打造国际生态旅游目的地2022年—2025年工作要点》《青海省旅游景区高质量发展实施方案(2022年—2025年)》等规章制度，助力打造国际生态旅游目的地。

青海省以学习宣传贯彻党的二十大精神为主题，创作推出大型生态舞剧《大河之源》、民族歌剧《青春铸剑221》等优秀剧(节)目50余个；举办"礼赞新时代 奋进新征程"主题文艺晚会等线上线下展演664场次，惠及群众502万人次；"'两弹一星'精神原子城纪念展览""青海考古成果展"入选"弘扬中华优秀传统文化、培育社会主义核心价值观"主题展览重点推介名单；高质量编制《黄河青海流域文化保护传承弘扬规划》及长城、长江国家文化公园建设保护规划。

青海省为促进文化和旅游行业健康发展，开展导游行业及旅游市场整治、导游词编印等专项行动，抓好文旅行业"防风险、保安全、护稳定"安全生产大督查大整治，重拳整治环青海湖私设景点等旅游乱象。

(资料来源：吴梦婷.高质量打造国际生态旅游目的地[N].西海都市报，2022-12-09.有删减)

思考： 青海省高质量打造国际生态旅游目的地做了哪些工作？

四、旅游目的地相关概念

(一) 旅游客源地

旅游客源地是指具有一定人口规模和社会经济能力，能够向旅游目的地提供一定数量旅游者的地区或国家。旅游客源地首先是一个地域概念，即由一定规模的人口在特定的社会经济结构下所构筑的地域；其次，它又是一个空间概念，即相对旅游目的地而言存在着一定的空间距离。

(二) 旅游过境地

旅游过境地是指在长线旅游产品中，旅游者到达或离开主要旅游目的地的过程中所经历的地方。在旅游过境地，旅游者或单纯过境，或短暂停留并参与消费。

(三) 旅游集散地

旅游集散地是指为旅游者提供中转集散作用的城镇。这些城镇拥有便利的交通、齐全的基础服务配套设施，往往是区域内的中心城镇，或是具有口岸、交通枢纽功能的地理单元，它对旅游景区具有辐射作用，能够极大地带动整个旅游目的地的发展。旅游集散地的建设强调休闲功能，而不是观光功能；强调服务价值，而不是资源价值。

第二节　旅游目的地构成

一、旅游目的地构成条件

张朝枝(2021)认为，旅游目的地应具备以下条件：具有产生一定吸引半径的旅游吸引物；拥有一定距离范围的客源市场；对潜在的市场具有合理的可进入性；其社会经济基础能够达到支持旅游业发展的最低限度；具有一定与规模的设施与服务；拥有明确的管理主体及相应的法律法规和制度。

二、旅游目的地构成要素

(一) 五要素观点

冈恩(Gunn，1972)和默菲(Murphy，1985)提出，旅游市场可以划分为需求方与供给方，需求方是产生旅游者的国家或地区，供给方是接待旅游者的国家或地区。冈恩(Gunn，1988)提出旅游运作系统(见图1-1)，认为旅游目的地由5个要素构成，即旅游服务设施、吸引物集聚体、交通、信息与引导、旅游者，并指出旅游需求和旅游供给相互影响，各要素之间存在互动关系。由此可知，旅游目的地是一个综合体，各个组成要素密切配合才能成为一个具有吸引力的目的地。他们认为一个真正的旅游目的地应拥有一定范围的客源市场，具有合理的可进入性，有一定规模并包含多个社区，有发展的潜力和条件，社会经济基础能够最低限度支持旅游业发展。

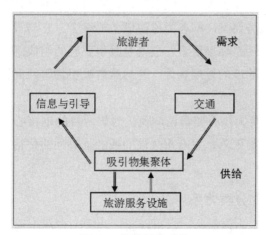

图1-1　旅游运作系统

(二) "4A"观点和"6A"观点

国外著名学者库珀(Cooper，1998)提出了旅游目的地由四大要素构成，简称"4A"观点：一是吸引物(attractions)，其旅游者获得愉悦体验的消费载体，影响着旅游目的地的吸引力；二是接待设施(amenities)，旅游目的地必须具有能够满足旅游者需求的接待设施，如住宿设施、餐饮设施、娱乐设施及其他服务设施等；三是可进入性(access)，可进入性包括有形的硬件设施和无形的政策保障条件，有形的硬件设施主要指交通网络和基础设施，无形的政策保障条件通常指签证的便利性、航线和航班班次等；四是辅助性服务(ancillary service)，其为旅游业发展和旅游者消费活动提供辅助支撑作用，如地方旅游组织等。

布哈里斯(Buhalis，2000)认为旅游目的地是旅游产品的集合体，包括与之有关的一切旅游产品和服务，并向旅游者提供完整的旅游活动。布哈里斯在库珀"4A"观点的基础上，增加了包价服务(available package)和活动(activities)，认为旅游目的地由六大要素构成，推广为"6A"观点，具体如表1-1所示。

表1-1　布哈里斯的旅游目的地"6A"观点

构成要素	具体描述
吸引物(attractions)	自然风景、主题公园、历史文化遗产、风俗节庆等
接待设施(amenities)	住宿设施、餐饮设施、娱乐设施及其他服务实施
可进入性(access)	整个旅游交通系统，包括交通网络、基础设施及政策保障
辅助性服务(ancillary service)	各种旅游相关服务，包括银行金融机构、水电通信设施、医疗等
包价服务(available package)	旅游中间商和相关人员预先安排好的旅游服务
活动(activities)	旅游者在旅游目的地进行的活动

(三) 三要素说和两大核心要素论

魏小安和厉新建(2003)提出三要素说，他们认为旅游目的地要素一般包括三个层次的内容：一是吸引要素，即各类旅游吸引物，是吸引旅游者从客源地到目的地直接的、基本的吸引力；二是服务要素，即各类旅游服务的综合，它与吸引物共同构成旅游目的地整体吸引力的来源；三是环境要素，它既是吸引要素的组成部分，同时也是服务要素的组成部分，是旅游目的地的发展条件，并与旅游吸引物等共同构成旅游目的地整体吸引力。

邹统钎(2008)提出两大核心要素论，他认为旅游目的地核心要素包括两点：一是具有旅游吸引物；二是人类聚落，要有永久性的或者临时性的住宿设施，游客一般要在这里逗留一夜以上。

(四) "双性要素"分类体系

黄安民(2021)提出"双性要素"分类体系，将旅游目的地要素分为显性要素和隐性要素。显性要素包括吸引物、设施和交通；隐性要素包括服务和旅游目的地居民。两要素之间顺序有先后，重要性无差别，相辅相成。

(五) 旅游目的地要素的核心内容

王晨光(2005)认为旅游目的地要素的核心内容包括以下4个方面。

(1) 有独特的旅游吸引物。这种吸引物对应特定的旅游目标市场，并具有一定的市场优势。

(2) 有足够的市场空间和市场规模支持。一方面旅游目的地必须要有足够的市场开发价值和相应的市场发展空间；另一方面旅游目的地的目标旅游市场必须可进入性高、市场体系完备，能方便旅游供需主体自主、平等进入。

(3) 能提供系统、完备的旅游设施和旅游服务。旅游目的地要具有一定的旅游产业基础和服务能力，能够形成有效联结旅游客源地与旅游目的地的产业链，并支持旅游企业的规模化运行。

(4) 得到旅游目的地居民的认同、参与并提供各种支持保障。旅游目的地居民的参与是改进国内旅游业现行发展模式的基础，是提升旅游目的地内在活力的依托，是旅游业开发的人力资源基础，是获得可持续发展的社会和文化保障。

(六) 国家全域旅游示范区验收标准中的相关要素体系

《国家全域旅游示范区验收标准(试行)》中有明确的国家全域旅游示范区验收指标及评分标准，旅游目的地评价指标分为基本项目和创新项目。

1. 基本项目

基本项目包括体制机制、政策保障、公共服务、供给体系、秩序与安全、资源与环境、品牌影响七大要素。

(1) 体制机制，包括领导体制、协调机制、综合管理机制、统计制度和行业自律机制。

(2) 政策保障，包括产业定位、规划编制、多规融合、财政金融支持政策、土地保障政策和人才政策。

(3) 公共服务，包括外部交通、公共服务区、旅游集散中心、内部交通、停车场、旅游交通服务、旅游标识系统、游客服务中心、旅游厕所和智慧旅游。

(4) 供给体系，包括旅游吸引物、旅游餐饮、旅游住宿、旅游娱乐、旅游购物及融合产业。

(5) 秩序与安全，包括服务质量、市场管理、投诉处理、文明旅游、旅游志愿者服务、安全制度、风险管控和旅游救援。

(6) 资源与环境，包括资源环境质量、城乡建设水平、全域环境整治和社会环境优化。

(7) 品牌影响，包括营销保障、品牌战略、营销机制、营销方式和营销成效。

2. 创新项目

创新项目包括体制机制创新、政策措施创新、业态融合创新、公共服务创新、科技与服务创新、环境保护创新、扶贫富民创新和营销推广创新八大要素。

知识链接1-1　　知识链接1-2

三、旅游目的地利益相关者

旅游目的地通常被看作一个由众多利益相关者构成的复杂网络系统，主要包括以下利益相关者。

(一) 旅游者

旅游者的需求促进了旅游目的地的产生，旅游者是旅游目的地的旅游消费主体，是当地旅游企业和从业人员的服务对象，也是当地旅游收入的主要提供者。旅游者追求能够提供高质量服务和管理有序的目的地，他们从旅游目的地提供的旅游产品中寻求满意的旅游体验，并对目的地提供的各种产品和服务质量进行评判和传播，从而对旅游目的地可持续发展产生影响。

(二) 社区居民

社区居民是旅游目的地最重要的利益相关者之一。社区居民的生产、生活场景往往是旅游吸引物的重要组成部分，对旅游者具有较强的吸引力。有些社区居民是旅游目的地的商品生产者和服务提供者，旅游目的地的可持续性发展直接影响社区居民的生计。此外，旅游者的旅游活动会对社区居民产生各种影响，社区居民对其态度会直接影响到旅游目的地的发展程度及发展方向。

(三) 旅游企业

旅游企业是指以营利为主要目的，为旅游者提供服务、满足其需要的组织。旅游目的地的旅游企业包括旅游住宿业、旅游餐饮业、旅游交通业、旅游娱乐业、旅行社等，它们是连接旅游者与旅游目的地、社区居民的纽带，为旅游目的地创造税收，为社区居民创造就业机会。

(四) 政府部门

政府部门是旅游目的地的公共产品提供者和公共秩序监督管理者，对旅游目的地发展具有领导作用和协调作用。旅游目的地的政府部门通过增加公共产品和公共服务供给促进旅游业的发展，同时制定旅游业发展政策，加强旅游目的地营销，开展旅游市场监管，控制旅游负面影响，以促进旅游目的地的可持续发展。

(五) 其他利益集团

旅游目的地在发展过程中往往会涉及一些并非必须有但经常会出现的利益集团，主要包括政治团体、行业协会、非政府组织、学术机构、公众媒体等。它们会对旅游目的地的发展产生重要影响，因此旅游目的地要协调处理好与它们之间的利益关系，维持和促进旅游目的地可持续发展。

每一个旅游目的地的利益相关者之间有许多矛盾，也有相互一致的利益，旅游目的地在长期发展中要尽量满足所有利益相关者的需要，才能获得可持续发展。

第三节　旅游目的地分类及基本特征

一、旅游目的地分类

旅游目的地具有较强的综合性，旅游目的地的旅游形象具有高度的概括性，因此很难用一种类型概括旅游目的地。依据不同标准，从不同视角出发，学者将旅游目的地划分为不同的类型。下面介绍几种常见的分类标准。

(一) 按照行政区域范围分类

按照旅游目的地空间所涉及的行政区域大小，可以将旅游目的地划分为国家型旅游目的地、区域型旅游目的地、城市型旅游目的地、乡镇型旅游目的地、村庄型旅游目的地和景区型旅游目的地。

1. 国家型旅游目的地

国家型旅游目的地是以国家为地域单位的旅游目的地，一般由多个区域性旅游目的地组成。在国际旅游中，旅游者往往会前往其他国家旅游，这个国家就是国家型旅游目的地，产生旅游者的国家就是旅游客源国。国家型旅游目的地突出的功能是建立与世界主要客源国之间便利的国际航空交通，并具有向各个区域性旅游地分散客流的经济功能。

2. 区域型旅游目的地

区域型旅游目的地是以一定空间内的旅游要素、游憩方式聚合为主发展成的旅游目的地。从国际旅游市场角度来划分，区域型旅游目的地可能包含多个旅游资源和属性相同的旅游目的地国家，或者交通连接比较方便的国家，如加勒比海区域旅游目的地。从一个国家空间范围来划分，区域型旅游目的地通常由多个城市旅游目的地组成，是以国内航空港和铁路中转交通为中心建立起来的旅游服务体系，包括多个旅游城市和若干个旅游景区，如我国八大旅游区、长三角旅游区、环渤海旅游圈等。

3. 城市型旅游目的地

城市不仅是重要的旅游吸引物，也承担了旅游交通、住宿、娱乐和服务等支持体系的功能，成为现代旅游经济活动的中枢。城市型旅游目的地是依据特定旅游区域空间范围来划分的，由多个旅游景区(旅游活动集中区)组成，具有整体旅游形象。城市型旅游目的地不仅具有参观、游览和休闲的功能，还具有完备的接待体系和便利的交通条件。

4. 乡镇型旅游目的地

一些乡镇因旅游资源特色鲜明或文化底蕴深厚，吸引力强，可以发展成为乡镇型旅游目的地，如江苏昆山周庄镇、浙江桐乡乌镇等中国历史文化名镇就已经开发成乡镇型旅游目的地。

5. 村庄型旅游目的地

一些村庄因独具特色，对旅游者有较强的吸引力，往往被开发为旅游村，成为村庄型旅游目的地。如安徽省黟县西递镇西递村、福建省南靖县书洋镇田螺坑村等中国历史文化名村，又如北京市密云区古北口镇古北口村、黑龙江省双鸭山市饶河县四排乡四排赫哲族村等全国乡村旅游重点村都是比较好的村庄型旅游目的地。

6. 景区型旅游目的地

景区型旅游目的地是依托景区形成的最小单位的旅游目的地，是独立的单位、专门的场所，以某一特色为主，虽然区域面积不大，但具备一定规模的旅游客源市场，同时具有专门的吸引力，能为旅游者提供完备服务的大型或特大型旅游景区，如迪士尼乐园。

(二) 按照旅游资源类型分类

按照旅游资源类型不同，可以将旅游目的地划分为自然山水型旅游目的地、都市商务型旅游目的地、乡野田园型旅游目的地、宗教历史型旅游目的地、民族民俗型旅游目的地、古城古镇型旅游目的地和主题公园型旅游目的地。

1. 自然山水型旅游目的地

自然山水型旅游目的地以自然山水旅游资源为主要吸引物，可细分为山地型旅游目的地、水域型旅游目的地、森林草原型旅游目的地和沙漠戈壁型旅游目的地等。山地型旅游目的地是指以独特的山地风光、山地立体气候、丰富的动植物景观或文化遗产等作为吸引物的旅游目的地，如黄山、泰山、华山、峨眉山、张家界等。水域型旅游目的地是指以水域风光为主要吸引物的旅游目的地，又可细分为滨海型旅游目的地、湖泊型旅游目的地和江河型旅游目的地等。森林草原型旅游目的地是指以森林草原植被和自然生态为主要吸引物的旅游目的地，如伊春五营国家森林公园(见图1-2)、呼伦贝尔大草原等。沙漠戈壁型旅游目的地是指地面或为砂或为砾石的旅游目的地，如库布齐沙漠、响沙湾和中卫沙坡头(见图1-3)等。

图1-2 伊春五营国家森林公园

图1-3 中卫沙坡头

2. 都市商务型旅游目的地

都市商务型旅游目的地是指以现代城市景观(都市风貌)、城市文化和商贸活动为吸引物的旅游目的地。都市商务型旅游目的地是凭借大城市作为区域政治、经济、文化中心的优势发展起来的,如北京(见图1-4)、上海(见图1-5)、广州、西安、大连、杭州、厦门等城市。

图1-4 北京

图1-5 上海

3. 乡野田园型旅游目的地

乡野田园型旅游目的地是指以乡村风貌、田园景观和乡村生活为吸引物的旅游目的地。乡野田园型旅游目的地凭借农村生活环境、农业耕作方式、农田景观及农业产品吸引旅游者。一些历史文化名村也是乡野田园型旅游目的地,如江西婺源(见图1-6)、安徽宏村(见图1-7)等。

图1-6 江西婺源

图1-7 安徽宏村

4. 宗教历史型旅游目的地

宗教历史型旅游目的地是指以宗教历史文化、宗教建筑、宗教历史遗迹等为旅游吸引物的旅游目的地,如少林寺(见图1-8)、法门寺、大昭寺和塔尔寺(见图1-9)等。宗教旅游是世界上最古老的旅游形式之一,宗教旅游者主要以朝拜、祈福、取经或在寺院做法事追悼亡灵,或以宗教考察为主要旅游目的。

图1-8　少林寺

图1-9　塔尔寺

5. 民族民俗型旅游目的地

民族民俗型旅游目的地是指以民族风情和民俗活动为主要吸引物的旅游目的地。民族民俗型旅游目的地依托不同地区、不同民族之间的民俗文化和民族传统上的差异而得到发展。我国是多民族国家，地域辽阔，区域差异大，形成了不同的地域文化，如少数民族相对集中的广西壮族自治区、云南省、内蒙古自治区、宁夏回族自治区等地都可以成为民族民俗型旅游目的地。

6. 古城古镇型旅游目的地

古城古镇型旅游目的地是指以古城古镇资源为旅游吸引物的旅游目的地。古城古镇型旅游目的地依托于历史发展中保存下来的完整的古色古香的城镇风貌和天人合一的居民生活环境吸引旅游者，如丽江古城(见图1-10)、周庄古镇、同里古镇(见图1-11)等。

图1-10　丽江古城

图1-11　同里古镇

7. 主题公园型旅游目的地

主题公园型旅游目的地是指以综合性游乐为主要旅游吸引物的旅游目的地。如迪士尼乐园发展成为迪士尼乐园度假区(见图1-12)，除娱乐外，还建设有配套的酒店、餐饮等综合服务设施，成为综合型的旅游目的地。

图1-12　上海迪士尼乐园度假区

(三) 按照旅游目的地功能分类

根据旅游者的不同旅游需求，可以将旅游目的地分为观光型旅游目的地、休闲度假型旅游目的地、商务型旅游目的地和特殊需求型旅游目的地。

1. 观光型旅游目的地

观光型旅游目的地是指资源性质和特点适合于开展观光旅游活动的特定区域。观光型旅游目的地是传统的目的地模式，它构成了旅游目的地的主体部分，如山地型旅游目的地、生态型旅游目的地。

2. 休闲度假型旅游目的地

休闲度假型旅游目的地是指为旅游者提供休闲产品的旅游目的地。休闲度假型旅游目的地的旅游资源性质和特点能够满足旅游者休闲、度假和休养需要，主要有海滨度假地、山地温泉度假地、乡村旅游度假地三种类型，如大连、杭州、承德等地。

3. 商务型旅游目的地

商务型旅游目的地是指以商务交流、会展为主要活动的旅游目的地。商务型旅游目的地有适当的会展设施，同时又能够提供一定的旅游休闲服务，一般是基础设施发达、经济发达和市场活跃的地方，如北京、上海等地。

4. 特殊需求型旅游目的地

特殊需求型旅游目的地是指那些为满足特殊旅游需求而提供产品和服务的旅游地。这种特殊需求一般包括养生旅游、研学旅游、探险旅游、红色旅游、观鸟等。

除了以上介绍的几种分类标准，在旅游活动和旅游研究中还有很多分类标准。按照旅游者从旅游客源地到旅游目的地所花费的时间，可以将旅游目的地划分为远程旅游目的地、中程旅游目的地和近程旅游目的地；按照空间构成形态，可以将旅游目的地划分为板块型旅游目的地和点线型旅游目的地。总之，国内外学者从不同视角，依据不同的标准有不同的旅游目的地划分类型，在这里就不做一一介绍了。

👤 案例1-2

四川打造"全国知名乡村度假旅游目的地"

2022年8月23日，四川省乡村旅游工作推进会在成都市蒲江县召开。会议强调，四川各地要坚持生态优先、注重因地制宜、突出共建共享，充分挖掘需求、扩大供给，加大政策、资金、品牌培育、人才培养、资源协调等方面支持力度，抓好发展规划布局、基础设施、宣传营销等重点工作，推动实现千村千貌、千家千味、千人千风，打造独具四川特色的"全国知名乡村度假旅游目的地"，助力四川文化强省和旅游强省建设。

2021年，四川省乡村旅游收入达到3600亿元，同比增长约15%，发展乡村旅游的村共有4200多个，乡村旅游经营户15万余家。下一步，四川各地要从全面推进乡村振兴、构建新发展格局、实现共同富裕的高度，充分认识发展乡村旅游的重要意义，发挥"小

"而灵"的优势，创新工作思路，制定具体举措，推进乡村旅游产品更加丰富、结构更加优化、设施更加完善、效益更加凸显，为全省拼经济搞建设做出更大贡献。

(资料来源：陈俊成，白骅.四川打造"全国知名乡村度假旅游目的地"[N].中国旅游报，2022-08-25.)

思考：四川打造乡村度假旅游目的地的意义。

二、旅游目的地基本特征

(一) 地域辐射性

旅游目的地无论规模大小和品质高低如何，都会对周边及远距离客源市场有地域辐射性。旅游目的地吸引力越强，旅游形象在市场上传播越广，旅游目的地的地域辐射范围就越大，如河北省环京津旅游休闲产业带，以唐山、秦皇岛、承德、张家口、保定、廊坊等市和省会石家庄为主要中心城市，对全省乃至全国的客源市场都具有地域辐射性。

(二) 价值多重性

发展旅游的根本目的是"提高生活质量并为所有的人创造更好的生活条件"，旅游目的地不仅仅是"经济意义"上的概念，还需要为旅游者提供满意的旅游经历、为当地居民提高生活质量、为环境保护及资源永续利用等方面贡献力量，保障旅游目的地居民及其他利益相关者的长远利益。

(三) 相互替代性

随着大众旅游时代的到来，除个别唯一性、垄断性旅游目的地外，其他许多旅游目的地都具有相互替代性。如在一次旅游选择中，对于遗产类旅游目的地云南丽江古城、山西平遥古城、皖南古城西递和安徽黟县宏村等都具有较强的替代性，旅游者选择了其中任何一个，对于其他遗产地而言就意味着被替代。

(四) 动态成长性

旅游目的地是一个开放的系统，其生存的内外部环境均处于不断的变化之中，因此旅游目的地会受旅游者需求偏好、外部交通条件、内部政策导向等综合因素影响而不断变化，尤其是旅游目的地旅游吸引物吸引力的变化对目的地的成长空间具有重要作用。

(五) 资源共享性

旅游目的地的基础设施和服务设施通常既服务外来旅游者，也服务于当地居民。旅游目的地服务对象的多样性决定了其资源共享性，同时也决定了旅游目的地的类型和发展规律。

第四节　我国旅游目的地发展过程及发展趋势

我国旅游目的地的发展是一个逐步升级、逐步扩大、逐步拉动的过程，在外延上不断扩大，在层次上不断提高，具有良好的发展前景。

一、我国旅游目的地资源利用过程

(一) 直接利用传统资源

旅游目的地发展初期，各地直接以自然旅游资源和人文旅游资源作为旅游吸引物，将其开发成为旅游景点、旅游景区，景点景区的集合构成了早期的旅游目的地。从长远来看，文化性的旅游资源是中国具有国际比较优势的资源，各地不断深入挖掘文化旅游资源，打造了一批国内外知名的旅游目的地。之后又产生了一种新的类型，这就是以经济发展为基础的城市型旅游目的地，如深圳是一个典型的以经济发展为基础的城市型旅游目的地，又如上海不仅努力挖掘原有的海派文化，也创造新的都市文化，构成了一种新型的城市型旅游目的地。

(二) 延伸融合社会资源

随着旅游目的地的发展，一些旅游新观念不断产生。在实践中，旅游目的地的开发建设和社会的各类经济文化资源结合，形成了一些新的旅游方式，如观光农业、观赏林业、休闲渔业、工业旅游、科教旅游等，此外，体育旅游也成为多年的旅游热点之一。在旅游目的地的建设中，旅游与居住相结合，自然而然成为一种新的社会现象，围绕着景观所形成的房地产项目，一般来说都是比较好的项目。如浙江宋城集团在杭州郊区开发的杭州乐园项目，既开发了一个主题公园，也建成了一片房产，不仅在经济上获得了很好的收益，还对当地环境的改善和目的地吸引力的形成产生了极大的推动作用，也是当地旅游形象提升的一股重要力量。

综上，这些旅游形式都体现了旅游目的地发展过程中旅游资源与社会资源的全面融合，充分显示了旅游综合性的特点，同时也使得旅游目的地产品类型更加丰富、产品体系更加完善。

(三) 全面整合区域资源

全面整合区域资源、增强旅游竞争力是旅游目的地未来发展趋势。目前形成的休闲社区和主题城镇就是区域资源在某一专题上进行的整合。例如，从休闲社区来说，华侨城集团与北京朝阳区合作开发的大型旅游主题社区项目就是一个独具特色的现代都市文化旅游休闲社区，从主题城镇来说，江苏周庄古镇、角直镇、同里古镇，安徽宏村、西递村，云南丽江的大研古城等就是传统古镇在现代背景之下形成的主题城镇。休闲社区和主题城镇的形成，将为旅游目的地的建设注入新的活力，构成独特的吸引力。

区域资源全面整合体现最充分的就是创建中国优秀旅游城市的活动。中国优秀旅游城市的创建使各个城市的环境意识、旅游意识和发展意识更加强化，使我国旅游城市建设提升了一个层次。目前，这个活动正在进一步向两个方向发展：一个方向是创建中国最佳旅游城市，努力达到国际化的一流旅游目的地；另一个方向是创建中国旅游强县，使旅游发展在县域的范围内得到进一步深化。

以上这样一个发展过程，是旅游功能逐步发挥的过程，也是旅游目的地建设逐步提升的过程，严格地说，既是历时态的过程，也是共时态的存在，而且这种状况还将长期保持、相互促进、逐步深化、全面发展。

二、我国旅游目的地结构体系发展过程

(一) 传统体系

传统体系是直接利用传统资源而形成的景区、景点的体系，这一体系现在仍然是旅游目的地吸引物的主体，但已经不能完全适应旅游目的地的发展。原因有三：一是只突出了观光的单一功能；二是旅游城市变成集散地加若干景区景点，影响旅游目的地整体素质的提升和结构的完善；三是影响了其他类型旅游产品的开发。正因为如此，需要优化传统体系结构，提升层次，全面发展，以适应旅游目的地发展新需求。

(二) 创新体系

对应于社会资源的延伸融合，旅游目的地形成了旅游产品的创新体系，这既是社会资源全面利用和深度融合的过程，也是旅游功能全面发挥的过程。如近些年推出的全国工业旅游示范点、农业旅游示范点、科技旅游示范点、研学旅行试点和森林康养试点建设单位等，将地域性活动与专题性活动融合起来，调动了各个部门的积极性，使各项资源得以重新整合和深入挖掘，不断扩大旅游产业的外延，不断深化旅游目的地的内涵，从而推动旅游目的地的全面发展。

(三) 三区体系

规范完善国家旅游度假区、建设国家生态旅游示范区和国家旅游扶贫试验区，形成一个创新的三区体系推动目的地发展。随着近些年度假旅游人数的增多，旅游度假区发展迅速，已占据重要的位置。建设生态旅游区是20世纪90年代以来逐步强化的国际潮流，1999年我国的"生态旅游年"、2002年"国际生态旅游年"就体现了这一发展潮流。国家旅游扶贫试验区的建设，促使一些贫困地区依据特有的旅游资源大力发展旅游产业，促进当地经济社会发展。三区体系的建设具有规范意义，更具有创新意义，这项工作也是旅游目的地发展的一项重要工作。

(四) 国家公园体系

国家公园是指国家为了保护一个或多个典型生态系统的完整性，为生态旅游、科学研究和环境教育提供场所而划定的需要特殊保护、管理和利用的自然区域。2017年9

月，中共中央办公厅和国务院办公厅印发《建立国家公园体制总体方案》，意味着国家公园在9个省市试点的基础上，即将在全国范围内正式实施。国家公园的主要功能有三个：一是保护原有的自然环境；二是保存自然资源及孕育丰富的生物基因库；三是发展旅游业，提供公众游憩，以及繁荣地方经济；四是促进科学研究、科普及环境教育。我国的国家公园以保护自然生态环境为基本前提，依托独特的人文生态系统，遵循可持续发展理念，采取和谐友好的方式发展旅游，既符合"生态旅游"的基本特点，又符合"可持续旅游"的基本原则，是全新的"可持续生态旅游"活动方式。

(五) 旅游区域体系

从旅游目的地建设的角度来看，旅游区域体系包括旅游城市、环城市旅游度假带、县域旅游和旅游乡镇。对于城市来说，有历史文化名城、文明城市、最佳人居环境城市、全国卫生城等称号，客观来看，所有这些称号都可以反映旅游目的地建设的内容。环城市旅游度假带作为城市游憩空间的组成部分，与城市发展密切相关，能够实现资源优势向产品优势并最终向经济优势转换。县域作为基本的旅游经济体之一，活力四射，类型多样，始终是我国旅游发展的关注热点，如广西恭城、福建德化尝试从亚旅游目的地升级为新生代的特色型旅游目的地。由于反向旅游的存在，旅游乡镇的发展具有广阔的市场，可以向游客提供独特的体验。

三、我国旅游目的地发展趋势

(一) 旅游目的地新业态快速成长

1.旅游新业态概念

旅游新业态是一个全新的研究领域，国内许多学者基于不同的视角对旅游新业态进行了界定，但在学术界还没有形成统一的定义。杨玲玲、魏小安(2009)提出旅游新业态是相对于旅游主体产业有新突破、新发展，或者是超越传统的单一观光模式，具有可持续成长性，并能达到一定规模，形成比较稳定发展态势的业态模式。汪艳、李东和(2011)认为旅游新业态是为了满足消费者新需求，推出具有特色的旅游产品和旅游服务。郭旸、沈涵(2011)认为旅游新业态是以产业组织形式和经营方式的创新为主线，根据旅游者消费心理和市场需求的变化，以满足其享受感知的新产品和新服务为内容的旅游产业形式。王兴贵(2012)认为旅游新业态是旅游产业在发展过程中，融入了新的思路或者转变新的内容，逐步完善、改进和深化、转型、升级旅游产业，创造不同于传统旅游产业的业态。张肖杰(2018)认为旅游新业态应抓住其本质的因素，不再局限于模糊的概念，将其产生的具体因素剖析出来，故旅游新业态的产生围绕创新和融合的理念。

综上，每位学者都强调了旅游新业态中"新"的内涵，大部分认为"新"表现在旅游形态、旅游产品、旅游服务上。

2. 旅游新业态类型

由于旅游新业态涉及许多行业，学者从不同视角进行分析，提出了不同类型的划分标准。杨玲玲、魏小安(2009)把旅游新业态划分为市场型新业态、产品型新业态和经营型新业态三类。张文建(2010，2011)从业态的功能和效用来衡量，将旅游新业态划分为聚集型、专业型、整合型、在线型、衍生型、准公共型六类。顾宇(2011)从旅游资源的视角出发，将旅游新业态划分为基于自然景观的新型旅游业态、基于人文景观的新型旅游业态和基于某种目的的新型旅游业态。汪燕、李东和(2011)按照市场营销学中的新产品理念，将旅游新业态划分为全新型旅游新业态、改进型旅游新业态、换代型旅游新业态和仿制型旅游新业态。雷鹏(2014)按照表现形态，将旅游新业态划分为经营型旅游新业态、产品型旅游新业态、市场型旅游新业态和管理型旅游新业态。付业勤等(2015)按照业态更新和创新程度，将旅游新业态划分为全新型旅游新业态、衍生型旅游新业态和提升型旅游新业态。

3. 旅游新业态产生的动力机制

研究旅游新业态产生的动力机制，探索旅游新业态发展的推动力，有利于为旅游新业态发展提出合理化建议，扩大旅游业的发展规模。近些年，学者从旅游市场角度和旅游业内部的因素进行研究，对旅游新业态的产生机制作了比较全面的分析，不仅提出了旅游业本身的驱动力，还强调了科技进步和信息技术发展产生的外推力作用，具体如表1-2所示。

表1-2 旅游新业态产生的动力机制

提出者	具体描述
李雪丽等(2011)	产品、技术、组织形式、市场和资源配置等
汪燕、李东和(2011)	需求的变化、市场竞争力、科技进步、产业链延伸和相关产业的渗透以及产业转型升级
高丽敏等(2012)	内驱力：旅游行业领袖创新精神、投资收益和创新文化 外驱力：市场规模的扩大、消费需求的变化、日益激烈的旅游竞争力
杨彦锋(2012)	快速发展的互联网技术
张文建(2012)	市场规模、旅游需求、专业化分工、技术进步、政府支持
雷鹏(2014)	市场需求的多样化、旅游行业领袖创新精神、旅游新产品的涌现、旅游业的融合
王人龙、董亚娟(2017)	旅游需求方面的拉力、旅游供给方面的推力、社会环境方面的助力
刘晓英(2019)	市场需求、技术创新、市场竞争、政府引导

4. 旅游目的地新业态发展路径

旅游目的地新业态发展路径主要为创新和产业融合。创新路径主要包括市场创新、技术创新、生产经营方式创新、组织创新、供应流通渠道创新、制度创新；产业融合包括旅游行业内要素融合、与第三产业内其他行业融合、与第一及第二产业的融合。2018年，我国文化和旅游部发布了《关于提升假日及高峰期旅游供给品质的指导意见》，提出了加大旅游新业态建设，着力开发文化体验游、乡村民宿游、休闲度假游、生态和谐游、城市购物游、工业遗产游、研学知识游、红色教育游、康养体育游、邮轮游艇游、自驾车房车游等旅游产品。旅游目的地新业态的发展应结合自身实际情况，牢牢把握旅游消费加快升级的特征，大力推进旅游业供给侧结构性改革，坚持全域旅游发展方式，通过实施"旅游+"战略，创新旅游新业态发展路径。

🔖 拓展知识1-1

上海宝山区建设国际邮轮旅游目的地

2021年11月，上海市文化和旅游局与宝山区政府签署了战略合作协议，双方拟携手将宝山区打造成为具有全球资源配置能力的国际邮轮旅游目的地。以建造亚洲最大的国际邮轮旅游目的地为核心，推动邮轮发展制度创新，推动建立国际合作平台，推动邮轮港口联动发展，推动邮轮全产业链发展。

此次合作有4个方面12项内容，其中，做足邮轮特色，合力打造世界级滨水旅游度假区，包括共建中国邮轮旅游发展示范区、合力打造邮轮滨江世界"会客厅"、合力构建国际邮轮旅游度假区品牌IP体系、支持创建国家级旅游度假区等内容受到旅游业界关注。

(资料来源：丁宁.上海宝山区建设国际邮轮旅游目的地[N]. 中国旅游报，2021-11-11.)

(二) 旅游目的地产业不断融合

1.产业融合的概念

第三次新技术革命之后，伴随着经济全球化和技术的革新，产业间相互渗透、相互延伸，产业边界逐渐模糊，产生了一种新的经济发展机制，即产业融合。产业融合打破了不同产业之间的鸿沟，促进有限的资源在更大的范围内得以优化配置，推动现代产业经济不断增长，也在一定程度上推动着新参与者、新产品与新技术进入市场。

Marx与Marshall是最早提出产业融合思想的学者，但是他们未能对产业融合进行明确的界定与分析。学术界关于产业融合的讨论最早起源于20世纪70年代末。近年来，随着高科技行业的迅猛发展，产业边界变得越来越模糊，国内外学者分别从不同视角对产业融合的内涵展开了研究。美国学者Rosenberg(1963)首先提出了融合的概念，他将通用技术向不同产业扩散的现象定义为"技术融合"，并指出了技术转变对资源优化配置的重要性。欧洲委员会"绿皮书"(Green Paper，1997)认为产业融合是产业联盟、技术平台和市场等三个主体的融合。Blackman(1998)将产业融合定义为技术服务和产业结构的演进趋势。植草益(2001)认为产业融合是一种加强行业企业相互竞争与合作关系的手段，淡化行业界限，降低行业间壁垒需通过技术革新和放宽限制实现。厉无畏和王慧敏(2002)认为产业通过相互交叉，逐步形成新产业，这个动态发展过程就是产业融合。周振华(2003)、聂子龙(2003)认为产业融合是不同产业间降低壁垒，协同合作，逐渐形成新产业的动态发展过程。马健(2005)认为产业融合是促使传统产业优化升级，提升产业价值能力，提高产业业绩的重要方式，同时由于高新技术的融入，产业融合利于产业结构转化升级，从而提高国家产业竞争力。Curran(2013)将产业融合定义为科学、技术、市场或产业不相交领域之间边界的模糊。

产业融合是现代产业发展及经济发展的必然趋势，跨越了传统产业界限，产生的新兴产业常具有较强的融合能力、竞争优势及更强大的复合经济效应。产业融合可以理解为由于技术进步和管理创新，不同产业边界变得模糊或消失，各产业之间相互交叉、相互渗透，联系更为紧密，最终形成新的产业动态的发展过程。

2. 旅游目的地旅游产业融合模式

旅游目的地应根据实际情况，创新产业融合模式，促进旅游业高质量发展。丁雨莲等(2013)提出旅游产业融合模式主要分为纵向融合模式和横向融合模式，其中纵向融合指不同产业间的渗透、延伸；横向融合指产业内部各要素的重组融合，它发生于具有密切联系的同一产业内部的不同行业之间。张海燕等(2013)将文化产业与旅游产业的融合模式总结为文化旅游圈融合运作模式、项目开发融合运营模式、文化旅游节庆与会展推广模式、文化旅游产品创新吸引模式等。从产业链协同角度出发，严伟(2016)提出三种融合模式，即高新技术的"嵌入式"渗透融合、并行产业链间的延伸融合、内部集群式产业链的重组融合。方永恒等(2018)将体育旅游产业和文化创意产业的融合模式划分为体育主题游、休闲养生健康游、体育节庆游、体育内涵创意游、体育休闲观光游5种。

3. 旅游目的地产业融合路径

旅游目的地的产业功能、技术优势及特色各不相同，融入旅游产业的路径也存在差异。麻学锋等(2010)认为旅游产业融合路径包括资源融合、技术融合、市场融合和功能融合4种。高凌江等(2012)将旅游业与各产业的融合路径归纳整理为"模块嵌入式""横向拓展式""纵向延伸式""交叉渗透式"。杨强(2016)认为促进体育产业与旅游产业的融合要着重强调部门规制改革、出台政策标准、培育精品项目以及重视人才培养。丁雨莲、赵媛(2013)以深圳华强集团融合发展旅游主题公园为例探讨旅游产业融合机理，指出技术和资源是其发展的主要路径。

4. 旅游目的地产业融合动力

旅游目的地产业融合动力是多方面的，高凌江等(2012)认为旅游产业融合动力主要包括旅游需求的拉动力、旅游企业内在驱动力、技术创新的推动力以及旅游产业融合外部环境等；李在军(2019)对冰雪产业与旅游产业融合的动力机制进行了阐述，主要从技术创新原动力、政策导向助推力、消费需求拉动力以及新业态蓬勃发展驱动力等方面展开论证；黄蕊等(2017)认为在文化与旅游产业的融合发展中，辽宁省应选择文化资源驱动的技术融合型发展道路，吉林省应选择旅游资源驱动的技术融合型发展道路，黑龙江省应选择旅游资源驱动的市场融合型发展道路。

(三) 旅游目的地空间不断全域化

全域旅游是以旅游业为依托,在一定区域内对经济社会资源、公共服务、相关产业、文明素质、生态环境等进行系统、全面的提升与优化,整合区域内资源,带动与促进经济社会协调发展的新模式。全域旅游是覆盖全过程、全空间的系统旅游,区别于小旅游、传统旅游,谋划大旅游、现代旅游。

国家旅游局(现为文化和旅游部)在2015年8月印发《关于开展"国家全域旅游示范区"创建工作的通知》(旅发〔2015〕182号),在文件中对"全域旅游"创建考核指标做出了明确规定。时任总理李克强在2017年政府工作报告中提到需要对旅游设施与服务进行完善,大力推进休闲、乡村、全域旅游的发展。《"十四五"旅游业发展规划》中强调推进国家全域旅游示范区建设工作,完善协调机制,提升发展质量。全域旅游强调以全域为平台推进旅游的发展,打造全区域的旅游区,实现旅游治理全域覆盖、旅游景观全域优化、旅游产业全域联动、旅游服务全域配套和旅游成果全民共享。

1. 全域旅游空间建设

全域旅游将区域整体作为旅游目的地发展的新理念和新模式,标志着现代旅游发展的重心开始从单一景区景点建设向综合性旅游目的地统筹转变。

陈秀琼(2006)将旅游目的地划分为区域旅游核心区、缓冲区和边缘区,并认为应对区域旅游分工和设施配备要求提供指导,旅游核心区应配备旅游中心、信息中心和口岸交通设施,旅游缓冲区应加强旅游景区建设,旅游边缘区在加强景区建设的同时还应强化宣传工作。林岚(2011)提出构建福建省南北两大旅游目的地子系统,完善旅游城镇与旅游景区空间匹配,加快旅游景区与旅游交通系统协调建设,重视区域旅游流集散枢纽建设等优化建议。北京巅峰智业旅游文化创意股份有限公司课题组(2018)提出全域旅游空间由旅游区、旅游廊和旅游场域组成:旅游区是全域旅游的核心载体,是旅游活动的主要承载区,旅游区的建设方法总体遵循"选定潜力区域、落实空间载体、提升核心吸引、配置旅游要素、完善服务设施"五大要点,以促进旅游区竞争力从弱到强发展;旅游廊是以旅游区为端点、以旅游交通为联系纽带、以旅游服务和观光休闲要素为节点,经协同作用形成的线性旅游空间,是全域旅游的连接纽带,打造旅游廊具体要抓紧"布局谋划、功能完善、效用放大"三大要点;旅游场域是不直接承载一般旅游活动,仅向旅游区和旅游廊提供生态背景、文化底蕴、产业分工协作等支撑功能的区域,旅游场域的提升需通过"环境空间提升、人文氛围营造、产业供给优化、潜力旅游区孵化"等完成。

2. 全域旅游发展模式

学者提出的全域旅游发展模式多数与旅游资源要素、旅游产业、内在动力机制等方面相关。唐德军(2016)提出全域旅游的发展将突破传统的景点景区,延伸到城市、小镇、村落、社区、乡村等全域空间。魏小安(2015)从空间、行业、消费、时间、社会、发展6个角度提出"六全"全域发展模式。

目前有几种典型的全域旅游发展模式获得了肯定,具体如下所述。

(1) 龙头景区带动型模式，依托龙头景区作为吸引核和动力源，以龙头景区带动地方旅游业一体化发展，推动旅游业与相关产业融合，以湖南张家界为代表。

(2) 城市全域辐射型模式，以城市旅游目的地为主体，依托城市知名旅游品牌、便利的旅游交通、完善的配套服务，促进城乡旅游互动和城乡一体化发展，形成城乡互补，优势互动的城乡旅游大市场，以辽宁大连为代表。

(3) 特色资源驱动型模式，以区域内普遍存在的高品质的自然旅游资源与人文旅游资源为基础，以特色鲜明的民族、民俗文化为灵魂，以旅游综合开发为路径，推动自然资源与民族文化资源相结合，形成特色旅游目的地，以重庆武隆为代表。

(4) 产业深度融合型模式，以"旅游+"和"+旅游"为途径，大力推进旅游业与一、二、三产业的融合，规划开发出一批文化休闲、生态观光、休闲度假、乡村旅游等跨界产品，提升区域旅游业整体实力和竞争力，以南京江宁区为代表。

3.全域旅游发展效应

全域旅游是新时期旅游业供给侧结构性改革的重要抓手，不仅是顺应全民旅游和个人游、自驾游等新时代旅游需求的必然选择，同时还与区域经济社会协调发展、扶贫开发等密切相关。杨振之(2016)认为全域旅游是在空间和产业层面上消除行政界限，改革体制机制，引导资源要素高效配置，带动城乡区域产业和业态的自发式联动发展，继而统筹城乡区域的社会经济协调发展。吴必虎、厉新建(2016)等人认为全域旅游是供给侧结构性改革的重要着力点，需充分发挥全域旅游的高效辐射联动作用，推进整个供给侧结构性改革。全域旅游被认为与精准扶贫在内在逻辑上有着高度的契合性，为旅游精准扶贫的实施推进注入新动力。

🙎 拓展知识1-2

黑龙江打造全谱系冰雪旅游目的地

2021年3月10日，黑龙江省政府新闻办公室举行专题新闻发布会，对《黑龙江省国民经济和社会发展第十四个五年规划和二〇三五年远景目标纲要》进行解读。该纲要明确了实施全域旅游战略、加快旅游强省建设的目标任务。

一是明确全省旅游发展新定位。以发展冰雪游、森林游、避暑游、湿地游、边境游为重点，聚焦旅游强省建设，聚焦推进旅游发展国际化进程，力争到2030年，将黑龙江省基本建成产品多样化、业态多元、品牌知名、基础完善、服务优质的国际冰雪旅游度假胜地、中国生态康养旅游目的地、中国自驾和户外运动旅游目的地。

二是构建特色旅游产品新体系。坚持宜居宜游、可持续发展原则，突出冬夏、引带春秋、均衡四季，优先发展冰雪旅游、生态旅游、户外运动三大全谱系旅游产品，重点培育自驾旅游、康养旅游两大新兴旅游产品，优化提升全域旅游产品战略。

三是开拓全域旅游空间新格局。坚持差异化定位和优势互补原则，确定了一、二、三级旅游枢纽城市的空间结构布局，5个综合旅游集群和8个主题文化和旅游集群。

四是完善优质旅游新服务。结合实际情况制定黑龙江省精品旅游景区建设标准，实施全省旅游景区三年提升行动，进一步推进景区丰富服务功能，改善服务条件，提升服务水平。

(资料来源：黑龙江省文化和旅游厅. 有删减)

本章小结

本章首先介绍了旅游目的地概念、构成、分类及基本特征；接下来阐述了我国旅游目的地资源经历了直接利用传统资源、延伸融合社会资源和全面整合区域资源的利用过程，也阐述了旅游目的地结构体系发展经历了传统体系、创新体系、三区体系、国家公园体系和旅游区域体系的发展历程，还阐述了旅游目的地发展呈现新业态快速成长、旅游目的地产业不断融合、旅游目的地空间不断全域化的发展趋势。

🗨 复习思考题

1. 如何理解旅游目的地的概念？请说明旅游目的地基本特征。
2. 简述旅游目的地构成要素相关观点。
3. 依据不同标准，旅游目的地可以划分为哪些类型？
4. 简述我国旅游目的地发展趋势。

第二章 | 旅游目的地服务与管理概述

知识目标：了解服务的内涵及特征，熟悉旅游服务的概念、特点及旅游服务体系的构成，掌握旅游目的地服务体系的构成和建设影响因素，掌握旅游目的地管理的概念、原则、内容及手段。

能力目标：具备旅游目的地服务与管理行业领域实际工作的基本能力。

素质目标：具有良好的职业道德和敬业精神，对旅游目的地服务与管理有一定的探索意识和创新意识。

甘肃从八大方面提升文化和旅游服务质量

甘肃省文化和旅游厅对2021年度质量提升行动重点工作任务进行安排部署，主要包括以下八大方面：一是实施服务质量升级行动，包括举办全省星级饭店服务质量提升培训班，组织开展星级饭店、A级景区复核和暗访检查等；二是实施文化和旅游行业从业人员技能升级行动，包括大力开展从业人员职业教育，举办文化和旅游质量管理骨干能力提升专题培训班等；三是实施文化和旅游行业自律升级行动，包括完善各级、各类文化和旅游行业自律制度和管理措施，大力推进信用分级分类监管等；四是实施旅游目的地质量升级行动，包括大力开展全域无垃圾行动，组织开展中国旅游日主题宣传活动等；五是实施文化和旅游行业标准化示范行动，包括推动成立全省文化和旅游标准化委员会，积极申报公共文化服务和旅游服务方面的省级标准化试点项目等；六是实施文化和旅游市场秩序整治行动，包括开展2021年"雷霆行动"等市场专项整治行动等；七是实施文化和旅游产品升级行动，包括组织开展2021年全省文化旅游商品大赛等；八是实施旅游服务质量评估行动，包括严格星级饭店和A级景区复核，实行常态化退出机制等。

(资料来源：罗赟鹏，张陇堂.甘肃八方面提升文化和旅游服务质量[N].中国旅游报，2021-03-24.)

思考：甘肃省文化和旅游厅提升旅游服务质量的措施有哪些？

第一节　服务与旅游服务

一、服务的内涵及特征

(一) 服务的内涵

服务(service)一词在现代英语中可用作名词、形容词、动词等，较常用的词义是"服务、为……服务和服务性的"。1960年，美国市场营销协会(American Marketing Association，AMA)给"服务"下的定义为："服务是用于出售或者是同产品连在一起进行出售的活动、利益或满足感。"这一定义在此后的很多年里一直被人们广泛采用。1974年，斯坦通指出："服务是一种特殊的无形活动。它向顾客或工业用户提供所需的满足感，与其他产品销售和其他服务并无必然联系。"1990年，格鲁诺斯认为："服务是以无形的方式，在顾客与服务职员、有形资源等产品或服务系统之间发生的，可以解决顾客问题的一种或一系列行为。"1997年，现代营销学之父菲利普·科特勒认为，服务是一方提供给另一方的不可感知且不导致任何所有权转移的活动或利益，它在本质上是无形的，它的生产可能与实际产品有关，也可能无关。

从这些定义可以看出，服务的实现具有三个基本要素，即服务的消费方、提供方及服务接触。服务由提供方提供给消费方，具有无形的特点，在实施过程中需要借助有形的物质完成，在交易中不发生所有权转移，但使用权可以转移。

(二) 服务的特征

1. 无形性

服务的无形性是指顾客与服务提供者之间抽象化的、个体化的互动关系。服务不是实物，而是由一系列活动所组成的过程。我们不能像感知有形商品那样看到或者触摸到这个过程。因此，服务的无形性是相对的、主要的，它是和有形实体相联系的，是服务的核心和本质，是商品和服务之间的基本区别。

2. 异质性

服务的异质性主要是由于员工和顾客之间的相互作用以及伴随这一过程的所有变化因素所决定的。员工所提供的服务通常是顾客眼中的服务，而没有两个完全一样的员工和两个完全一样的顾客，也没有完全一样的环境因素，也就没有完全一样的服务。

3. 同步性

同步性是指服务与消费必定同时产生，无法分割。大部分服务是先销售，然后同时进行生产和消费，这与大多数商品先生产、后存储、最后销售和消费是截然不同的。服务生产和消费的同步性使得服务难以进行大规模的生产，不太可能通过集中化来获得显著的规模经济效应。

4. 易逝性

服务的易逝性是指服务不能被储存、转售或者退回。消费者可以事先储存有形产品，也可以事先购买产品以备不时之需，然而服务与有形产品不同，它只有在提供时才存在，无法储存且容易消逝。由于服务无法储存和运输，对需求进行预测并制订有创造性的计划成为重要和富于挑战性的决策问题。

二、旅游服务的概念及特点

(一) 旅游服务的概念

旅游服务是旅游业中的重要组成元素，对促进旅游业健康发展意义重大，一方面能保证旅游者对环境、设施、项目充分利用和享受的权益；另一方面对旅游目的地会产生较大的经济效益和社会效益。

王莹(2002)认为旅游服务包括内部系统与外部系统，其外部系统包括游客可见的和可感知的部分。李炳义(2013)认为旅游服务是政府部门或者其他民间机构给旅游者提供的共有的、基础旅游服务的公共性的产品和服务。世界旅游组织(2016)提出，旅游服务是旅游企业和其他旅游相关主体提供的所有能够满足旅游者生理和心理需要的服务过程和服务内容，包括与旅游相关的文娱、体育、金融和运输等多种服务类别。张际(2018)认为旅游服务是为满足游客在消费体验和享受过程中能获得美好体验而提供的一种互动式活动。

本书中的旅游服务主要是指旅游目的地各相关主体通过提供各种设施、设备和友好服务等方式，满足旅游者在旅游过程中物质与精神需求，使其获得愉悦性的体验。这种服务既包括旅游从业人员提供的与游客面对面的一线服务，也包括行业组织和旅游企业制定的标准制度及政府提供的安全保障，还包括当地居民开放包容、热情好客的态度。

(二) 旅游服务的特点

1. 综合性

旅游服务的综合性主要表现在两方面：一方面，旅游服务自始至终贯穿于旅游活动的各环节和全过程，旅游消费必须在一定时间段内完成，包括食、住、行、游、购、娱等各个方面；另一方面，因为受到旅游者多样化需求的驱动，旅游服务需要按照旅游者不同消费需求提供具有个性化的服务，体现在服务项目、服务内容、服务环节等方面。

2. 同步性

同步性是指旅游服务的生产和消费活动是同时进行的，服务的生产过程就是旅游者的消费过程。也就是说，旅游服务生产和消费发生在同一时间和空间里，旅游者全程参与旅游服务的生产过程，导致生产过程也就是消费过程，生产与消费同时进行。

3. 无形性

无形性又称不可感知性，其主要表现为旅游服务的特质及组成元素在很多情况下都是无形无质的。旅游者在购买无形的旅游服务之前是无法对其进行质量检验的，只有消费了之后才能知道旅游服务质量的高低，也才能感觉到其效用的存在。

4. 不可储存性

旅游服务具有不可储存的特性，旅游者必须在服务主体提供服务的同一时间进行消费，这就使得旅游服务不可能像其他实物产品一样被储存起来，以备未来另择时机出售。旅游服务的价值具有一定的时间限制，旅游者不能将其带走，必须现场即时消费。

5. 不可控制性

不可控制性是指旅游服务质量受多种因素影响难以统一界定。比如，受不可抗因素的影响，旅游服务质量会存在较大的差异性，旅游管理者很难有效控制服务质量。此外，不同旅游者的评价存在差异性，也会对旅游产品的销售产生影响。

三、旅游服务体系的构成

旅游服务体系是一个系统的概念，是指能够合理整合旅游目的地的旅游企业、相关部门以及当地社区等资源，协助旅游活动顺利开展的动态服务系统。吴必虎(1998)认为旅游是一个开放的、复杂的系统，包括客源市场系统、目的地服务系统、出行系统和支持系统。旅游服务渗透在旅游各个子系统之中，我们以旅游系统论为基础，构建旅游服务体系模式——客源地旅游服务系统、旅游交通服务系统、目的地旅游服务系统、支持和辅助服务系统(见图2-1)。

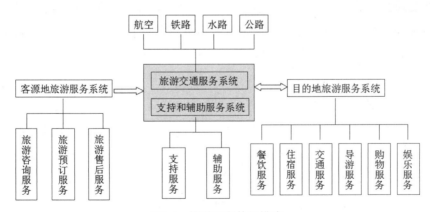

图2-1　旅游服务体系模式

(一) 客源地旅游服务系统

1. 旅游咨询服务

旅游咨询服务是指为旅游者提供旅行、交通、游览、住宿、休闲、娱乐等相关信息的非商业性咨询服务。旅游咨询服务会使旅游者获得必要的出游信息，获得出游建议或支持帮助，为出行决策提供依据。一般来讲，旅游者可以通过各大组织机构的官方网站获取旅游咨询信息，还可以通过旅游咨询机构获得相关信息。旅游咨询服务可以是现场服务，也可以是利用电话、网络的远程服务。

2. 旅游预订服务

旅游预订服务能够使旅游资源得到充分利用，满足旅游者的旅游需求。由酒店集团、航空公司、旅游集团、旅游企业等开发的预订系统以及旅游信息数据库极大地满足了旅游者的预订需求，可以实现跨区域、跨国界的旅游服务预订。此外，以互联网为基础，多种旅游平台可以实现旅游企业与旅游者的双向沟通、即时沟通，提高了预订服务的效率和效果。

3. 旅游售后服务

旅游售后服务是指旅游者与旅游企业或旅游相关组织结束服务关系后所发生的进一步互动，以主动解决旅游者遇到的问题和加强同游客的联系，是保持良好关系或者实现服务补救的一种有效方法，也是旅游服务质量的延伸。旅游售后服务不仅可以维持和扩大原有的客源，实现旅游企业与旅游者的有效沟通，还可以获得旅游者的需求信息，不断更新产品内容，提高接待服务水平，为其提供个性化服务奠定基础。

(二) 旅游交通服务系统

旅游交通服务系统是指旅游者从客源地到旅游目的地空间转移过程中所发生的互动服务的总和，主要包括航空、铁路、水路和公路4种形式。

1. 航空交通服务

航空交通服务最大的特点是快捷、舒适、效率高，具有一定的机动性，适用于长距离出行。旅游包机是一种不定期的航空包乘服务业务，是航线经营的一种新型运作模式，为旅游者最大限度地降低出游成本。与定期航班相比，旅游包机业务最大的优势是票价低廉。

2. 铁路交通服务

铁路交通服务因其载客量大、价格便宜等特点，在发展中国家仍是旅行的主要交通工具。目前，磁悬浮列车被许多国家采用，其时速可以在400千米/小时以上。2019年，由中国中车集团研发的时速600千米的高速磁悬浮列车，首次在第二届浙江国际智慧交通产业博览会上公开亮相；2021年7月，时速600千米高速磁悬浮交通系统正式在青岛下线。此外，铁路列车内部服务设施和服务条件的改善也有利于增强铁路交通服务的竞争力。

3. 水路交通服务

水路交通服务是利用自然和人工水域为航线，以船舶作为主要交通工具载客的一种运输方式。水路旅游交通具有运载量大、票价低、耗能少、舒适等优点。水路交通服务有远洋班轮服务、邮轮服务、短程海船(或渡船)服务、内陆水道短途游船服务和私人游艇服务5种形式。邮轮服务可以为旅游者提供综合性的服务，如住宿和餐饮服务、商品服务和休闲娱乐服务等。2022年7月2日，在厦门港口高质量发展指挥部、厦门港口管理局的共同推动下，"招商伊敦号"(见图2-2)厦门首航仪式在厦门国际邮轮中心举行，宣告厦门邮轮母港首条国内沿海邮轮航线正式开通。

图2-2　"招商伊敦号"

4. 公路交通服务

公路是指经交通运输主管部门验收认定的城间、城乡间、乡间能行驶汽车的公共道路，包括高速公路、一级公路、二级公路、三级公路、四级公路，是短距离出行的主要交通方式。

(三) 目的地旅游服务系统

目的地旅游服务系统主要向旅游者提供食、住、行、游、购、娱等基本的旅游服务，是旅游服务系统的核心。

1. 餐饮服务

旅游餐饮服务是将物质产品、专业人员的技术和服务人员的服务技能有机结合的旅游服务形式。旅游餐饮服务一般分为两大类：一类是酒店、宾馆、度假村等提供的餐饮服务；另一类是社会餐饮，如餐馆、酒楼、饭馆、酒吧、风味馆、茶楼等。

2. 住宿服务

住宿服务是凭借有形的设施、设备和无形的服务为旅游者提供住宿、餐饮及多种综合服务的总称。为了满足旅游者多样性的旅游需求，社会上提供了多种类型的住宿服务，如商务饭店、会议饭店、经济型酒店、度假中心、民宿、青年旅社、野营地等。

知识链接2-1

3. 交通服务

这里的交通服务是指小交通服务，即城市内和旅游景点之间的小空间转移服务，主要以公路交通为主，也包括旅游景点内的电瓶车服务及一些特殊的交通服务，如缆车、滑竿、轿子、雪爬犁、冰爬犁等。

4. 导游服务

导游服务是为旅游者顺利完成旅游活动所提供的专业性服务。导游服务是一种复杂的、高智能、高技能的服务工作，贯穿于旅游活动的全过程，要求导游人员具有丰富的知识，良好的语言表达能力，同时还要具有较强的应变能力。为了做好导游服务工作，导游人员应遵循"游客至上"原则"履行合同"原则"安全第一"原则和"合理而可能"原则，注意将标准化服务与个性化服务有机结合。

5. 购物服务

购物服务是指旅游者在旅游目的地或在旅游过程中购买商品的活动以及在此过程中附带产生的参观、游览、品尝、餐饮等一切行为。购物服务是旅游活动的重要组成部分，有时也成为重要的旅游吸引物，如香港购物。在设计旅游购物服务时，要重点突出商品的地方特色、文化特色，同时还要注意配套服务。旅游购物作为一种旅游行为，对当地社会文化、经济发展以及其他领域都会产生影响。

6. 娱乐服务

娱乐服务是满足旅游者休闲、娱乐、放松身心、增长知识或有益健康活动的总称。娱乐服务要突出地方性、文化性、时尚性与参与性。娱乐服务可以是单独的一项旅游产品，如广州长隆欢乐世界(见图2-3)、深圳世界之窗等；也可以伴随在旅游过程中成为旅游活动的重要补充，如北京的老舍茶馆、西安的唐乐宫等。

图2-3　广州长隆欢乐世界

(四) 支持和辅助服务系统

支持服务系统是为满足旅游目的地居民生产生活需要而建设的，虽然这些服务不是直接面向旅游者的，但却是旅游活动顺利开展不可或缺的边缘性旅游服务；辅助服务系统是指旅游者在旅行过程中，可以享受的一些便利性和保障性的服务。

1. 支持服务

支持服务系统包括基础设施服务和其他支持服务。基础设施服务包括交通、通信、供水供电、商业服务、园林绿化、环境保护、文化教育、卫生事业等公共生活服务设施等。旅游者在旅游目的地停留期间，与当地居民一样需要基础设施服务，这些基础设施服务虽然不是旅游服务的核心内容，但却对旅游目的地服务质量产生重要影响。其他支持服务主要指相关部门提供的旅游教育和培训服务，提供的专业性书籍、杂志、报纸等。

2. 辅助服务

旅游者在旅行过程中，还可以享受一些旅游保险服务、外汇服务和免税购物服务等辅助性旅游服务。旅游保险服务是为旅游者的人身或财物提供保障的一种服务形式，包括人身意外的给付金、个人物品及金钱丢失的损失、医疗费用及其他有关费用等；外汇服务是将本国货币兑换成外币的一种服务形式，在此基础上的一些创新形式(如旅行支票、信用卡)得到了极大范围的应用，而且安全性能良好；免税购物服务是在一些特殊的地点向旅游者提供的一种优惠购物服务，出售的商品一般是小件物品。

案例2-1

重庆全面开展旅游服务质量试点工作

2022年1月，重庆市文化和旅游发展委员会确定渝中区、江北区、沙坪坝区、南岸区、大足区、巴南区、南川区等11个区县为重庆市2022年度旅游服务质量提升试点区县。试点区县中，渝中区承担"充分发挥行业组织作用"试点任务，引导和激励旅游行业市场主体提升旅游服务质量；江北区承担"提升旅游管理水平"试点任务，协助企业建立健全相关旅游服务管理机制，建立服务体系评价"二维码"，扶持培养一批"首席质量官"和"标杆服务员"，建立创新"服务承诺"制度；沙坪坝区承担"大力培养旅游服务质量人才"试点任务，建立红岩志愿者人才库；南岸区承担"提升旅游管理水平"试点任务，开展"沃土质量驿站"建设，为企业提供标准化咨询，开展质量交流、服务质量"领跑者"评价；大足区承担"推进旅游信用体系建设"试点任务，进一步完善信用管理机制、拓宽信用应用场景、加大宣传力度；巴南区承担"强化旅游质量保障"试点任务，建立旅游投诉纠纷调解与仲裁相衔接的有效机制；南川区承担"推动旅游品牌创建"试点任务，进一步擦亮"金佛山·福南川"品牌。

(资料来源：陈潜. 重庆全面开展旅游服务质量试点工作[N]. 中国旅游报，2022-03-22.)

思考：重庆是怎样开展旅游服务质量试点工作的？对其他城市有何借鉴意义？

四、旅游服务体系的建设

国外学者对旅游服务体系建设的研究主要集中在旅游信息服务、旅游安全服务和旅游交通服务三方面。在旅游信息服务建设方面，学者认为随着互联网成为越来越流行的信息源，旅游目的地信息网站对旅游者选择旅游目的地起着重要作用，因此可以通过了解网络用户的旅游信息搜索行为和在线搜索策略，进行相关信息的整合，为旅游者推荐他们所需要的信息，提供更具有价值的信息搜索服务。在旅游安全服务建设方面，学者认为旅游目的地应利用良好的通信设施向不同类型的旅游者及时发送不同的安全知识和信息，为不同类型的旅游者提供与之相对应的保护措施，有效提高旅游者的警惕意识，保障其生命安全。在旅游交通服务建设方面，学者认为需要通过各种措施提升城市服务的供给能力，以满足城市旅游公共交通的发展需求，正确认识城市旅游与交通的直接关系，在公共交通方面为旅游者提供必要的相关服务。

2001年，国内学者张文建提出需要针对旅游服务体系进行系统管理。随后一些学者从交通、游览、餐饮、住宿、娱乐和购物等角度对旅游服务体系进行构建，探讨城市旅游目的地服务体系构成要素，分析各要素的特点以及彼此的相关性，进而提出城市旅游目的地服务体系的发展趋势，同时针对旅游信息咨询中心建设中的边界问题，提出建立政府主导、企业经营，建立统一的旅游咨询信息数据库、操作平台、完整的文字标识及旅游咨询热线。

第二节　旅游目的地服务概述

一、旅游目的地服务概念

旅游者在目的地能否获得高质量的旅游体验取决于旅游目的地供给的核心内容——旅游服务。旅游目的地服务是一种无形的旅游产品，是与旅游者接触互动的主要纽带。旅游目的地是重要的旅游服务提供者，而良好的旅游服务不仅能提高旅游者的旅游体验和满意度，还有利于促进目的地旅游行业健康发展。

旅游目的地服务是指旅游目的地旅游企业及相关部门为旅游者提供旅游服务、生活服务和文化服务等综合内容，以满足他们在整个旅游过程中的服务需求，具体包括旅行过程服务、游览服务、基础服务、购物服务等多方面内容。旅游目的地通过提供这些服务，不仅获得经济利润，还能促进旅游行业发展。此外，不同类型的旅游目的地提供的旅游服务内容是有区别的，如商务型旅游目的地除了要提供商务交流、会展服务之外，还需要提供旅游休闲服务，因此旅游目的地的管理机构需要建设完善基础设施。

二、旅游目的地服务体系构成

吸引旅游者、接待旅游者、实现旅游者的旅游体验是旅游目的地的重要功能，也是综合评价旅游目的地的重要指标因素。旅游者活动涉及方方面面，需要众多旅游企业及相关部门通力配合。旅游目的地服务体系是旅游目的地更好地为旅游者提供全面周到服务的保障。以旅游的"食、住、行、游、购、娱"六大要素为例，其中每一项旅游活动完成都需要众多企业和相关部门密切配合，提供细致、周到、完善的服务，才能给旅游者更好的旅游体验。因此，构建完善的旅游目的地服务体系，解决旅游者在旅游目的地可能面临的旅游制约问题，为旅游者提供符合需要的旅游产品和服务，是推动旅游供给侧结构性改革，发展优质旅游的必然要求，也是旅游目的地提升吸引力的重要途径。鉴于此，我们构建了旅游目的地服务体系——核心服务体系、基础服务体系和保障服务体系(见图2-4)。

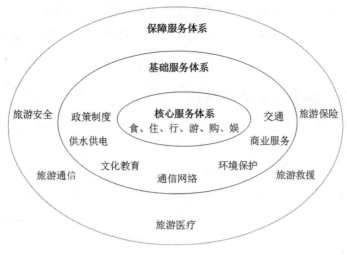

图2-4　旅游目的地服务体系

(一) 核心服务体系

核心服务体系主要是指政府、旅游企业或相关部门为旅游者在旅游活动中提供的核心服务所组成的服务系统。政府通过制定鼓励和促进旅游市场发展的政策，为提供旅游服务的企业创造良好的经营环境和服务保障系统，政府还可以引导社会各方力量参与到旅游企业的创新、生产和服务中来。旅游企业或相关部门为旅游者的出游提供各种旅游服务，它们在旅游目的地服务体系中具有重要作用，只有它们为旅游者提供高质量的服务，才能让旅游者获得更好的旅游体验，如旅游餐饮服务、旅游住宿服务、旅游交通服务、旅游购物服务、旅游娱乐服务等。

(二) 基础服务体系

旅游行业是一个高度关联的行业，旅游者在旅游目的地活动，除了需要核心服务体系满足其旅游活动需求外，还需要旅游目的地主管部门提供基础服务，满足旅游者基本的旅游及生活需求，帮助其实现良好旅游体验，如交通服务、商业服务及水电服务等。旅游企业要为提供旅游服务接待的员工进行相关知识培训，让员工能够了解旅游者的心理特征，从而更有针对性地提供服务。在服务流程方面，旅游企业要以旅游者为中心，简化服务流程，提高工作效率，降低旅游者的时间成本。

(三) 保障服务体系

保障服务体系是指旅游目的地行政管理部门或其他组织为旅游者在旅游目的地活动提供的保障服务，主要包括旅游通信服务、旅游保险服务、旅游医疗服务、旅游安全服务和旅游救援服务等。在通信服务方面，旅游企业和相关部门要考虑不同旅游者的信息接收习惯和信息接收能力，采用符合其需求的信息传播手段；在保险服务方面，旅游企业和相关部门要设计符合旅游者需求的商业服务保险；在旅游医疗服务方面，卫生技术人员应遵照执业技术规范提供照护生命、诊治疾病、促进健康的服务；在旅游安全方面，旅游企业和相关部门要保证出行过程中的交通设施设备安全、餐厅的饮食安全和酒店住宿的基本安全；在救援服务方面，旅游目的地要建立旅游者出行过程中的意外事故救助体系。

三、旅游目的地服务体系特征

(一) 综合性

旅游活动以游览为中心内容，旅游者为了实现游览的目的还必须在食、住、行、购、娱等方面进行消费，旅游活动涉及多个产业部门、多个社会经济体系环节，具有复杂性。而旅游活动的复杂性决定了旅游目的地服务的综合性。旅游目的地作为旅游者活动的主要场所，综合了国民经济的各大产业部门和社会管理系统，需要提供多种多样的旅游产品及旅游服务，以满足旅游者多样化的需求。随着旅游活动在深度、广度上的进一步发展，旅游目的地服务体系综合性的特点会越来越显著。

(二) 系统性

旅游目的地服务体系包括核心服务体系、基础服务体系和保障服务体系，各个体系的组成要素相互影响、相互制约，形成一个开放的有机体，进而影响目的地的服务质量。因此需要研究体系内部各要素之间的内在联系，更好地构建部门健全、内部结构优化、功能完善、运行良好的旅游目的地服务体系。如旅游公共服务中的信息服务、旅游安全服务、旅游管理服务及旅游环境服务等，它们之间相互影响、相互作用，且每个要素内部子要素之间也是相辅相成的，共同构筑保障旅游目的地公共服务体系的良好运行。

(三) 需求导向性

旅游目的地是旅游者旅游活动的主要场所，旅游目的地服务体系应满足旅游者的旅游需求，因此需要以旅游者需求为导向建设旅游目的地服务系统，合理配置服务设施，引进先进的旅游服务理念，保障服务质量。随着休闲度假旅游时代的到来，自驾游、自助游、房车游、康体游、养生游等新型旅游形式的不断出现，旅游目的地服务体系要根据不同旅游需求和旅游形式进行调整和完善。

(四) 统筹规划性

2018年，国务院办公厅印发的《关于促进全域旅游发展的指导意见》(以下简称《意见》)提出："发展全域旅游，将一定区域作为完整旅游目的地，以旅游业为优势产业，统一规划布局、优化公共服务、推进产业融合、加强综合管理、实施系统营销。"该《意见》为旅游目的地服务体系统筹规划提供了良好指导。旅游目的地服务体系统筹规划建设不仅要遵从市场原则、旅游需求导向原则，更需要进行科学的统筹规划，避免重复建设、减少浪费，特别是政府部门和各种行业组织应积极地进行统筹规划，使旅游目的地服务体系有序、健康地发展。

案例2-2

安徽遴选旅游服务质量标杆单位

为培育优质旅游服务品牌，持续推动安徽省旅游业高质量发展，安徽省文化和旅游厅、省市场监督管理局联合组织开展2022年安徽省旅游服务质量标杆单位遴选活动。遴选活动采取文化和旅游企事业单位自愿申报，各市文化和旅游、市场监督管理部门联合推荐的方式开展。申报单位按类型分为旅游目的地和旅游服务单位两大类，其中A级旅游景区、公共文化场馆、研学基地等选择"旅游目的地"类别进行申报；旅游星级酒店、旅行社、等级民宿、"皖美好味道·百县名小吃"特色美食体验店等选择"旅游服务单位"类别进行申报。为了对申报单位进行全面、公正的评价，活动主办方还引入社会力量，公开招募10名"文旅质量体验官"，全程参与材料初审、实地考察、现场答辩等环节。

（资料来源：朱文文.安徽遴选旅游服务质量标杆单位[N].中国旅游报，2022-08-31.）

思考： 试说明安徽省开展遴选旅游服务质量标杆单位的带动意义。

四、旅游目的地服务体系建设影响因素

(一) 社会经济因素

经济发展水平对旅游目的地服务体系建设有重要影响。旅游目的地服务体系涉及多个层面的基础设施建设和服务设施配套建设，这些服务体系的建设需要大量的资金投入及技术支持、需要良好的社会经济基础保证旅游目的地服务体系建设的投入，进而保障旅游目的地服务体系为旅游者提供服务的能力。此外，社会科技发展、社会管理水平提升也将为旅游目的地服务体系提供更多智力支持和科技保障。

(二) 旅游消费需求

旅游消费需求决定旅游供给能力，旅游供给能力反过来也能刺激旅游消费需求的增长。随着经济的发展、社会的进步，影响旅游消费需求的因素也在不断变化，如旅游动机、闲暇时间、收入水平、旅游资源等级、旅游交通便捷程度、旅游目的地接待水平等因素。因此，旅游供给方在建设旅游目的地服务体系时，应根据不断变化的旅游消费需求，提供更有针对性的旅游服务。

(三) 旅游产业结构

旅游产业是直接为旅游者提供服务的综合性经济产业，这就决定了旅游产业结构具有多元化和动态性的性质。从产业供给出发，旅游产业的内涵应该是以旅游业生产力六要素(即食、住、行、游、购、娱)为核心，由一系列行业部门组成的社会、经济、文化、环境的整合产业，是一个开放的复杂系统，因此各旅游目的地的旅游产业结构特征不尽相同，应根据不同的特征和优势，重点发展旅游目的地服务体系的相关要素。

第三节　旅游目的地管理概述

一、旅游目的地管理概念

旅游目的地通常被看作一个由众多利益相关者构成的复杂网络系统，它与社会有着广泛的、密切的联系，因此为了使这个复杂系统良性运转，就需要对旅游目的地进行科学的管理。旅游目的地管理目标是目的地旅游产业高效有序运转，目的地系统中的各要素得到合理布局及利用，进而提升旅游目的地的综合实力。

综上，可以把旅游目的地管理定义为：基于旅游目的地发展战略，运用行政方法、经济方法和法律方法，对目的地的核心服务体系、基础服务体系、保障服务体系进行统筹与协调，提升旅游目的地竞争力，为目的地创造经济效益、社会效益和生态效益，实现旅游目的地的可持续发展。

二、旅游目的地管理原则

(一) 突出特色原则

突出地方特色是旅游目的地获得吸引力的核心所在，也是保持市场竞争力和长久生命力的根本保障。旅游目的地管理要在项目开发、产品设计、品牌营销及信息管理等各个环节突出特色，在凝练当地文脉和资源特色分析的基础上，充分挖掘文化内涵，用创意创造特色，展现地方的、民族的、原始的和现代的资源特色，坚持"人无我有，人有我优"的原则，把旅游资源开发为具有独特性的旅游产品。当然，这种特色应与环境相协调，与旅游目的地的基调一致，并且要有一定的传统基础和群众基础。

(二) 综合效益原则

旅游目的地管理要坚持经济效益、社会效益和环境相统一的综合效益原则。旅游目的地管理的基本目标之一就是要持续增加旅游目的地吸引能力和接待能力，取得尽可能高的经济效益。经济效益的实现需要统筹规划、整合资源、合理布局，充分发挥旅游项目的特色，延长旅游产品的"生命周期"或创新出其他的项目产品。旅游目的地又是一个复杂的系统，与生态系统、社会系统紧密融合，因此旅游目的地管理的目标是促进地方经济、社会及生态的和谐发展，实现经济效益、社会效益和环境效益统一。

(三) 合理布局原则

首先，旅游目的地要注重区域旅游资源整合和区域旅游合作，均匀分布旅游项目，适当配置特色资源，巧妙组合，达到疏导客流的目的；其次，线路设计合理，不走回头路，同时便于维护、管理；最后，围绕重点项目，挖掘潜力，逐步形成系列产品和配套服务，形成多产业联动的效果。

(四) 可持续发展原则

旅游目的地管理要遵循可持续发展原则，保障目的地系统的持续稳定发展，具体可以开展以下工作：第一，坚持保护与利用相结合的原则，保持生态平衡，避免对环境资源进行破坏式的开发和对文化资源进行过度的商业化运作；第二，提高旅游目的地的吸引力和服务水平，提高游客的重游率；第三，不断推陈出新，用新的项目、新的产品组合持续增加旅游目的地的吸引力和知名度；第四，充分发挥政府"有形的手"的调控作用，加强对企业的市场监管和社会管理，开展生态建设和环境保护，推动企业发展走上科学化、规范化、生态化的道路；最后，合理布局生产、生活、生态空间，以人为核心，践行绿色发展理念，树立旅游目的地品牌形象。

(五) 勇于创新原则

创新是旅游业发展的灵魂。在当今旅游业持续高速发展和竞争加剧的时代，旅游目的地管理也处在动态变化之中，旅游目的地管理活动应围绕旅游业发展趋势，顺应并驾驭这一趋势，不断创新管理模式，使旅游目的地更有竞争力和吸引力。旅游目的地管理创新体现在旅游目的地管理的各个环节，包括旅游目的地的开发建设、产品设计、组织管理、营销推广等，管理者应立足于经济效益，追求叠加效益，以创新保持旅游目的地持续的生命力。

拓展知识2-1

青海推进长城长征国家文化公园建设

2021年4月，长城长征国家文化公园建设工作青海领导小组会议召开，青海省副省长、领导小组组长杨逢春出席并讲话。

会议指出，建设长城、长征国家文化公园(青海段)是坚定文化自信、打造中华文化主要标志、推动新时代文化繁荣发展、激发各族干部群众精神力量的重要载体；要坚持生态保护优先，处理好保护与发展的关系，统筹资源禀赋、人文历史、区位特点，高质量编制专项保护规划；要全面梳理长城、长征国家文化公园(青海段)建设保护项目，遵守"不改变文物原状"原则，严格控制投资规模，严控对文物本体的干预程度，严格履行报备手续，加快重点项目建设，保护周边景观风貌，努力保持文物的本真性；要挖掘长城、长征的历史价值、文化价值、景观价值和精神内涵，推进数字化再现工程，发挥好革命文物在党史学习教育、革命传统教育、爱国主义教育等方面的重要作用；要推动长城、长征国家文化公园(青海段)建设与文化和旅游业融合发展，加强基础配套设施建设，完善公共服务设施，提高管理服务水平，开发新产品、新业态，为打造国际生态旅游目的地作出积极贡献。

(资料来源：唐仲蔚.青海推进长城长征国家文化公园建设[N].中国旅游报，2021-04-08.)

三、旅游目的地管理内容

旅游目的地管理是对旅游目的地系统的综合性管理。根据管理内容的不同，可以将旅游目的地划分为众多管理模块，主要包括旅游目的地利益相关者管理、旅游目的地运营管理和旅游目的地战略管理。

(一) 旅游目的地利益相关者管理

旅游目的地利益相关者管理主要包括4个方面，即旅游者管理、社区居民管理、旅游企业管理和政府管理。

1. 旅游者管理

旅游者管理是指了解旅游者旅游动机、旅游行为，并对其行为进行管理。旅游动机是一个人外出旅游的主观条件，包括旅游者身体、文化、社会交往、地位和声望等方面的动机。影响旅游动机的因素除旅游者个人因素外，还有某些外部因素，如旅游者接触信息的内容、受他人的影响等，因此，研究旅游者的旅游动机是旅游目的地全面了解旅游者的需求、准确细分市场、有针对性地推出符合目标市场需求的旅游项目，提高市场占有率的有效途径。同时，了解旅游者行为，对旅游者行为进行正面引导，能够提高旅游者体验质量，控制旅游活动的负面影响。

2. 社区居民管理

社区居民管理是旅游目的地管理的重要组成部分，主要包括主客关系管理、居民与政府关系管理、居民与旅游企业的关系管理和居民社区间的关系管理等。主客关系管理侧重培育居民的好客态度、诚信的营商精神和跨文化理解能力等。居民与政府关系管理侧重土地权属、旅游收益分配、资源保护与生态补偿、公益岗位的设置与非正规就业的整治、旅游扶贫政策等。居民与旅游企业的关系管理侧重保障社区居民的优先就业权益、培养居民的职业技能与职业精神等内容。居民社区间的关系管理侧重利益分配、文化建设和制度建设等内容。

3. 旅游企业管理

旅游企业是旅游产品的提供者、创新者，也是当地税收的重要来源，管理旅游企业能够使旅游目的地实现更好的经济效益、社会效益和生态效益。旅游企业管理主要包括以下5个内容：一是协调旅游企业与目的地旅游发展的关系；二是协调旅游企业与市场的关系；三是协调旅游企业与目的地环境资源的关系；四是协调旅游企业与目的地社区的关系；五是培育旅游企业的社会责任感。

4. 政府管理

旅游目的地政府管理主要是指地方政府运用政府权力，解决旅游目的地发展与政府相关的各种问题，维护旅游目的地整体利益的过程。政府是旅游目的地旅游发展政策的制定者、执行者和监督者，旅游目的地政府具有招商引资、管制、营销、协调、教育与培训、经营等职能，旅游目的地政府管理机构要合理运用政府职能对旅游目的地进行行政管理。

(二) 旅游目的地运营管理

旅游目的地运营管理主要是指目的地在产品管理、营销管理、信息管理、交通管理、安全管理、环境管理和全面质量管理等过程中涉及的一系列管理活动，是对旅游目的地系统不断设计、运行、评价和改进的过程。

1. 产品管理

旅游产品是旅游者花费一定的时间、精力和费用所获得的一段旅游经历。旅游目的地的产品管理就是根据旅游市场需求设计、开发、维持、改进及创新旅游产品，对旅游项目进行深加工，保障服务设施的安全，提高游客满意度，获取旅游目的地竞争优势的过程。

2. 营销管理

旅游目的地营销管理是指为实现目的地旅游业经营目标，对建立、发展、完善以旅游市场需求为核心的营销方案进行分析、设计、实施与控制，通过创造、传递和传播卓越顾客价值来获取、维持和增加旅游者数量的过程。营销管理主要包括确立目标市场、实施营销理念、制定市场营销组合、设计旅游目的地形象并进行有效传播，在此基础上建立旅游目的地品牌，推动旅游目的地的可持续发展。

3. 信息管理

旅游目的地的信息管理主要包括两方面：一方面是旅游标识系统、旅游资讯设施、城市解说服务等建设管理；另一方面是旅游信息化的建设，如旅游目的地信息管理系统的设计与运用、旅游目的地信息化及智慧化技术的运用等。旅游目的地信息管理是以信息技术为支撑，全面整合旅游资源，提升管理水平，增强游客体验，增加旅游收入，促进传统旅游业向现代旅游业转化的管理过程。

4. 交通管理

旅游目的地的交通管理是指管理者运用管理科学及其他相关学科的理论和方法，对多种交通资源进行优化配置与有效整合，以形成基本适应旅游目的地旅游业发展需求的交通网络系统的过程。旅游目的地的交通主要包括进入交通、中转交通和作为旅游产品的旅游体验性交通等，对其进行有效的管理能够保证旅游者的可进入性、保障旅游者的体验及实现合理的客流分布。

5. 安全管理

旅游目的地安全管理包括旅游者安全管理和旅游目的地公共安全管理。旅游者安全管理是指对目的地的旅游活动中可能出现的人身、心理及财产等安全问题进行一系列的规划决策、动态调整及化解处理。旅游目的地公共安全管理是指对景区景点、设施设备、交通、治安、游客食宿场所等进行的安全管理。旅游目的地安全管理是预防性管理，要做好安全评估工作，防患于未然。

6. 环境管理

旅游目的地环境管理贯穿于整个旅游开发与经营过程中，旅游环境既包含自然生态环境，也包含人文社会旅游环境，加强环境管理是旅游目的地管理的重要内容。旅游目的地环境管理可以运用法律、经济、行政、科技、教育等手段，通过旅游环境规划管理、旅游环境质量管理、旅游环境技术管理、旅游环境监督管理等方式，对一切可能损害旅游环境的行为和活动施加影响，协调旅游发展与环境保护之间的关系，达到既能保护旅游目的地环境，又能满足旅游者需求，进而实现经济效益、社会效益和生态效益的有机统一。

7. 全面质量管理

旅游目的地全面质量管理强调以旅游者需求为核心导向，围绕提高旅游者的持续满意程度展开，通过全员参与的质量管理、全过程的质量管理及全方位的质量管理提高旅游目的地全行业服务质量和竞争优势，最终获取综合效益，实现旅游目的地的可持续发展。

(三) 旅游目的地战略管理

战略是旅游目的地运作的纲领，是对旅游目的地的发展方向和发展战略进行的总体把控。旅游目的地战略以目的地的合理建设、可持续发展、有效营销为目标，推进目的地高效率发展。旅游目的地战略管理依据旅游目的地所处的地理位置和其在区域旅游系统中的位置，综合旅游资源特点、游客需求、旅游环境等因素，对旅游目的地的目标定位、主题定位、市场定位、重点选择、路径选择、顺序选择以及配套构架等进行规划设计，以实现具有与其他旅游目的地进行有效竞争的能力和在旅游市场上获取利润的能力，同时还要维持竞争力和可持续发展之间的平衡、经营管理和环境管理之间的平衡。

依据核心吸引力不同，将旅游目的地战略管理划分为4种类型，分别是城市核心型、景区主体型、区域复合型和产业聚集型，不同类型的旅游目的地具有不同战略管理的结构和发展模式。

1. 城市核心型旅游目的地战略管理

城市核心型旅游目的地是以城市作为主要旅游吸引力，并在城市里实现旅游产业要素聚集，同时与其他产业形成联动、互补关系，如哈尔滨、青岛、大连等。在城市核心型旅游目的地的战略管理构建中，要处理好"旅游城市"和"城市旅游"的关系，充分挖掘旅游资源，发挥城市在交通、住宿、会议等多方面的优势，打造旅游与其他产业的交叉整合产品，形成城市旅游目的地的独有特征，比如会展旅游、科教旅游等。

2. 景区主体型旅游目的地战略管理

景区主体型旅游目的地是以某个或某几个著名旅游区为基础和核心形成的旅游产业聚集区，如黄山、九寨沟、千岛湖等。此类旅游目的地以大型旅游区为核心，围绕其形成交通、住宿、餐饮、娱乐等配套要素集群，有的景区整合周边旅游资源发展会议、度假、养生等旅游产品。景区主体型旅游目的地战略管理关键在于增强旅游目的地核心吸引力，同时发展复合功能，形成产业聚集，坚持可持续发展原则，形成个性鲜明的休闲旅游目的地。

3. 区域复合型旅游目的地战略管理

区域复合型旅游目的地是以一定空间内的旅游要素、游憩方式聚合为主发展成的旅游目的地，目前这类目的地是我国旅游目的地建设的主力军。打造区域旅游目的地要在资源整合、形象塑造、产品组合、交通线路设计等方面下功夫，坚持政府主导和市场化运作相结合，形成拳头产品和品牌形象。

4. 产业聚集型旅游目的地战略管理

产业聚集型旅游目的地是伴随着旅游业的发展而出现的一种新的旅游目的地形式，以某类旅游产品或某主题旅游产品的聚合为特征而形成。产业聚集型旅游目的地的战略管理关键在于"整合"，整合旅游资源，整合市场资源，整合人力资源，整合产业链，整合不同行政区间的利益关系等，形成发展的合力，共同打造旅游目的地"品牌"。如《河北省旅游业"十四五"发展规划》提出，"十四五"时期，河北省将打造环京津休闲度假旅游带，以京津居民休闲、度假、康养、乡愁等休闲旅游需求为导向，以张承地区、保定及廊坊为主体，以高质量打造京张体育文化旅游带为龙头，联动京北皇家度假文化旅游融合区、廊坊临空商贸旅游融合区、京保雄高质量休闲旅游发展样板区、沧州武术杂技旅游休闲区等旅游发展示范片区建设，加快打造集生态休闲、微度假、高端产业融合创新等功能于一体的环京津休闲度假旅游带。

四、旅游目的地管理手段

旅游目的地管理是一项多主体、多层次、多维度的复杂管理活动，必须在行政、经济、法律、技术等多种手段的结合下开展。

1. 行政手段

行政手段是指通过行政机构采取带有强制性或义务性的行政命令、指示、规定等措施，来调节和管理经济的手段。行政手段具有一定的权威性、强制性、垂直性以及无偿性，是旅游目的地管理的基本手段，是运用其他管理手段的基本保障。行政手段具有快速、灵活、高效的优势，可以实现目的地管理系统目标统一、意志统一、行动统一，有效贯彻目的地旅游发展的主题定位和旅游品牌的营销推广等活动，同时也便于处理自然灾害、舆情危机等旅游目的地管理中的特殊或突发问题。运用行政手段要突出目标导向，建立一套合理的管理组织，以管理任务为中心，设置管理机构，权责一致，适时、适情和适度地使用。在使用行政手段过程中，管理者要树立服务意识，自觉提高自身管理水平和专业素质。

2. 经济手段

经济手段是指政府经济行政部门按经济运行规律的要求，来管理下属经济组织及其活动的一种方法，包括经济计划、财政政策和货币政策，具体形式有价格、税收、信贷、工资、奖金、罚款和福利等。经济手段具有调节性、灵活性和平等性的特点。在旅游目的地管理中，通过经济手段的物质利益诱导机制可以把整个目的地系统的全员凝聚成一个利益共同体，从根本上调动各方面的积极性和创造性，提高目的地系统的运转成效。在运用经济手段进行旅游目的地管理时，要与其他手段相结合，注意各种具体经济手段的协调配套，并得到法律政策的支持。

3. 法律手段

法律手段是指行政机关以法律为武器，根据法律活动的规定、程序和特点实施行政管理。法律手段具有强制性、规范性和稳定性，对全体公民和组织成员均具有强制性的约束力，并且不能随意改变。在旅游目的地管理中，要遵守相关法律法规制度，保证旅游目的地系统运行的必要秩序，同时将管理活动纳入规范化、制度化的轨道，强化法律意识，树立法律的权威性，确保有效地执行法律监管。

4. 技术手段

技术手段是人们在技术实践过程中所利用的各种方法、程序、规则和技巧的总称。智慧旅游正在将旅游目的地管理从一种传统的方式逐渐向现代化方式转变。在移动互联网等技术的支持下，将智慧旅游与旅游目的地管理进行有机结合，不仅能够实现旅游信息与旅游资源的全面整合，还能够实时地对目的地旅游进行监控管理，这种结合对旅游目的地的整体发展具有积极的作用。

🔲拓展知识2-2

重庆加强世界知名旅游目的地建设

2022年，重庆市统筹发展与安全，做强主体，强化服务，抓好实事，以建设文化强市和世界知名旅游目的地为目标，推动文化事业、文化产业和旅游业高质量发展。

2022年，重庆文化和旅游系统在促进文化旅游高质量发展方面，将策划招商一批精品文旅项目，持续跟进重大文旅项目建设，加快旅游国际化建设试点，推进金融支持文旅项目政策落地；不断释放文旅消费潜能，推进国家文化和旅游消费试点、示范城市建设，持续打造国家级和市级夜间文化和旅游消费集聚区；持续关注新业态发展，培育壮大线上演播、沉浸式体验、数字艺术等新型业态，探索剧本杀、电竞酒店、云服务等新业态新模式管理试点工作。

在加强世界知名旅游目的地建设方面，重庆将推进全域旅游示范区、旅游休闲街区等创建，促进红色旅游、游轮旅游等持续发展；打造"大都市、大三峡、大武陵"旅游发展升级版。在推进巴蜀文化旅游走廊建设方面，将配合文化和旅游部编制《巴蜀文化旅游走廊建设规划》，制定《重庆巴蜀文化旅游走廊建设实施方案》，培育"成渝地·巴蜀情"区域文化品牌。

(资料来源：陈潜.重庆加强世界知名旅游目的地建设[N].中国旅游报，2022-03-25.)

本章小结

　　旅游服务是旅游业的重要组成元素，对促进旅游业的健康发展具有举足轻重的作用。本章首先介绍了服务的内涵及特征、旅游服务的概念及特点；接下来以旅游系统论为基础，构建旅游服务体系模式——客源地旅游服务系统、旅游交通服务系统、目的地旅游服务系统、支持和辅助服务系统，并提出社会经济因素、旅游消费需求和旅游产业结构是旅游服务体系建设的影响因素；最后介绍了旅游目的地管理的概念及原则，提出旅游目的地管理内容包括旅游目的地利益相关者管理、旅游目的地运营管理和旅游目的地战略管理，又指出行政手段、经济手段、法律手段及技术手段是旅游目的地管理常用的手段。

👤复习思考题

　　1. 请说明旅游服务的概念及特点。

　　2. 结合旅游活动，请分析旅游服务体系。

　　3. 试述旅游目的地服务体系构成包括哪些方面？

　　4. 请说明旅游目的地管理的概念及原则。

　　5. 简述旅游目的地管理的内容。

　　6. 试述如何提高旅游目的地服务质量。

第三章 | 旅游目的地接待服务

知识目标： 理解旅游目的地餐饮服务的基本知识，理解旅游目的地住宿服务的基本知识，熟悉旅游目的地交通服务的基本知识，熟悉旅游景区游览服务与管理相关内容，掌握旅游目的地公共服务的内涵及主要构成，理解旅游目的地公共服务的特点及其管理。

能力目标： 能够结合旅游业发展及旅游者体验提高旅游目的地接待服务技能及管理水平。

素质目标： 思考并理解旅游目的地接待服务在新时代的发展方向及接待服务高质量供给的路径。

👤 **案例导入**

泰山：智慧化服务助力景区高质量发展

客流量的集中爆发给景区旅游服务、资源保护等方面带来了更为严峻的管理考验。2023年暑期，得益于"智慧泰山"系统建设，泰山景区构建的以假日智能指挥、防火智能调度、旅游智慧服务为核心的智慧泰山综合管理体系时刻"上岗"运行，有序应对高客流量带来的考验。

1. 首家"无证明智慧景区"

"欢迎光临！"验身份证、通过闸机，自助检票秒进景区，这已经是泰山景区进山口常见的一幕。闸机的智能检票不仅帮助景区进行精准化的票务管理，还为游客节省来回检票的时间。为了让游客能体验到"一部手机在手、畅游泰山无忧"，泰山景区还建成了全国首个"无证明智慧景区"，学生在网上购票进行学籍信息认证后，即可在线购买学生优惠票，到景区现场不再需要人工核验学生证。而游客若未带身份证，也可以在网上申领"景区码"，在进山口的闸机上扫码即可检票通行。泰山景区的网络售票率超过90%，科技不仅带来了便捷，提升了游客体验，也帮助景区提升了管理效率。

2. 一图掌握客流分布

泰山景区与海康威视合作成立的泰山智慧旅游研究院，专门研发了景区客流热力图指挥系统，不仅能实时统计景区各景点游客保有量，还能在三维云平台上生成景区客流热力图，直观清晰地展现客流分布情况。热力图类似于城市道路拥堵指数图，以红、黄、绿表示出各个景点的客流密度大小，当某个区域的客流量达预设拥堵值时，系统会自动报警，弹出该区域的视频图像，提示及时采取分流疏导措施。

3. 打造智慧护山体系

2021年起，泰山景区推进森林防火数智化建设，从预防火警、发现火情、扑救火灾三个层面，建设了九大系统，实现了从"人防"向"人防+技防"转变。如今，双光谱云台在监测点上24小时面对林海旋转着，成为智能的"森林卫士"，时刻观测着。一旦发现附近有高温热源，就会第一时间自动识别、自动报警、自动定位，防止小火变大火，打早、打小、打了。智慧防火系统采用热成像智能识别技术，95处监测点全天候自动巡查，监测覆盖率达到泰山景区全域的85%。单个监测点15分钟就可监测20余平方千米，发现3千米外的火情，解决以往景区防火工作中火点发现难、发现晚的痛点。

4. 慢直播"快"了起来

相比传统"慢直播"，泰山景区应用的海康威视延时掠影技术，实时拍摄景区图像，快速合成延时视频，让慢直播"快"了起来，短短的十几秒，就能呈现出历时一两个小时的泰山日出过程。游客不仅在10余秒内感受到泰山之巅的景色变化，还能获得与现场驻足观看不一样的感受，比如延时视频中，泰山原本的云海移动，会变得更加明显，呈现更大气磅礴的云海翻腾景象。在慢直播点位选择上，景区分析专业摄影师拍摄视角，按照大视野、大广角的原则架设机位，展现更广、更有震撼力的泰山风光。目前，泰山景区实现了8处高清直播点位的网络延时慢直播，包含泰山旭日、云海、奇云、雾凇、落日等极具特色的观景角度。通过景区建设的"智慧泰山"慢直播栏目，泰山的延时掠影视频在不同的新媒体平台被第一时间推送上线，让人们领略到更丰富的泰山风光。

（资料来源：宋其刚，吴婷. 泰山：智慧化服务助力景区高质量发展[EB/OL](2023-08-28) [2023-08-30]. http://www.ctnews.com.cn/hksd/content/content_148673.html. 有删减）

思考：智慧旅游背景下如何提升接待服务质量？

旅游目的地的主要功能是通过吸引和接待旅游者，为旅游者提供旅游体验，满足旅游者的多元旅游需求。旅游目的地的功能实现是综合评价旅游目的地质量的重要指标。为旅游者提供周到而完善的服务，是提高旅游者体验质量、旅游目的地吸引力和知名度的重要途径。

第一节 旅游目的地住宿服务

一、旅游目的地住宿服务概述

旅游目的地的住宿接待能力和服务水平，在某种程度上是影响旅游者选择旅游目的地的一个因素。旅游目的地住宿服务是旅游目的地经济效益创收的一部分，是旅游产业的一个环节。旅游目的地住宿设施分布于旅游景区内外。景区外部的住宿依托社会服务而存在，服务对象不仅仅是旅游者。有些面积较大的景区或提供夜间游览项目的景区，也会在景区内部布局一定的住宿接待设施，向旅游者提供住宿、休息等基本服务，同时也能够有限地满足旅游者其他需求。

旅游酒店接待服务是旅游者实现旅游住宿体验的主要方式。旅游酒店一般分为星级酒店、度假酒店、普通宾馆、青年旅社、特色民宿、农家乐等多种。其中，星级酒店提供相对高档、舒适的住宿服务；度假酒店主要布局于旅游景区内部或周边，更加注重环境氛围、住宿品质、休闲服务等内容；普通宾馆通常位于交通便捷的城镇区域，以经济、卫生为特点；青年旅社主要面向青年背包游客等群体，以经济、卫生为特点；特色民宿以家庭旅馆、特色民居等为基本类型，能够为游客提供主题鲜明且富有文化特色的住宿服务等。

此外，随着旅游业的蓬勃发展，住宿业态更加趋向多元化，各类精品酒店、豪华酒店、主题酒店、经济型酒店、公寓式酒店、酒店式公寓、汽车酒店以及非标准住宿等多种住宿服务业态在旅游目的地中迅速普及和发展。

图3-1为上海迪士尼乐园酒店夜景。

图3-1　上海迪士尼乐园酒店夜景

知识链接3-1

二、旅游目的地住宿服务要求

(一) 整洁卫生

整洁卫生是反映住宿服务质量的一项重要指标，也是宾馆档次、等级的主要标志，整洁卫生是旅游者对客房最普遍、最基本的要求。客房服务人员的主要职责是整理客房。一般情况下，整理客房要在客人不在房间时进行，如果客人有特殊要求，可以随机处理。客房服务人员在整理客房时，必须保证客房及各种设施、用具的卫生。即使是空房间，也要时刻保持清洁，准备迎接客人。另外，客房服务人员可采取一些措施保持房间清洁，如在清理后的器皿上贴"已消毒"标签，在茶具上蒙上塑料袋等。这些小细节都能给客人留下整洁卫生的印象。除了保证客房内的卫生质量外，搞好公共区域的清洁卫生也很重要，它同样能为旅游者提供舒适、美观、整洁的环境。

(二) 安全保障

旅行在外，安全是旅游者最基本的需求，是旅游者首先考虑的问题。在住宿期间，旅游者希望自己的人身和财产有安全保障，能够放心地休息和工作。因此，客房的安全设施要齐全可靠。安全感不仅局限于卫生方面，还包括防火、防盗和防人身意外伤害等方面。客房服务尽量不要干扰客人的生活，客房服务人员没有得到召唤或允许，不能擅自进入房间，工作完成后即刻离开。客房服务人员在进行日常清扫服务时，绝对不许随意翻动客人的物品，不得随意丢弃客人的物品，不得随意接听客人的房间电话，特别在进入房间时不可东张西望，以免引起客人不安。

(三) 舒适安静

客房环境的宁静，会给人舒服、高雅的感觉。由于现代都市生活的丰富性，一些客人可能喜欢过夜生活，而在白天睡觉，客房无论是夜间还是白天，都要保持宁静，防止和消除噪声。首先必须做到硬件本身不产生噪声(如空调)，能阻隔噪声的传导(如墙壁)。其次，在软件上不产生噪声，员工须做到"三轻"——走路轻、说话轻、操作轻。"三轻"不仅能减少噪声，还能使客人感到服务人员文雅和亲切。

(四) 亲切温馨

客房服务人员真诚的微笑、热情的话语、贴心的服务等能最大限度地消除客人的陌生感、距离感等，缩短客人与服务人员之间情感上的距离，增进彼此的信赖感。客人与服务人员情感亲近了，会使其对酒店的服务工作采取配合、支持和谅解的态度，这样有利于酒店顺利完成日常的服务工作，也有利于酒店良好信誉的培养。

三、旅游目的地住宿服务的流程

住宿服务以客人来、住、走活动规律为主线，从服务操作的流程要求上看，主要是贯彻执行"迎、问、勤、洁、静、灵、听、送"的八字工作法。

迎——礼貌大方，热情迎客。热情迎客，一要举止大方，衣着整洁，精神饱满；二要态度和蔼，语言亲切，动作准确、适当。

问——热情好客，主动问好。主动向客人问好，关心他们的生活起居、身体状况、生活感受，主动询问他们的需求，满足他们的喜好。客人住店过程中服务员要像对待自己的亲人那样关心爱护客人，体现主人翁责任感。

勤——工作勤快，敏捷稳妥。要做到手勤、眼勤、嘴勤、脚勤。手勤就是要及时精准地完成工作任务；眼勤就是要注意观察客人的需求反应，有针对性地为客人提供随机服务；嘴勤就是要见了客人主动打招呼，主动询问其需求；腿勤就是要行动敏捷，不怕麻烦。

洁——保持清洁，确保卫生。每次整理客房、卫生间、会客室、书房，都要做到严格消毒，保证各种设备、用具和生活用品清洁、美观、舒适。

静——动作轻稳，保持肃静。服务人员在准备用品、打扫卫生时要做到敲门轻、说话轻、走路轻。服务过程中，不得大声喧哗、吵闹、唱歌。随时保持客房、楼道的安静气氛。

灵——灵活机动，应变力强。服务过程中必须具有较强的应变能力，必须根据客人的心理特点、喜好采用灵活多样的方法。

听——眼观六路，耳听八方。服务人员要随时留心观察客人的情况，征求客人的意见，随时发现服务过程中的问题和不足之处，一经发现就要及时改进。

送——送别客人，善始善终。客人离店既是客房服务的结束，又是下一轮服务工作的开始。为了保证整个服务工作取得良好而圆满的效果，给客人留下美好的回忆，也为了争取回头客，服务人员应在客人离店时向客人道别，祝客人旅途愉快，欢迎客人再度光临。

上述八字工作法，形成一个完整的服务过程，是住宿服务质量标准化的本质表现。

🧑 拓展知识3-1

数字赋能，智游天府

2023年5月18日，以"科技创新 数字赋能"为主题的2023四川数字文旅发展大会在成都举行。大会交流和分享经验，共同探索四川数字文旅的新趋势、新机遇和新发展，是四川数字赋能文旅发展成果的一次集中展示。

1. 搭建平台，高效管理

近年来，四川多地持续夯实智慧基础设施建设，努力提升数字化管理和服务能力，取得显著成效。

乐山市立足全域发展理念，搭建数据共享交换平台。"我们通过整合全域1200多路实时视频监控，构建全域消费画像、游客画像，开展舆情监测，实现了智慧文旅各个业务管理系统间数据的共享交换。"乐山市文化广播电视和旅游局局长成冬娟介绍，"这为面向游客的综合服务、对内的文旅决策和指挥调度提供了有力的数据支撑。"在乐山市文旅指挥调度中心，工作人员可在景区三维数字沙盘、GIS地图等应用上调取各景点的实时视频监控。系统还能以趋势图等形式，展现景区实时票务情况、接待情况等100多项数据内容。该平台案例被列入文化和旅游部资源开发司推出的智慧旅游典型案例。

雅安市建设的旅游远程应急指挥监控平台，主要整合了旅游应急指挥中心、旅游云数据中心、旅游综合监管平台、综合行业管理平台、网络舆情分析平台，同时具备旅游大数据分析和数据挖掘、数据筛选等功能，实现全市区域内所有4A级及以上旅游景区无缝对接省级平台。该平台可实现实时监管、联动调度，对于客流量过大区域进行及时分流，避免造成交通拥堵与踩踏事故，还能与应急指挥中心实时联动，第一时间妥善处理旅游突发事件。

依托数字化手段，绵阳市聚焦研学资源数据库，推出了权威性、集成式、自动化研学解决方案。该数据库覆盖研学旅行基地、研学活动集锦、研学赛事作品展示等资源，可根据研学热度自动推介研学旅行产品，基本可以实现一键推送研学资源和场景至全国各大研学机构。同时，该系统还可将优质研学机构和研学产品推介给学校和家长，将高品质的研学课程实景呈现给用户。

2. 服务景区，体验升级

门票线上预约、车辆智能调度、一部手机游景区……近年来，四川各地积极探索智慧景区建设，不仅有效提升了管理效能，还大大优化了游客的旅游体验。

在青城山—都江堰景区，游客从哪儿来、到哪儿去、喜欢哪些景点、需要哪些服务，通过可视化数据大屏就能一目了然。依托"云上都江堰""数字青城山"等智慧景区管理服务体系，青城山—都江堰景区为游客提供了较为完善的游前、游中、游后全程个性化服务。

在游客中心的人像采集终端处购买门票并在线支付成功后，游客无须身份证或纸质门票，即可在人像识别通道采用刷脸方式直接进入景区。除此之外，青城山—都江堰景区的一号通、一码行、一网探等各种智慧化服务也不断提升着游客体验。

通过智慧旅游建设，九寨沟景区采取的行前预警、行中引导分流、行后社会评价等一系列举措，取得实效，获得点赞。

作为四川的老牌景区之一，宜宾市蜀南竹海景区曾面临景区接待能力不足的问题。自2019年开始，该景区启动信息化建设，如今，拥有网上购票、手机扫码、快速入园、客流分析、森林火情全域监管等功能的景区管理与服务体系全面建立，成为强化管理、服务游客的"最强大脑"，老牌传统景区实现向数字化景区的完美升级。

3. 赋能乡村，助力振兴

以数字科技赋能乡村旅游，是四川数字文旅建设中的一大亮点。

南充市南部县八尔湖镇是四川省首批乡村振兴示范镇。在该镇的八尔湖智慧景区，游客只需扫描二维码，即可进行门票预订、购物、咨询、投诉。该镇还借助文旅大数据平台，深度分析游客构成、购物喜好等，将八尔湖美景、美食宣传精准投放到目标市场。此外，通过5G直播，当地特色农产品拓宽了销路，手机成为当地农民的"新农具"。

围绕唐家河国家级自然保护区等重点旅游区域，广元市青川县以信息化技术打造"智游青川"平台，开启了"互联网+生态"的特色文旅模式，实现珍稀动植物保护与旅游发展的协调发展。青川县还打造了"奇遇唐家河"应用，在手机客户端向各地游客展示唐家河的独特魅力。截至2023年5月，青川县已建成高清全彩视频库，该视频库是野生动物科研和研学旅游的珍贵资源，也是助力乡村振兴生态价值最大化的最佳实践。据介绍，"智游青川"推出以来，已助力青川县域游客数量及产业消费同比提升约400%。

绵阳市平武县高村乡打造的"互联网+乡村信息服务+乡村综合管理+乡村产业服务"信息平台，连接吃、住、行、游、购、娱全要素场景，为高村引流，显著提高了当地特色农产品和旅游纪念品销售额。

广元市剑阁县积极抢抓"旅游+互联网+金融"发展机遇，打造了"智游剑门"全域智文旅平台。游客可一站式预订剑门关景区门票、观景台门票、《剑门长歌》观赏票以及双旗美村的民宿、美食和相关体验活动，解决了剑门关景区游览时间短、后续体验不足的问题，也达到了吸引游客前往双旗美村二次消费的目的。据统计，"智游剑门"系统上线以来，已实现游客引流转化订单4万余单，仅通过电商系统引流产生的门票收益已累计达200余万元，形成了景区带动、景乡联动、景区与乡村"双向奔赴"的良好局面。

(资料来源：白骅. 数字赋能 智游天府[N]. 中国旅游报，2023-05-23.)

第二节　旅游目的地餐饮服务

一、旅游目的地餐饮服务概述

旅游目的地餐饮是指目的地区域餐饮业中能够为旅游者提供餐饮产品与服务的部分。在旅游六要素中，"食"排在第一位，餐饮是保证旅游者旅游行程能够持续进行的基础性支撑要素，旅游者途中或在旅游目的地的饮食状况直接影响其对旅游目的地行程的满意程度。餐饮也是旅游者体验当地文化民俗的项目之一，特别是地方风味饮食能为地方带来一定的经济效益。随着"文旅融合"时代的来临，餐饮产品逐渐成为能够满足特定群体需要的高品质旅游吸引物，品尝特色美食已成为众多旅游者的"打卡"项目，催生了一批"网红"餐饮企业。

🙍 **拓展知识3-2**

跟随威斯汀酒店及度假村共享"营养美味"健康计划

作为全球酒店行业专注宾客身心健康平衡的生活方式品牌，面对2022年伊始的新常态考验，威斯汀酒店及度假村鼓励到访宾客以健康营养的美食佳饮，补给能量，焕发身心活力，尽情体验健康的生活方式。

正值春夏万物复苏之季，品牌旗下多家酒店因地制宜地结合当地特色与健康饮食趋势，选用各种时令水果、蔬菜等丰富食材，为宾客带来威斯汀鲜活饮(由The Juciery提供)、威斯汀儿童营养美味菜单及活力食品(Super Foods Rx)，鼓励宾客重塑生活习惯。

由威斯汀与The Juicery专家携手打造的威斯汀鲜活饮以口感丰富、能量满满的果汁和沙冰为宾客带来充沛活力。天津君隆威斯汀酒店以一杯清新滋养的鲜榨蔬果汁或奶昔迎接朝阳，充满活力地探索周边历史悠久的特色建筑与绿树成荫的街道；坐落在天河商业区内的广州海航威斯汀酒店兼具时尚现代气息，在此既能品尝到纯正本味的粤菜，又能畅饮由薄荷、青瓜、柠檬等制成的清新鲜活饮；在地处深圳南山中心位置的深圳益田威斯汀酒店，品味由哈密瓜、梨、柠檬和黄姜汁精心配比调制而成的鲜活饮，饱览城市全景之余，令身心饱满丰盈。

威斯汀也十分关注学龄儿童的健康成长，与**Super Chefs**团队协力合作，探索多种营养搭配，精心打造威斯汀儿童营养美味菜单，为儿童的茁壮成长打开科学膳食的乐趣之门。每一款菜品均可以达到美味与营养的双重保证，让家长和孩子一起畅享健康饮食的愉悦。置身石梅湾威斯汀度假酒店，享受旖旎海景舒爽海风，无论是在沙滩尽情嬉戏还是探索国家青皮林自然保护区，在家长的陪伴下，游玩了一天的小朋友们可以在知味餐厅品尝煎牛柳、手指鸡柳等健康佳肴，补充能量；从坐拥迷人城景和两江美景的重庆解放碑威斯汀酒店出发，探索洪崖洞、重庆美术馆等一众热门打卡地。经过一天的游览，大人们可享用由有机食材烹制的滋养餐品，小朋友们亦可品尝由高品质食材打造的当地特色小吃。

威斯汀打造的活力食品(Super Foods Rx)在保证宾客获得充沛能量和营养的同时，还可控制能量摄入。坐落于中国灯饰之都中山古镇的中山利和威斯汀酒店，精心呈现的"轻食主义"单人套餐，精选各式肉类搭配蔬菜、水果等食材赋能于日常所需，无论是鲜嫩多汁的橄榄油慢煮鸡胸肉，还是富含膳食纤维的煮紫心番薯，均可让宾客在舒适放松的环境中唤醒身体能量；俯瞰海口湾区，独览江海胜景，在海口威斯汀酒店周围一片惬意海景环绕下，品尝汇聚经典与新意的健康早餐，地道风味与均衡营养兼而有之，激活整日能量。

威斯汀酒店及度假村多年来致力于通过六大健康要素平衡宾客身心健康，全球近40个国家和地区的超过230家威斯汀酒店和度假村均可为宾客提供全方位健康活力体验，其中"营养美味"健康计划更是持续以健康营养的饮食帮助宾客焕活身心，提升生活品质，重获能量补给。

(资料来源：中国旅游报)

二、旅游目的地餐饮设施类别

旅游目的地的餐饮设施主要包括中餐厅、西餐厅、快餐店、饮料店、冷饮店、茶室、酒水吧、地方风味小吃店等多种类型。旅游者对目的地内餐饮设施类型的选择需要根据其行程的实际情况而定，对旅游餐饮设施的选择和要求一般不同于普通餐饮，需要充分考虑到目的地的文化特色、设施条件、旅游功能、旅游活动特点、线路节点等具体情况。

三、旅游目的地餐饮设施建设

(一) 餐饮设施布局

1. 景区外的餐饮布局

景区外的餐饮设施需要旅游目的地政府根据社会资源进行统筹规划布局。因而旅游景区所属社区是旅游餐饮的主要分布空间，需要进行合理规划，同时还需要根据旅游者的结构特征来招揽多种类型的餐饮经营单位，以满足旅游者的多样化需求。

2. 景区内的餐饮点布局

景区是主要承载旅游者旅游活动的地方，和谐的旅游环境是吸引旅游者的重要因素。餐饮设施的选址和建设风格等应做到与景区整体美感相一致，同时要特别考虑到景区的特殊环境和功能，尽量结合旅游线路进行布局，一般选择在人流量相对较大、游客进行休憩且环境不脆弱的地方，以方便为旅游者提供服务。此外，景区内的餐饮设施的类型和数量应该符合景区的总体规划安排，应受到一定的限制，为旅游提供有限的餐饮服务。

(二) 餐饮设施建设要求

从构建统一和谐的旅游目的地景观效果来看，旅游餐厅、饮品店、美食街区、排档摊位等餐饮设施的设计都应该符合旅游目的地整体氛围特点或特定景区主题。

在外观设计方面，景区餐饮设施的外观设计应该和周围环境、区域文化相协调，不能太突兀而破坏景观的美感，也不能与区域文化产生冲突。在色调和材质选择方面要注意与周边景观的融合，尽量减少使用广告宣传牌和霓虹灯箱等，做到醒目而不抢眼。

在内部环境方面，餐饮设施的内部环境应该格外注重舒适、优雅，通风良好，光线柔和。餐厅内部的装修和配饰既能突出旅游地的文化特色，也能体现餐厅的品牌理念。景区内的旅游餐饮店在墙体等围合物设计方面应尽量考虑视觉空间的延伸，让旅游者在就餐的同时，还能观赏到景区优美的风景。

图3-2为上海迪士尼小镇餐厅。

图3-2　上海迪士尼小镇餐厅

四、旅游目的地餐饮服务要求

(一) 明码标价

近年来，旅游投诉案件中涉及餐饮的投诉比例较高，其中价格不合理是主要原因。不合理的餐饮定价，不仅会让旅游者有上当受骗、宰客的感觉，也会影响旅游者的旅行心情。因此，旅游目的地应对餐饮的价格进行规范监管，尊重市场规律，做到质价相符、价位合理、质价一致。旅游者在就餐的过程中，服务人员切记不可"以衣取人""以貌取人"，不可以因消费金额的多少而厚此薄彼。餐厅在制定价格和接待规格上要尽量客观，做到价格公开，童叟无欺。

(二) 环境卫生

卫生状况、餐品质量、服务水平、餐饮设施条件等是衡量旅游餐饮服务质量的几个重要指标，而卫生状况是衡量旅游餐饮服务质量的先决条件。只有清洁卫生的就餐环境，才能让旅游者产生安全感和舒适感，才能保证旅游者有一个愉快的心情。随着人们生活水平的提高，旅游者对餐饮卫生的要求也越来越高。旅游者对餐饮卫生的要求体现在新鲜卫生的食品、严格消毒的餐具和整洁高雅的就餐环境等多个方面。

(三) 服务高效

旅游者到餐厅就餐总是希望餐厅能提供优质高效的服务，为此，景区餐饮服务应依次做好4个方面的工作：首先是常备一些方便的快餐食品，为那些赶时间的旅游者迅速提供餐品；其次是当旅游者进入餐厅后，工作人员及时安排就餐座位，先上茶水或其他免费的小吃；再次是旅游者入座后，及时递上菜单，让其点菜；最后在旅游者用餐结束后，及时呈递账单，不能让其等待付账。

(四) 品类丰富

旅游餐饮品类的丰富程度是衡量目的地服务能力的重要标准，特色品牌餐饮则是目的地服务的加分项。以旅游度假区为例，根据《旅游度假区等级划分细则(2015)》中对餐饮服务的评分标准，要求度假区内地方主打菜系消费档次多样，并可提供8种以上国内外主要菜系，并与不同住宿设施接待的旅游者需求相适应，且菜品应具有浓郁的地方性，特色菜品多样。

第三节　旅游目的地交通服务

一、旅游目的地交通服务概述

旅游交通是指旅游者利用某种手段和途径，实现从一个地点到达另一个地点的空间转移过程。关于旅游交通的具体概念，在理论界尚未有统一的说法。许多学者对此进行了颇有意义的探索和界定。例如，保继刚(1999)等认为旅游交通是指为旅游者从客源地到目的地的往返，以及在旅游目的地各处进行各种旅游活动所提供的交通设施服务。李天元(2000)等认为旅游交通是指旅游者利用某种手段和途径，实现从一个地点到达另外一个地点的空间转移过程。综合学者的观点，旅游交通的核心内涵是：因旅游需求而伴随着旅游全过程的交通线路、工具、设施以及服务的总和。目的地旅游交通服务是指旅游目的地、旅游景区的交通服务，即向旅游者提供的各种交通运输服务，以便旅游者在景点之间、景点与旅游设施(如住宿、购物商店、公共设施等)之间进行旅游活动。旅游交通服务是旅游活动顺利进行不可缺少的物质基础，是旅游目的地旅游发展的先决条件。

二、旅游交通通道建设

(一) 风景道

"风景道"的概念是从"景观大道"引申而来的。风景道是一种路旁或视域之内，拥有审美风景、自然、文化、历史和考古等价值的景观道路，是交通价值、景观价值、游憩价值、文化价值、自然价值等多重价值的融合。风景道具有充分拓展旅游和旅行途中的景观观赏功能。它通过线性路线，将点、面状的旅游景区、景点连接成网状旅游目的地。因此，风景道改变了传统的围墙内的旅游风景区开发模式，是一种很好的线性旅游开发模式，是对点、面状旅游开发模式的补充和完善。

(二) 游步道

游步道在山峦、峡谷、水崖、小岛、丛林、水边、花间和草地上均有铺设，是完全融入大自然景观的道路，宽度为1～2.5米，也有小于1米的。游步道不仅是景观的组织与联系纽带，同时由于其蜿蜒曲折或跌宕起伏带来的景观变化，能给旅游者带来不同的视觉体验与游憩享受。游步道的类型大致可分为三种：一是历史性路径，如历史上就存在的游步道、铁路、公路、运河等，但现已不再发挥原有运输功能；二是连接景区内各重要组成部分的游步道；三是景区与周围区域之间必要的慢速连接交通线路。

(三) 旅游专线公路

旅游专线公路是用于沟通旅游景区至外部城镇或连通该地区干线公路网的公路，是吸引旅游者进入旅游景区的必经线路，并承担部分地方交通。旅游专线公路是进入旅游景区的重要通道，有的旅游专线公路甚至与旅游景区融为一体，这都要求旅游专线公路具有可观赏性、舒适性和安全性等特征。

(四) 旅游专列

旅游专列通常会连接具有代表性的景点或旅游城市，满足旅游者想一次游览众多地方的愿望，具有定时、定点、定线等特点，可以发挥"一线多游"的优势，即一条旅游线路可以提供多种旅游选择。旅游专列的开通大大方便了旅游者的出行，已成为铁路客运量增长的重要因素。图3-3为哈尔滨—呼伦贝尔旅游专列呼伦贝尔号。

图3-3　哈尔滨—呼伦贝尔旅游专列呼伦贝尔号

(五) 旅游观光巴士

旅游观光巴士穿梭于目的地主要旅游吸引物之间，是为旅游者观赏游玩和实现空间转移而设计的，提供固定的观光、讲解服务及其他休闲服务的旅游景观交通工具。

三、旅游交通节点建设

(一) 旅游集散中心

旅游集散中心是指具有一定的旅游集散条件，对旅游者起中转、集散作用的空间单元。旅游集散中心是旅游规划中公共服务设施的重要部分。旅游集散中心提供接待、车辆、导游等项目服务，在整合各旅游要素的基础上，搭建旅游销售平台，每天定点发送旅游专车，方便旅游者出行。旅游者可以在集散中心任意选择、组合旅游线路，自主安排旅游行程，真正享受到自助旅游的乐趣。图3-4为神农架旅游集散中心。

图3-4　神农架旅游集散中心

(二) 旅游停车场

旅游停车场是为旅游者使用的汽车提供停车服务的场所，一般布局在旅游景区大门附近，常见的车辆类型有大型客车、中小型客车以及摩托车和电瓶车。旅游停车场建设应与自然协调，借用自然的地形，就势建造。停车场内大型车与小型车要分区停放，用绿化及道路划分出各自的停车空间。小型车停车场通常结合地形及建筑物分布情况灵活分散成几个组，还可在合适位置分散布置一些休闲设施，以方便游客使用。

(三) 旅游汽车站

旅游汽车站一般位于旅游目的地市区或旅游景区景点，以设施、场地及配套设备为依托。旅游汽车站提供旅游运输、旅游咨询、中转换乘等服务，属于公路交通基础设施、社会公益性设施和经营性设施，具有游览性、季节性、舒适性、服务对象特殊性和灵活性等特征。旅游汽车站主体建筑的占地规模、建筑面积、空间布局、外观风格等应与周边环境相协调，同时考虑到旅游交通在设施、服务质量、服务项目等方面较之一般的交通运输更讲究舒适性，应按较高标准建设，为旅游者提供高质量交通服务。

(四) 旅游码头

旅游码头一般属于公共设施，大多由政府投资。旅游码头规模由游客量、区位、限制条件等决定。一般位于市中心的旅游码头占地规模较小，沿河设置必要的售票亭和等候区即可，其码头形式也以外置式为主，方便旅游者即到即上；而位于市区以外的码头规模可适当增大，可设停车场等。旅游码头除了可停靠游览船、水上巴士，还允许一些私人游艇停靠。图3-5为千岛湖旅游码头。

图3-5　千岛湖旅游码头

(五) 旅游机场

我国习惯于将主要服务于旅游者航空出行的机场称为"旅游机场"。旅游机场与一般的机场相比，具有5个特征：第一，一般为国内支线机场，飞行区等级指标多为4C(民航机场飞行区等级)，甚至更低；第二，机场依托地的级别较低，一般为县或镇，少数为地区级城市；第三，机场所在地区域经济发展程度中等或较低，是外来旅游者而不是本地居民的出行需求促使机场兴建；第四，机场航班数量相对较少，旅客吞吐量较少，大部分属于中小型机场；第五，客流量淡旺季差别一般比较明显。为提高旅游吞吐量，拓展客运市场，旅游机场应针对不同定位的通航点，开发新的航线，增加航线航班量，为旅游者提供更加便利的航空运输服务，借助机场广告资源，积极参与机场所在地的旅游形象宣传。图3-6为我国首个旅游机场——长白山机场。

图3-6　长白山机场

四、旅游交通服务建设

(一) 旅游汽车租赁

随着自助旅游和自驾游的兴起，汽车租赁以其便捷、自由度高等特点满足了游客日益增长的个性化需求，是未来旅游发展的新方向，是未来旅游出行的交通主力。根据不同的服务内容，旅游汽车租赁服务主要可以划分为以下两类：一种是租赁公司为游客提供车辆的同时提供司机驾驶服务；另一种是租赁公司仅提供车辆，不提供驾驶服务。除了基础的租赁与驾驶服务外，汽车租赁公司往往还为出行的游客提供如GPS导航系统、保险以及车上娱乐活动等配套个性化服务设施。租车和还车程序的便利性、信息沟通的便利性以及汽车的舒适程度是影响游客选择旅游汽车租赁的重要因素。其中，出行的安全系数高低以及保险是否健全成为游客是否选择租车的因素。许多汽车租赁公司还提供会员服务、异地还车服务、代订旅行社和饭店服务、路边急救服务等。

(二) 自驾车营地

自驾车营地是指在自驾车旅游线路上，依托旅游交通干线和风景优美之地或者在旅游景区附近开设的，有一定场地和设施条件，可以为自驾车爱好者提供自助或半自助服务的，具有特定主题复合功能的旅游场所。自驾车营地的主要服务项目包括住宿、露营、越野、休闲、餐饮、娱乐、汽车保养与维护、汽车租赁、度假、户外运动、信息服务、医疗与救援等。

(三) 房车营地

房车和营地是紧密相连、相互辅助的。房车是移动的家，房车营地就是移动之家的停靠点。营地不仅仅是一个停车场，还是一个集景区、娱乐、服务于一体的综合旅游度假地。功能完备的房车营地包括生活区、商务区、娱乐区、运动休闲区等，每个区域设施齐全，建有独立的饮水和污水处理系统，配备220伏日常用电。在生活区域内有现代化的卫生设备、洗脸池、淋浴、卫生间，并且提供洗衣熨衣、煤气等服务设施；在商务服务区内设有超市、邮局、诊所、酒吧、餐馆等，完全可以满足旅游者日常生活的需要；在娱乐和运动休闲区内，开辟有足球、网球、篮球、游泳池、高尔夫、儿童游戏等多种运动场地和多功能厅，供旅游者使用。房车营地主要类型有房车停靠场、帐篷露营场、简易式营地、旅游景点拖挂房车出租场、大型房车营地等。图3-7为贵州首个房车营地——黄果树营地。

图3-7　黄果树营地

(四) 汽车救援服务

旅游者在驾驶途中由于交通事故、驾驶不当或车辆自身故障导致的车辆无法正常行驶等情况时有发生，汽车救援服务行业应运而生。目前我国开展汽车救援的机构包括汽车救援公司、4S店、汽车俱乐部、车友会和有车险业务的保险公司，这些机构均可向车主提供不同程度的紧急救援服务。对自驾旅游者而言，救援呼叫号码的透明性、救援机构救援的及时性、服务质量、收费情况，以及发生不满时投诉处理等是其选择汽车救援服务较为关心的问题。

五、旅游目的地交通服务管理原则

旅游交通是旅游服务的重要组成部分，旅游目的地应总体规划、科学布局、有序建设。对旅游交通线路进行规划和交通方式选择时，应遵循以下主要原则。

(一) 生态优先

旅游交通布局应将生态环境保护放在首位，把交通对生态环境的影响降到最低，特别是以动植物资源为主的旅游景区，还需要统筹考虑生物繁衍、物种迁徙等情况，减少对动植物生存环境的不利影响。同时，旅游交通方式也应以节能减排为目标，大力发展新能源交通，减少交通污染，以实现可持续发展。

(二) 景观保护

在进行旅游景区内部的交通规划和布局时，需要充分考虑对景观和观赏效果的影响，尽量将交通作为旅游景观的一部分来考虑，充分体现景观化的理念。例如四川黄龙景区在搭建索道时，为了不破坏主游道的自然景观，适当改变索道线路，起到了良好的效果。

(三) 安全舒适

对于旅游目的地来说，旅游交通的布局一定要以安全为基本目标。在对交通设施和交通工具等进行安全评估的同时，还要制定严格的规章制度和应急措施等，保障旅游者在享受旅游交通服务过程中的安全。此外，旅游目的地的交通服务还应以舒适为目标，让旅游者能够在体验旅游交通工具的同时，感受到旅游交通的舒适性。

第四节　旅游目的地购物服务

一、旅游目的地购物服务概述

旅游购物是旅游消费的一部分，是旅游者为了旅游活动的便利，在旅游活动中购买生活必需物品、旅游纪念品和旅游工艺品等特色商品的行为。旅游购物行为除了具备经济属性外，还具备文化性、休闲性等特点，商品种类、商品品质、购物环境、服务便利等都会影响目的地旅游购物服务的整体质量和评价。

随着人们生活水平的提高和外出旅游度假活动的频繁，旅游者在旅游活动中的购买行为越来越普遍，所购买的商品种类日益丰富。许多学者认为，购物已经成为人们出游的重要旅游动机。世界旅游组织(UNWTO)对旅游购物支出进行了定义，认为旅游购物支出是为旅游做准备或者在旅途中购买的所有商品(不包括服务和餐饮)的支出，其中包括购买衣服、工具、纪念品、珠宝、书籍、音像资料，以及美容物品、药品等，但不包括任何一类旅游者出于商业目的而做出的购买，即为了转卖而做出的购买。事实上，旅游行业一般将旅游者购买的物品统称为"旅游商品"，但对其学术定义与行业认知有一定差异。

二、旅游目的地购物场所

(一) 专营店

旅游商品专营店主要销售或专门销售旅游商品，其全部收入来自旅游商品的销售。如旅游目的地土特产商店、文物商店及各种免税商店等都属于这类型的商店。专营店一般经营规模较大，销售的商品档次也较高，而且具有浓郁的地方特色和民族特色。

(二) 销售专柜

以旅游目的地的酒店为例，除了能满足旅游者饮食和住宿的需求外，一般还设有专门的商品部或购物中心，这些都属于旅游商品销售专柜。这类专柜所销售的商品种类不多，一般都是质量较好、特色鲜明、价格较高的旅游商品，因酒店有稳定的客源，所以经营收入一般较为稳定。

(三) 社会商业网点

随着社会经济的发展，旅游目的地为了方便旅游者，也为了促进旅游消费，在各种百货商店、大型超市和购物中心等设有专门为旅游者服务的旅游商品销售区(点)。这类商业网点属于综合性销售点，除了满足目的地居民的生活需要，也能够为旅游者的购物提供服务。随着旅游活动的大众化和普及化，良好的商业氛围也能够吸引旅游者前往进行游览和消费。这种情况在城市型旅游目的地中较为常见，大型购物中心、城市商业综合体等都成为旅游者打卡地。在这些商业设施中布局旅游商品的销售网点，可以更好地满足旅游者的购物需求。

(四) 流动销售摊位

流动销售摊位一般散布在旅游景区的步道沿线，或者布局于专门的商业游憩区或历史文化街区等。这种流动销售摊位多属于经济型购买点，具有临时性，所经营的商品的品类也比较混杂。但是，这些摊位布局要充分考虑旅游需求，不能随意设点，也不能影响旅游者的旅游活动，更不能影响旅游景区的整体景观和环境效果。

三、旅游目的地购物环境

旅游者的购物消费金额受旅游购物环境的影响较大。有时，即使有好的旅游商品，如果购买地点设置得不合理，或者销售方法不得当，旅游者也不一定有购买意愿，甚至还会产生反感。因此，选择合理的位置、营造良好的购物环境，对发展目的地旅游购物来说十分重要。

目的地的购物环境包括与购物活动相关的一切政策、法规、人文、社会、基础设施等方面的因素，这些因素相互作用、相互影响，从而形成一个有机整体，是旅游购物健康发展的支持和保障体系。一个高质量的购物环境不仅能给旅游者带来难忘的购物经历和旅游体验，还可以成为旅游目的地的重要旅游活动场所。

(一) 购物场所的布局

旅游购物场所的布局需要结合旅游目的地、旅游景区的实际情况而定。旅游购物场所分布主要有三种情况：一是布局于旅游通道沿线，多与旅游休息点结合；二是布局在旅游景区外围；三是布局在旅游景区内部的商业集中区。其中，以布局在旅游景区外围的购物场所较为普遍，这样布局还能带动目的地居民致富。在布局旅游购物网点时，应将购物场所与观光、休闲、游憩等其他旅游服务设施结合起来，这样既方便为旅游者提供购物服务，又增添了其休闲娱乐时的情趣，从而增加旅游商品销售的可能性。

(二) 购物环境的营造

1. 外部环境

第一，旅游购物的发展要有一个良好的政策环境，政策是国家经济发展的宏观调控手段，旅游目的地购物要得到良性发展，必须遵从国家和区域政策的指导；第二，目的地购物发展还需要一个良好的社会环境，良好的社会治安环境和完善的社会服务体系是旅游目的地提高购物服务质量的前提条件；第三，目的地生态环境和文化环境的可持续发展是购物服务发展的重要支撑，良好的生态环境和文化环境可以为旅游商品的设计提供支持，也能够给目的地旅游业发展提供保障。

2. 内部环境

内部环境主要指购物场所内部的布局、设备的配备、场景的氛围营造等内容。旅游者在旅途中的购物有较大的随机性，有很多看见旅游商品后临时产生的购买行为，这种行为具有较大的偶然性。为了使这种偶然性发生的频率更高，旅游目的地应当在不影响旅游者游览参观的前提下，合理布设旅游购物商业点，根据旅游者旅游行为特征和心理习惯，精心设计符合目的地文化环境的购物环境。此外，旅游购物场所环境整洁、秩序良好、设施完善、陈列合理、亮度适宜、装饰美观等都是影响旅游者购物的内部环境因素。

四、旅游目的地购物服务管理

(一) 旅游购物服务标准化

旅游购物所出现的诸多问题引起国家相关部门的重视，我国相应出台了各种适用标准。如《旅游购物场所服务质量要求》(GB/T 26356—2010)、《旅游购物场所等级划分与评定》(DB53/T 309—2010)等。各旅游购物场所要在有关政府部门的引领之下，积极、主动开展旅游标准化建设工作，如开展旅游购物场所的等级评定申报工作，充分利用国家现行的法律法规加强规范旅游经营管理，强化正当经营意识。旅游购物场所不与旅行社和旅游从业人员存在灰色利益链条，提高旅游服务质量，没有欺宰游客、强买强卖、变相强迫消费等行为，促进旅游行业向制度化、规范化和标准化发展。

(二) 旅游购物空间结构优化

空间结构优化，即集聚旅游商品的点、线、面分布，形成均衡、合理、高效的旅游商品分级发展的内生动力。旅游商品空间几乎都分布在旅游集散地的机场、码头、车站、加油站沿线，呈线状分布格局，尚未形成旅游目的地内部的旅游商品空间面状分布格局，这与全域旅游发展思路不相吻合。为此，要以点状结构、线状结构和面状结构为二级供给侧结构节点，改变"小旅游"视角下的旅游商品空间网络单一的特点，使之变为"大旅游"催生的产业融合的综合性网络，形成"景区—度假区—主题城镇—旅游目的地"各个层级的空间分布新格局。

(三) 增强商品经营的公关宣传

旅游目的地可以设置一些对游客购买行为进行指导的宣传栏，比如关于选购、鉴赏商品的知识介绍及注意事项；还可以对违规经营的商店通报批评，对诚信经营的单位颁发"品质优良"证书，以此促进景区商品经营信息透明化和公开化。在对外宣传上，可以举办旅游商品展销会，参加当地旅游宣传活动，扩大商品影响力。2005年年底，西湖景区实施旅游购物无条件退货制度，旨在让游客能放心在杭州购物，在扩大游客的消费额，带动旅游业、商贸业大力发展的同时，也提升了杭州和西湖景区的旅游形象。2023年春天，淄博烧烤火"出圈"，客流量激增。为保障"五一"期间游客舒适的旅游体验，淄博北控(北控城市服务淄博张店环卫项目)高度重视，成立专项工作小组，做到垃圾清运不放松、路面普扫不停工、公厕管理狠抓落实、人工机械持续高效联动。作为淄博的中心城区，张店区的环境卫生品质尤为重要。淄博北控将在现有工作的基础上进一步改进作业方法和模式，提高作业标准，以更高质量的工作为城市增光添彩，维护好"淄博窗口"城市形象，以最靓丽的市容环境迎接八方来客。

(四) 改革完善景区商品经营模式

目前在旅游商品经营体制上我国出现了准入制、混合制、独家垄断经营、品牌专营、特许经营等不同的模式。旅游目的地可根据自身特色选择经营模式，如品牌经营模式可引入已被市场接受的商品品牌，这样不仅消除了游客对质量的后顾之忧，也树立了景区商品的特色品牌。

第五节　旅游目的地集散中心服务

一、旅游集散中心的概念

现代旅游业的发展和繁荣，需要科学合理的出游系统、接待系统和高质量的服务。市场发展到一定程度，必然要求服务专业化。为此，近年来产生了旅游集散中心这个"旅游航母超市"，在服务旅游市场、整合旅游资源方面具有重要的作用。旅游集散中心是文化和旅游局为方便广大旅游者到该地旅游而设立的服务平台。旅游集散中心由文化和旅游局负责具体指导，由当地相关旅行社有限公司负责具体运作，是整合散客旅游资源、规范散客旅游市场、满足市民个性化旅游需求、促进自助游消费市场培育的重要综合性平台。通俗来讲，旅游集散中心就是一个集多样化功能于一体的"旅游超市"或"散客旅行社"，旨在满足大众个性化旅游需求，促进散客游消费市场的发展。

旅游集散中心运作规范、管理严格到位、服务细致入微，拥有一批职业道德良好、素质高尚的服务和管理人员，专为外地旅游者提供当地及周边地区的优质旅游服务，是规模最大的集散客自助旅游、单位团队旅游、旅游信息咨询、旅游集散换乘、景点大型活动、客房预订、票务预订等于一体的服务系统。它具有"集聚"和"扩散"两大功能，"集聚"功能是指集散中心具备汇集各地旅游信息及旅游者的功能；"扩散"功能是指信息通过旅游集散中心传导出去、旅游者通过旅游中心分散出去的功能。以旅游集散中心为核心的旅游集散系统如图3-8所示。可见，旅游集散中心的建立，可以有效地整合地区旅游资源，优化出游和接待系统的结构，可以对旅游市场提供有效的管理和服务。

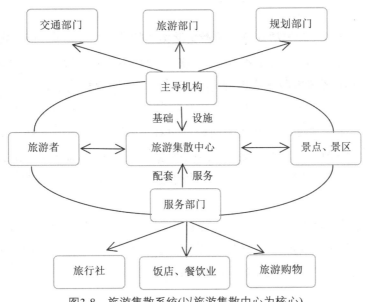

图3-8　旅游集散系统(以旅游集散中心为核心)

二、旅游集散中心类型

旅游目的地的旅游集散中心不是孤立存在的，而是由不同等级、不同主导功能的旅游集散中心组成合理、有序的综合体系，并且各级旅游集散地之间存在更深层次上的协同共进关系。根据行政区划，旅游集散中心可以分为国家、省、市、县四级；根据对应区域的大小，可以分为一级旅游集散中心、二级旅游集散中心、三级旅游集散中心。

(一) 一级旅游集散中心

一级旅游集散中心，即国外的旅游者进入国内的口岸城市、交通枢纽，其辐射区一般覆盖全国。此类旅游集散中心区域城市级别较高，一般为国家级的中心城市，如北京、上海、广州等一线城市。

(二) 二级旅游集散中心

二级旅游集散中心，主要是指中心城市、旅游城市，辐射整个省或周边地区，一般为省会城市或特区城市，如武汉、杭州、厦门、长沙、昆明等城市。

(三) 三级旅游集散中心

三级旅游集散中心，一般是指景区群落的集散地，尺度较小，主要是县一级的旅游城镇。该旅游集散中心为县市一级地区城市或者离大型景区较近的城镇。

三、旅游集散中心的功能

旅游集散中心的功能复杂多样，主要功能为旅游交通功能、旅游集散功能、旅游咨询功能以及旅游综合服务功能这四大类。根据不同地域的发展需求，各种功能配比会有所变化。

旅游交通功能和旅游集散功能是旅游集散中心的基本功能，作为全域旅游公共服务建设的一部分，旅游集散中心是各方旅游线路的交通枢纽和集散人流的"客运中心"。旅游交通是连接游客和集散中心的媒介，交通系统的发达程度也决定了游客来往的人次。旅游集散中心的"集散"功能考验着旅游集散中心的客运承载量和人流适应力。

旅游咨询功能主要分线上和线下两种。随着物联网、5G等高新技术的发展，线上旅游咨询的占比逐渐加大。在旅游集散中心功能中，信息咨询涉及人工智能、实时监控、数据统计、商务管理等方面，而在后续的旅游发展过程中，这一功能也是在逐步创新和进步的。

旅游综合服务功能的具体内容和规模主要体现在游客一站式配套服务上，是基于旅游集散中心所处环境的功能需求、人流预测、文化特征、未来潜力等因素来确定的，因此不同性质的旅游集散中心在综合服务功能上有所差异。

本章小结

旅游市场的竞争归根结底是服务质量的竞争。只有优质的服务才能最终赢得旅游景区源源不断的客源，才能扩大市场占有率，获得旅游目的地社会效益和经济效益的双丰收。接待服务是旅游目的地难度最大的服务工作。从迎接游客、提供咨询、安排导游、安排住宿，到送别客人，整个工作过程始终与游客面对面打交道。本章介绍了旅游目的地接待服务的基本知识，并从住宿服务、餐饮服务、交通服务、集散服务等多个方面，对不同类型服务的基本内容和管理等知识进行了较为系统的阐述。相对来说，接待工作不但烦琐，而且灵活性大，这就要求服务人员在掌握基本服务技能基础上，兼具细心、周到、热情的服务态度以及灵活的处事能力和较强的应变能力。

🔘 复习思考题

1. 简述旅游目的地餐饮服务的要求。
2. 简述旅游目的地住宿服务管理的内容。
3. 简述旅游目的地交通服务管理的原则。
4. 简述旅游集散中心的功能。

第四章　旅游目的地游览服务

🧑 **学习目标**

知识目标：了解旅游标识系统的构成，掌握旅游标识的基本功能，熟悉标识构建的原则，理解旅游解说服务概念，掌握旅游解说系统构建的原则，掌握游客投诉的处理原则和步骤。

能力目标：掌握游览服务中各岗位常见情况的处理，并能恰当运用游览解说服务，掌握旅游目的地讲解服务中的各项技能。

素质目标：思考并理解旅游目的地解说服务在旅游活动中的重要作用，探索新时代背景下旅游目的地解说服务高质量供给的实施路径。

🧑 **案例导入**

贵州："洞天福地·花海毕节"旅游标识发布

2022年5月31日下午，"洞天福地·花海毕节"旅游标识新闻发布会在贵州省毕节市赫章县阿西里西大草原举行。发布会现场向全国各新闻媒体旅游业界和省内外游客展示毕节全新的旅游形象标识，如图4-1所示。

图4-1　"洞天福地•花海毕节"旅游标识

"洞天福地·花海毕节"旅游标识中心为毕节的简称"毕"字，由三名跳动"滚山珠"舞蹈的舞者组成。标识整体色彩以深蓝色为主，体现毕节山水的磅礴大气，配以柔和轻快的黄白色调，整体构图简洁，形象视觉鲜明，便于识别、记忆和推广。

图案上方为毕节市旅游核心IP"洞天福地·花海毕节"，书法字体洒脱，充分体现了毕节旅游的基本内涵、典型特征和人文精髓。图案下方注明"毕节旅游"，主题突出、醒目。外圈以苗族蜡染刺绣包裹，旗帜鲜明地增强了标识的文化韵味，突出了毕节山河竞秀、文化多彩、人民和睦的特点，具有显著的地域特色、强烈的时代感和视觉冲击力。标识的整体设计凸显了毕节在新征程上踔厉奋发、笃行不怠的时代精神和风貌，体现了新时代毕节旅游逐梦远方、不负韶华的美好愿景。毕节旅游标识的使用实行免费政策，可应用于全市旅游相关产业。

(资料来源：人民网)

思考： 旅游目的地的旅游标识的功能是什么？

第一节　旅游目的地标识系统

一、旅游目的地标识系统概念

标识即标志、记号。旅游目的地标识是指旅游景区实现旅游线路和方向指引、设施场所标识、解说、景观介绍等功能的过程中所起作用的特定图形、文字、造型和符号。旅游目的地标识系统是指在旅游目的地区域内以不同载体作为识别和导向信息的传播媒介，用一系列连续的、规范的、清晰明确的符号、文字、图形和色彩的设计组合，引导游客在旅游目的地区域游览的系统。

二、旅游目的地标识系统构成

旅游目的地标识系统由旅游标识本体和旅游辅助标识构成。旅游标识本体用于展示、介绍、表现目的地中具有代表性的旅游标识对象的名称、内容、特征等属性，由解说标识、展示标识和表现标识三类标识组成。它们之间是向下兼容的关系，即展示标识包含解说标识的内容，而表现标识又包含展示标识的内容。它们的具体表现形式包括标识系统的全部表现形式，即碑、标牌、建筑物、装置、雕刻等。

旅游辅助标识通过设置与旅游标识对象相关的标识，用以指明方向，阐述规章制度及管理规范。旅游辅助标识由导向标识、宣传标识、管理标识三类标识组成，它们分别属于引导性标识、说明性标识、限制性标识。

(一) 解说标识

此类信息标识多以解释、陈述为主要功能，是满足游客相关信息需求的无声媒介，能起到宣传主题、普及知识、陶冶情操等教育作用。解说标识常用于景点介绍、设施使用说明等，是传递简洁易懂、逻辑清晰、内容全面的说明性信息。

(二) 展示标识

展示标识的主体为旅游标识对象本身，标识的主要内容为旅游标识对象形体特征、规模、格局、分布、保护知识等基本情况，包含了带有城市区域和景点名称的标识以及形象性标识(如标志物、雕塑等)。展示标识的内容需要醒目规范，形象造型则要体现较强的艺术性和审美性。

(三) 表现标识

表现标识用以讲解单个景观的名称、历史、性质、内涵等方面的内容。表现标识在文字和图形的基础上广泛采用现代表达手法，载体极为多样，不仅包括传统的碑、标牌，还可以是建筑物、场所、装置、雕刻、行为等方式。另外，为满足国际化需求，表现标识的文字要有中英文对照说明。

(四) 导向标识

导向标识主要起方向指示的作用，要求方向准确、易于识别。导向标识既包含单纯指引方向的标识，也包含了附有整体平面图和流线图的综合性标识。导向标识帮助旅游者辨别所在的方位，并估计行进所需的时间。标识方式以文字、图标等为主要表达手法，其载体多为路牌、地图等，主要按国际或国家通用标准进行统一设计和安置。导向标识如图4-2所示。

图4-2　导向标识

(五) 宣传标识

宣传标识主要是在旅游标识对象或旅游标识点所在地宣传旅游吸引物的标识。宣传标识包括文字、图形，以及声、光、电等各种现代表达手法，其载体包括传统的碑、标牌，还包括霓虹灯、广告、资料、网站及各类推广活动等。

(六) 管理标识

管理标识是针对不同环境和人群行为，以醒目易懂的明示、告知、劝说、提醒、警告、禁止等形式，用以告知旅游者安全注意事项，规范旅游者行为，使旅游者有序、文明、安全地开展旅游活动的标识。管理标识以文字、图标等为主要表达手法，其载体多为碑、标牌，主要按国际、国家或管理部门标准进行统一设计和安置，起到规范行为、预防事故、教育社会、保护旅游目的地资源和设施等作用。旅游警示标识如图4-3所示。

图4-3　旅游警示标识

知识链接4-1

三、旅游标识基本功能

(一) 识别、引导功能

旅游者是旅游目的地的陌生人，对目的地基本情况不熟悉，旅游标识可以为旅游者提供导向信息，具有方向指示性和内容说明性作用，使旅游者在陌生环境中快速准确地到达目标地点。另外，合理美观的旅游标识系统有可能吸引旅游者的参观游览，进而提高其对旅游活动的参与度。

(二) 传播信息功能

旅游标识通过对城市以及旅游景点文化要素的分析与提取，能够为旅游者提供一个了解旅游目的地文化特色、历史风貌、城市形象气质的平台，促进旅游者了解旅游目的地的文化属性和历史价值。旅游标识频繁、隐性、连续的视觉刺激与提醒能唤起旅游者对地方文化、历史文化的记忆。

(三) 保护旅游资源功能

旅游标识能够加强对旅游资源与环境的保护。在生态敏感区域和历史遗存重点区域，旅游者的不当行为都会对其旅游资源造成难以修复甚至不可逆转的破坏，而旅游标识可以警示与指导旅游者对资源与设施的保护，避免破坏。

(四) 安全功能

旅游标识对旅游目的地中隐藏的不安全因素起到警示和提醒的作用，主要包括目的地交通中车辆繁多和出入口的提醒；郊野山地中陡峭、落石和急转弯处的警示；距离出入口或距离山顶路程、海拔高度和地形陡峭程度的说明；水边的提醒、警示以及水的深度说明；公共设施使用的安全操作提示等。

(五) 教育宣传功能

旅游标识系统通过结合具体的旅游环境，对各组成要素进行有侧重、有针对的设计，提供必要充分的文字与符号信息，不仅能够使旅游者更好地理解旅游资源的文化特色，还能起到教育宣传的效果。

四、旅游标识系统的设置原则

(一) 系统性

标识系统是具有连续性的设施系列，各个标识应环环相扣，指导和说明相关内容。只有通过整个系统内标识的相互配合与共同作用，才能使标识的使用者完成对整个目的地旅游吸引物和目的地空间的感知。

(二) 可操作性

旅游标识系统需要通过规划管理工作来落实，因此，在构建标识系统时力求体现"可操作性"原则，即要求表现形式清晰明了，以方便旅游规划管理和设计人员的理解。

(三) 规范性

规范性原则就是要保证导向信息能够被准确地传递，使得旅游者能够准确、直接地达成目的。规范性主要体现在导向标识的内容、景区交通标志、安全标识的制作等方面，如路牌的字体、色彩、图例应采用统一标准，以便旅游者的辨认。对于有价值的人文景观，旅游标识系统应表现得当，尺度、体量、色彩和材料都应与旅游目的地相适应。

(四) 文化性

任何旅游目的地都有自己的地方文化特征，在标识系统设计时应充分汲取当地地域历史、传统文化等元素，提取并设计具有地域特征的符号或者形态，使其成为旅游目的地人文意义的象征载体。旅游标识的设计可以利用传统文学、民间艺术、地域性材料，既能增强旅游产品的独特性，又能丰富旅游目的地的文化内涵，传播了当地的文化，还将其合理地组织到变化、发展的目的地景观体系中去，有利于可持续发展。

五、旅游标识构成要素

旅游标识构成要素主要包括文字、数字符号、图形符号、颜色、材质等。

(1) 文字，首选中文，书写要规范、正确、工整、易识别。

(2) 数字符号，应使用阿拉伯数字。

(3) 图形符号，由图案、箭头标记、示意图等单个要素或多个要素组合而成，图形符号的使用还需要依据相关机构与组织制定的标准或规范。

(4) 颜色，不同颜色给人们的刺激作用不同，会产生不同的视觉效果。研究表明，标志颜色以黄色最为明显，之后依次是白、红、蓝、绿、黑等。

(5) 材质，同类型的标识应质地统一，同时应与场所主题相契合、与周边环境特色相协调。

第二节　旅游目的地解说服务

一、旅游解说服务概念

旅游解说是一个信息传播的过程，良好的旅游解说可以为游客提供一个愉快的旅游体验。台湾科技大学休闲事业管理系助理教授、环境解说博士吴忠宏认为，"解说是一种信息传递的服务，目的在于告知及取悦游客，并阐释现象背后所代表之含义，接着提供相关的资讯来满足每一个人的需求与好奇，同时又不偏离中心主题，期望能激励游客对所描述的事物产生新的见解与热诚。"

旅游解说服务是随时间、空间推移，向游客传递景观信息和导向服务，以多样化的形式使游客获得充分文化享受的重要媒介。一个完整的解说系统不仅可以给游客提供服务方面的信息，还能帮助游客深刻理解旅游资源的科学价值和艺术价值，加强旅游资源和设施的保护，使旅游者、社区居民和旅游管理者相互交流，达成相互间的理解和支持，实现旅游目的地的良好运行。旅游解说系统是一个完整的系统，是借助不同的传播媒体将旅游地的人文历史资源、自然地理资源、风土人情、服务设施及道路交通等旅游相关信息传播给游客，帮助游客了解相关旅游目的地的性质和特点的同时，有意识引导游客的行为，实现服务、教育和使用的基本功能。旅游目的地借助旅游解说系统，可以对游客的游览行为和意识进行引导和监督，从而实现资源、游客、社区和管理部门之间的相互交流。

二、旅游解说服务的分类

旅游解说服务包括引导游客游览旅游目的地全过程中的所有服务。旅游解说服务按旅游解说对象，可为团队解说、散客解说、贵宾解说；按旅游解说使用的语种，可分为中文解说、外文解说、中外文对照解说；按旅游解说服务的地域范围，可分为园外解说与园内解说；按旅游解说形态，可分为物质解说与虚拟解说。不管是何种旅游解说服务，均可根据引导方式的不同，分为向导式解说服务和自导式解说服务两大类，这是目前比较通行的分类方式。

(一) 向导式解说服务

向导式解说服务是由受过专业训练和系统培训的导游人员向旅游者进行的主动的、动态的信息传导，是旅游目的地解说服务的重要组成部分。向导式解说能够回答游客提出的各种各样的问题，并有针对性地提供个性化服务。

(二) 自导式解说服务

自导式解说服务是目的地环境解说系统的重要组成部分，以书面材料、标准公共信息图形符号、语音等无生命设施、设备向游客提供静态的、被动的信息服务，具有旅游目的地标志形象展示、游览线路指引、知识传播、危险警示、审美辅助、环境行为引导、环境道德教育等功能。这种解说方式信息量有限，不能进行动态的现场双向交流，其服务对象多为分散的游客。

三、旅游解说服务的功能

(一) 改善游览环境

旅游解说可以帮助游客较深入地欣赏旅游区的资源价值，增进游客对自然生态、历史遗址与文化资源的了解，启发游客对该地区的认知，使游客在接触和享受旅游区资源的同时，能规范自身行为，既能做到不对资源或设施造成过度利用或破坏，也能做到与可能的破坏、损坏行为作斗争，进而减少对当地环境的破坏，改善游览环境，使旅游目的地可持续发展。

(二) 提高旅游体验

由于旅游活动的异地性和暂时性，游客对旅游目的地不是很熟悉，旅游解说能够通过多样化的形式为游客提供目的地的基本信息，加深游客对旅游目的地自然资源与社会文化的理解与欣赏，达到走进自然、享受自然、融入自然、认识社会变迁、理解不同文化、感悟地方特色的目的，使游客在较短时间内尽可能多地了解旅游目的地，增长见闻，丰富自然、历史、社会等多方面的知识，满足精神需求，提高旅游体验。

(三) 增进交流沟通

通过旅游解说可加强游客和社会公众对旅游目的地各项管理工作与管理政策的理解与支持，加强游客对旅游目的地的管理理念和管理办法的认知与理解。旅游解说通过发挥信息传递作用，从而实现游客、社区居民、旅游管理者等利益相关者之间的信息交流和沟通，加深人们之间的相互了解，使其达成相互理解和信任，以实现旅游目的地的良好运行。

(四) 提高综合效益

好的解说服务能让游客获得更充分的游览体验，一方面能有效延长游客在旅游目的地的停留时间，从而刺激游客在娱乐、购物、餐饮、住宿等方面的二次消费，直接增加旅游目的地的收入；另一方面，由于游客对旅游目的地的满意度增加，良好口碑逐渐形成，而良好口碑所带来的效益要远高于广播、报纸和杂志等广告营销效益。因此，良好的解说服务能切实提高旅游目的地的经济效益、社会效益及生态效益。

四、旅游解说系统构建原则

(一) 以游客为中心

旅游解说系统服务的主要对象是游客，在构建时应深入研究游客的心理和行为，充分考虑游客的感受，既要加深游客对旅游资源价值的理解，实现"了解—理解—欣赏—保护"的深化过程，促进旅游资源的保护，又要针对不同游客的需求特点进行设计，树立以游客为中心的思想理念，满足游客对知识、娱乐和教育的需求，带给游客惊喜，尤其是在一些特殊情况下，如特殊的天气、特殊的时期、特殊的游客等，确保旅游解说信息的可靠性和易获得性。

(二) 以和谐为原则

旅游解说系统是连接旅游目的地人与物、物与物、人与人之间的纽带，其构建应遵循与周围环境相和谐的原则。不同类型旅游目的地的主体风貌各不相同，旅游解说系统的构建要尊重当地民族文化传统，解说设施、设备、材质、外观、字体、色彩等必须与周围的景观相融合，对景观的表述和刻画必须具有鲜明的旅游目的地特色。

(三) 以"双赢"为目的

旅游解说系统的构建应兼顾游客和目的地的利益，达到"双赢"。一方面，旅游目的地通过旅游解说系统可以将目的地的管理目标、策略、措施传达给游客，加深游客对旅游资源的认识，能够引导游客的行为，使其在游览中有意识地约束自己的行为，积极地配合旅游目的地的管理和保护工作，促进管理目标的实现；另一方面，游客借助于解说系统，可以将旅游经历提升至旅游体验层次，获得对旅游景观游览后的审美愉悦。

五、旅游解说服务管理的重点

首先，将旅游解说服务管理纳入旅游目的地质量管理体系，提高有关部门和人员对解说服务重要性的认识，并建立专门机构进行设计、监督和协调工作。其次，研究和吸收国外同类型目的地成熟的解说服务经验，提高解说服务水平。再次，投入更多的人力、物力挖掘旅游地文化和资源价值，尤其是对于人文类景区，将景区中厚重的内涵展现出来，避免出现"内行看门道，外行看热闹"的现象。最后，培养高素质的旅游解说员，解说员类似于饭店的前厅接待，是旅游目的地对外展示的一个窗口，也是文化使者，能够展示旅游目的地的文化内涵和资源价值。

第三节　旅游目的地投诉服务

旅游目的地投诉服务是指旅游目的地专门处理投诉的管理人员或服务人员对游客权益受到损害而提供的服务。投诉行为的主体限定为游客，投诉的受理者为旅游管理部门、法律部门。为避免旅游目的形象受损，必须重视游客投诉，快速合理地解决投诉中出现的问题。

一、游客投诉的原因分析

就旅游目的地提供服务而言，造成游客投诉的原因是多方面的，既与旅游产品的综合性、服务难以标准化的特性有关，也与服务和预期存在差异有关。

(一) 有关设备设施的投诉

有关设备设施的投诉内容主要包括游乐设施运行的故障，如供电、供水、供暖、通信系统、室内空调等；可进入性差，交通混乱，车辆停放无指定地点；卫生设施条件差，卫生间有异味等。为减少这类投诉，旅游目的地需要定期进行设备维护、保养、检修、更新，还要对景区道路交通设施进行合理统筹规划和建设。

(二) 有关服务质量的投诉

有关服务质量的投诉内容较为广泛，如员工业务不熟练、工作程序不合理、服务效率低、饭菜质量差、目的地环境脏乱差等。为减少此类投诉，一方面要提高员工素质，另一方面需要旅游目的地修炼"内功"，提升管理水平。

(三) 有关服务态度的投诉

此类投诉主要因为服务人员缺乏职业道德，面对游客咨询不耐烦、态度粗鲁、敷衍了事；无视游客意见，游客提出的要求没在规定时间内处理，或者根本不打算处理；出言不逊，甚至辱骂游客。加强管理、增加对员工的培训可减少此类投诉。

(四) 对异常事件的投诉

此类投诉大多是因为游客不慎摔伤和砸伤、财物被盗、伤亡等。此类投诉对旅游目的地影响很大，减少此类投诉需要旅游目的地在做好安全防范的基础上，掌握危机处理的能力。

二、游客投诉心理分析

(一) 求尊重的心理

游客求尊重的心理贯穿整个旅游活动。当游客受到怠慢时，为找回尊严就有可能发起投诉。游客在发起投诉之后，都希望别人认为他的投诉是对的，有道理的，希望得到同情、尊重，希望有关人员、部门能够重视，并向他们表示歉意，采取相应的处理措施。

(二) 求平衡的心理

游客遭遇旅游目的旅游设施无法正常使用或某些景点加收"小门票"等情况后，会感到心理不平衡，认为自己受到了不公正的待遇。因此，他们可能会找到旅游目的地有关管理部门，通过投诉的方式把心里的怨气发泄出来，以求得心理平衡。

(三) 求补偿的心理

在旅游目的地服务过程中，由于服务人员不恰当的职务性行为或旅游企业未能履行合同、兑现承诺，给游客造成物质上的损失或精神上的伤害(如门票内包含的表演项目被取消、游乐设施关闭、游客意外伤害等)，他们就可能通过投诉的方式要求有关部门给予他们物质上的补偿，这也是一种正常的、普遍的心理现象。在法律上，由于职务性行为所带来的某些精神伤害，旅游者也有权利要求物质赔偿。

三、游客投诉的受理

(一) 游客投诉处理的基本原则

1. 真诚解决问题

工作人员接到投诉，需保持冷静，礼貌仔细聆听，用换位思考的方式去理解投诉者的心情和处境，满怀诚意地帮助游客解决问题。只有这样才能赢得游客的信任，才有助于解决问题。

2. 不可与游客争辩

游客投诉时多数都是经历了不公平的待遇，在游客情绪比较激动时，受理投诉的工作人员更要注意礼仪礼貌，要给游客申诉或解释的机会，适时用语言安慰游客，控制住局面。无论是谁的过错，受理投诉的工作人员都应该致歉，不能争强好胜、与游客争辩。

3. 维护旅游目的地利益不受损害

在处理游客投诉时，要注意尊重事实，既不能推卸责任，又不能贬低他人或其他部门，避免出现矛盾，维护旅游目的地自身利益不受损害。

(二) 受理投诉的步骤

游客投诉时可能表现得很冲动，但为使旅游目的地不失去人心、不失去游客、不失去形象，受理投诉的工作人员要忍耐、要倾听、要道歉，并积极解决问题。通常按照以下步骤处理投诉。

1. 认真倾听

当游客不满时，他一定是满怀怨气，并且想要发泄他的情绪。因此，工作人员要做的就是耐心倾听。在倾听过程中要注意以下几点。

(1) 把游客邀请到一个安静的、有座位的和有茶水的地方。游客坐下来时怒气会明显降低，如果再及时地递上一杯水，游客的情绪会发生很大的转变。

(2) 适时保持沉默，让游客知道你在仔细聆听。在游客陈述、发泄过程中，工作人员需要细心聆听，积极收集与游客投诉有关的信息，以便客观公正地处理游客的投诉。

在游客发泄情绪过程中，工作人员要注意控制自己的情绪，不能产生同游客对抗的情绪，要对其陈述有所回应，如点头、眼神、口头应答等。

(3) 运用恰当的语言表达方式。在倾听过程中，工作人员恰当的语言表达方式对于缓和气氛、顺利解决问题起着至关重要的作用。

2. 充分道歉

无论错误的原因在哪一方，工作人员一定要对游客的陈述给予肯定，并真诚道歉，从游客切身利益出发，对其用合适的语言表示安慰，平息游客情绪。工作人员的道歉表明了旅游目的地对游客的诚意，使游客感受到自身价值和受到尊重。道歉不是认错，道歉是让游客知道，我们对他的遭遇表示遗憾，并会想办法尽快改进工作不足。

3. 收集信息

工作人员要积极地收集更完整的信息，了解游客真实的需要，客观公正地解决问题。

(1) 用自己的话重复游客所遇到的问题。工作人员可以根据自己的理解对游客的话作一个总结，然后反馈给游客，而且最好能让游客知道已经将问题记录在案。这样能让游客充分感受到景区对他的重视，有利于问题的圆满解决,也便事后总结。

(2) 适当提问。适当提问可以将游客忽略的一些重要信息进行收集整理；可以确认游客所反映的问题；还可以使游客跟着工作人员的思路解决问题。

4. 告知解决方法

在明确游客的问题后，下一步就是要拿出一个双方均可接受的解决方案，将解决方案告知游客，并征求游客意见。如果游客对处理结果满意，向其致歉，感谢其给旅游地提出的宝贵意见和建议；如果客人对处理结果不满意，则要征询其意见或要求，再次协调责任单位协商解决，如双方仍不能达成一致，就要报请主管领导处理，由主管领导协调相关单位处理。

5. 跟踪服务

跟踪服务的形式有打电话、发电子邮件或发信函。通过跟踪服务，向游客了解解决方案是否得到执行，是否满意，是否还有其他问题，并向游客致谢，表示感谢游客的投诉，使目的地在游客心中留下负责任的印象。

6. 记录投诉

工作人员应记录投诉处理全部过程，并将整个过程写成报告并存档保存，还要在此基础上进行投诉统计分析。

案例4-1

李先生曾经在悉尼一家旅店里有过一次难忘的经历。当时，酒店的电子系统出了问题，把李先生已经入住的房间又预订给了另外的客人。当李先生已经上床准备入睡的时候，一位陌生女子打开了他的房门。李先生和这位女士都吃了一惊，于是他向酒店投诉了此事。这是酒店服务不应该出现的问题，也不是顾客所期望的一流连锁酒店的做法。酒店解释说是客房预订系统出了差错，他们表示非常抱歉。令李先生吃惊的是，几天后他收到了酒店经理的一封信。信中，经理表示道歉，承认他无法补偿李先生那晚被搅乱的睡眠，但他真诚邀请李先生再次入住，希望李先生能带上三位朋友到他那儿做客，共进晚餐。

思考： 酒店的事后处理方式是否妥当？你是否还有更好的处理建议？

本章小结

旅游目的地游览服务是旅游活动能够顺利进行、旅游业得以发展的保障，是提升旅游者旅游体验满意度和旅游目的地社会声誉的有效途径。本章首先介绍了旅游目的地标识系统概念、标识系统的构成、标识的基本功能、标识系统构建原则；接下来在说明旅游解说服务概念和旅游解说分类的基础上，详细说明旅游解说的功能和旅游解说系统的构建原则；最后介绍了旅游目的地投诉处理的原则及一般步骤，通过认真倾听、充分道歉、收集信息、提出解决办法、征询游客意见和跟踪服务，提高旅游目的地投诉处理水平。

👤 复习思考题

1. 简述旅游标识的类型及特点。
2. 简述旅游标识系统的基本功能。
3. 简述旅游解说系统构建的原则。
4. 简述受理投诉的步骤。

第五章 | 旅游目的地公共服务

👤 **学习目标**

　　知识目标：了解旅游公共服务的内涵和内容，掌握旅游公共信息服务的主要内容，认识旅游安全保障服务的主要内容，掌握旅游交通通道、节点和服务的主要内容，认识旅游便民惠民服务的主要措施，认识旅游行政服务的主要方面。

　　能力目标：能够结合旅游业发展及旅游市场需求改进提高旅游目的地公共服务技能及管理水平。

　　素质目标：具备旅游目的地公共服务从业人员所需的行业服务意识和价值观，为游客出行提供强有力的服务支撑。

👤 **案例导入**

旅游公共服务展亮相服贸会，展现旅游公共服务的新发展

　　2020年9月4日，中国国际服务贸易交易会(以下简称"服贸会")在北京开幕。本届服贸会采取"1+8+N"的举办模式，即1个综合展区、8个专题展区和若干功能服务区。其中以"旅游公共服务惠民生"为主题的旅游公共服务展在服贸会精彩亮相。

　　旅游公共服务展，展示了近年来北京市旅游公共服务体系建设的成果，从旅游公共信息服务、旅游公共安全保障、旅游交通便捷服务、旅游咨询服务、旅游行政服务等五大方面，以图文、视频、实物情景再现等方式，突出旅游公共服务的标准化、智能化、便利性等特色，展现旅游公共服务的新发展。

　　1. 突出标准化

　　立足游客需求，加强公共服务设施标准建设，优化旅游公共服务内容。制定《北京市旅游公共服务设施改造建设技术手册》《北京市A级旅游景区导览标识设置规范》，明确建设标准和补贴标准，指导各区建设改造景区旅游公共服务设施。现场设置家庭卫生间样板间和标识展区，展示厕所应急报警、智能管理、新风除臭、紫外线消杀、厕位占用、空气指标、节能降耗等功能。

　　2. 突出智能化

　　充分利用现代网络技术，为游客提供高效精准的信息化服务，提高游客出行满意度；设置智慧旅游服务展台，游客通过手机即可查询全市A级旅游景区的虚拟导游、游览攻略、游玩推荐、手绘地图等服务；设置景区运行监控系统和安全监控系统展板，展示本市景区游客数量、安全预警等情况；与中国移动、联通、电信三网合作，及时向旅

行团队、游客提供短信提示服务，引导旅游出行。

3. 突出便利性

积极落实无障碍专项行动，制定北京市4A级及以上旅游景区无障碍设施服务指南，提升无障碍环境建设水平，引导残疾人、老年人等特殊群体走到户外，享受旅游服务；现场设置特殊群众旅游展区，展示安全预警智能地板、新型轮椅、步行辅助、足膝保健等特殊群体旅游装备用品；设立旅游公交展板，介绍旅游公交线路；设置全市布局188个旅游咨询服务点分布图和专门服务台，由志愿者向观众提供旅游咨询服务。

(资料来源：北京文化和旅游局官网)

思考： 新时代对旅游公共服务体系建设的新要求是什么？

第一节　旅游目的地公共服务概述

旅游目的地公共服务是指政府和其他社会组织、经济组织为满足海内外游客的公共需求而提供的基础性、公益性的旅游产品与服务。公共服务的供给者主要以政府为主，以社会组织、企业等为辅，服务对象以旅游者为主，旅游企业、旅游从业人员及旅游目的地社会成员都是公共服务的对象和受益者。旅游目的地公共服务是目的地建设的重要内容，对旅游目的地的吸引力、竞争力产生重要影响，目的地旅游部门工作人员必须熟练掌握旅游目的地公共服务的基本知识。

一、旅游公共服务的内涵

旅游公共服务是旅游业发展的基础，完善旅游公共服务既是加速旅游业转型升级、提质增效的内在要求，也是大众旅游时代的必然选择。因此，许多学者开始关注旅游目的地发展中的公共服务和产品，旅游公共服务的概念也应运而生。

目前，国内学者对旅游公共服务的概念界定并不统一，但都基于相同的出发点，强调不以营利为目的，强调公共产品的基本属性，并认为政府部门在旅游公共服务提供方面居于主体地位。与此同时，目前学界对旅游公共服务的客体(即旅游公共服务的对象)的界定也不尽相同。李爽(2010)等认为，旅游公共服务的对象应当包括当地居民和其他相关利益者。徐菊凤和潘悦然(2013)认为，旅游者是旅游公共服务的主要对象，并提出界定旅游公共服务的概念。窦群(2017)认为，旅游目的地健康发展的关键在于将旅游公共服务纳入城乡和土地规划，赋予其法律地位，从而进一步丰富旅游公共服务体系的研究。陈小英(2020)研究提出，旅游公共服务是以非营利为目的的，主要是满足不同层次游客以及各类人群的共同需求。

综合以上观点，结合目前我国"全域旅游"发展的基本理念，本书认为旅游公共服务是由政府、企业、社会组织等提供的，以满足旅游者共同需求为目的，为了旅游活动开展便利而提供的具有公共性的产品和服务的总称。

案例5-1

苏州文化和旅游公共服务体系的主客共享

成熟的公共服务体系不仅为到访苏州的游客提供了极大便利，也让苏州市民获益良多。苏州市未成年人网络成长第一社区"成长苏州"联合苏州150多家景点，打造了各类文化实践体验站，成为当地未成年人实践体验的重要组成部分。"苏州好行"公交线路覆盖范围更广，市民卡6折优惠，票价与普通公交几乎无异。

在苏州古城中心区域的双塔市集生鲜区、小吃区，临街商铺搭配了露天集市、书店等设施，设计团队还别出心裁地赋予每一位"菜场阿姨"专属名字——"缝纫卞姨""面筋塞肉的范姨""捧着菜篮的陈叔"……曾经扁平拥挤的老菜场变成又一个"城市会客厅"，以前来菜场的都是住在附近的老人，现在年轻人、外地人到这来的数不胜数。观察市集的智能显示屏数据发现，开业以来，集市每天都保持着1万人次左右的客流，每逢周末这个数据接近翻番。

可观的客流让铺主收益见涨，也拉动大家一同提档升级。原在苏州葑门卖传统木制日用品的高女士现在搬到了市集的文创摊位。她说："以前哪有这么多人，现在不同了，到了晚上顾客依然络绎不绝，销量不用愁。集市管理人员还在与我们商量打造一些既实用又有观赏性的文创，在丰富产品的同时，融入更多苏州文化。"

在苏州的乡村，此番景象也颇为常见，苏州市相城区文化和旅游局局长潘虹说，近两年，乡村旅游愈发红火的冯梦龙村形成了诸如冯梦龙书院等一批文化空间，不仅提升了当地人居环境，更为村民提供了就业岗位，对乡村振兴起到了一定的促进作用。

苏州大学旅游管理系副教授周永博认为，一座城市的公共服务如果能够同时服务好居民和游客，那么这座城市就有可能成为人们的"宠儿"，而苏州，正以其日益完善的高质量公共服务，让每一位居民和游客切身感受到"人间天堂"的魅力所在。

(资料来源：文化和旅游部官网)

思考：公共服务旅游目的地吸引力产生的影响。

二、旅游目的地公共服务内容

旅游公共服务主要包括旅游公共信息服务、旅游交通便捷服务、旅游便民惠民举措、旅游行政管理服务和旅游安全保障体系五大内容。

(一) 旅游公共信息服务

旅游公共信息服务是指旅游目的地公共服务体系向游客提供的目的地相关的文本资料、影音资料、各类图形图表和统计数据信息的总称。在"信息化"社会背景下，信息成为生产力发展的核心要素和重要的国家战略资源。旅游公共信息服务可以为游客提供真实、方便、快捷的旅游地交通、景区、住宿、购物等旅游信息，杜绝游客与旅游目的地之间信息不对称所导致的欺诈、宰客等行为。在智慧旅游发展支持下，旅游信息咨询、旅游网络建设、自媒体信息建设、旅游目的地宣传信息系统、旅游信息标识系统、旅游信息服务平台建设等都将迎来新的发展契机。此外，全域旅游服务中心、旅游集散中心和景区游客中心等设施的布局和建设也是提高旅游公共信息服务的重要途径。

(二) 旅游交通便捷服务

畅通便捷的目的地交通组织是实现旅游活动的必要手段，是旅游发展的命脉，直接影响旅游目的地的可进入性、通达性。目的地旅游交通体系的完善，主要依靠以公共财政投入为主的基础设施建设以及景区、游览点、服务点等配套设施和服务。旅游交通便捷服务更多强调的是进入目的地内部以后的交通服务质量，包括通行便捷、停泊便捷、维保便捷、接送便捷等多个内容。在自助旅游和自驾车旅游日益普及的今天，旅游集散中心、旅游风景道、旅游公路、公路服务区、自驾车营地、房车营地等设施和服务都已成为提高游客体验质量的重要环节。当然，完善的旅游交通标志系统、旅游目的地慢行系统等也是不可或缺的旅游交通便捷服务项目。

(三) 旅游便民惠民服务

旅游便民惠民服务体系的完善，需要从提高游客和居民福利的视角出发，从目的地社会层面提供更多旅游惠民产品和相应的优惠措施，同时提供相对充足的便民设施，并根据不同群体的需求，出台满足老人、学生、残障人士、低收入人群等特定群体需要的相关保障和优惠政策，使目的地旅游业真正成为民生产业和幸福产业。旅游便民惠民服务的完善，在有效提高目的地居民的素质、满足游客的特殊需求、促进社会和谐发展及提高游客整体满意度等方面具有积极意义。

(四) 旅游行政管理服务

旅游行政管理服务是指为了维护旅游目的地有序、畅通、高效运行，为游客和当地居民提供良好的旅游环境和生活环境，以目的地旅游行政管理部门为主导，联合相关旅游经营单位和其他利益相关者，制定并执行目的地旅游管理规定、条例或法规的综合性服务。近年来，我国各级政府和有关部门加大了旅游公共服务建设力度，整合多方资源，旅游公共服务工作取得了一定进展，形成完整、高效、便捷有序开放的服务机制，构建了通畅的沟通协调平台，使得目的地系统能够为游客和居民提供相对全面的行政管理服务产品。

(五) 旅游安全保障服务

旅游安全是旅游者在旅游过程中的人身、财产和心理安全等一系列的总和。旅游安全保障服务是指为保障旅游者的旅游活动安全有序进行而提供的服务。旅游安全保障服务能够避免、消除或减少游客旅游活动中的各种不安全因素，提供安全稳定的旅游环境。旅游安全因素是提高旅游满意度和建设和谐旅游目的地的先决条件，也是旅游者做出旅游决策最重要的影响因素之一。旅游安全服务更应该涉及旅游活动的全领域、全要素、全时空、全行业，需要目的地各个行业的共同参与。

三、旅游目的地公共服务特征

(一) 公共性

旅游目的地公共服务属于社会公共产品，人们对其使用和消费而不影响其他人使用和消费，其最大特征为产品服务的公共性，具有无偿性。旅游目的地公共服务一般是由政府、行业组织等面向旅游者或全体社会成员提供的公共产品和服务的综合，包括公共基础设施、旅游基础设施等硬件服务，也包括旅游信息、旅游安全、旅游管理等软件服务等。

(二) 非排他性和非竞争性

旅游目的地公共服务具有公共性和无偿性，决定了旅游目的地公共服务在很大程度上具有非排他性和非竞争性。旅游业是一个综合性产业，涉及范围较广，其产品通常是无形的旅游服务或旅游体验，而公共服务体系保障无形产品的提供。与其他行业具有竞争性相比，旅游目的地公共服务具有面向大众和旅游者的特征，存在非排他性和非竞争性。

(三) 公益性与营利性

旅游目的地公共服务一般兼具公益性、营利性的特征。公益性是旅游公共服务的基本属性，旅游公共服务中有很大一部分是政府及公共部门运用公共权力和资源来实现的，不仅需要考虑满足旅游者需求，还要考虑旅游目的地公共利益，特别强调其非营利性的特征。市场机制无法直接提供、不愿意提供或无法完整提供的公共产品和服务，要以政府为供给主体来提供。但同时，还有一部分旅游公共服务供给内容属于准公共产品的范畴，这部分旅游公共服务内容是可以按照或者参照市场化原则，采用商业化操作来组织生产和供给的，其中一些还可以向服务对象适当地收取费用。

四、旅游目的地公共服务管理措施

(一) 健全旅游目的地公共服务体系建设

旅游目的地公共服务体系是一个复杂的系统，只有完善、健全、高效的服务管理体系，才能发挥出旅游目的地公共服务的最大功能，任何部门服务意识的缺失都有可能导致旅游体验满意度下降。以"青岛大虾"事件为例，由于青岛物价、执法、监管等部门服务意识的缺失，以及旅游经营者自身不诚信经营，导致"好客山东"及青岛旅游形象被破坏，旅游体验满意度下降。因此，健全旅游目的地公共服务管理体系是旅游目的地管理工作的重中之重。

在旅游公共服务体系建设中，应该着力转变政府职能，发挥政府的主导责任，激活市场和社会在旅游公共服务供给中的活力，让多元主体参与到旅游公共服务的建设中来；对旅游公共服务建设资金实行专项规划和管理，由政府统一拨款、统一规划，并成立专门机构进行监督管理，同时吸纳社会资金参与公共服务体系的规划建设；加大在旅游科技研发和技术创新等领域的投入，加强与旅游科研院所、旅游高校的合作，鼓励旅游科研成果应用于旅游业发展实践。

(二) 提升旅游者及旅游从业者的满意度

健全旅游目的地公共服务管理体系的重要目的之一是提升旅游者及旅游从业者的满意度，以旅游体验满意度为公共服务体系建设标准，以人为本，实现人性化服务，是未来旅游目的地公共服务管理的根本准则和趋势。首先，要重视旅游目的地公共服务的创新化。创新旅游公共服务最重要的在于决策机制，及时了解和把握旅游者需求，以旅游者需求主导决策，力争实现供需匹配。其次，要提高旅游目的地公共服务的标准化。旅游相关项目制定相应的标准，对旅游公共服务的各个子要素进行规范，借助各种专项活动的开展，为目的地旅游服务体系建设提供示范并促进服务标准体系的建设与完善。无论是技术的创新，还是管理理念的提升，最终的目的都是提升旅游者及旅游从业者的满意度，实现经济效益和社会效益的双丰收。

(三) 加强旅游公共服务质量管理

近年来，旅游纠纷与旅游投诉事件屡见不鲜，在一定程度上说明旅游公共服务质量管理有漏洞。政府管理部门、各类行业组织需要进一步加强旅游公共服务质量监管，规范各类旅游企业经营行为，合理引导旅游者消费行为，加强导游教育培训，提高导游素质，监管旅游景区乱收费行为；通过旅游公共服务质量管理，营造公平的市场竞争环境，保护旅游者合法权益，为旅游者提供更加美好的旅游体验，从而促进目的地旅游产业实现高质量、可持续的发展。

(四) 推进法治化与标准化建设

推进法治化与标准化建设，更好地实现旅游目的地公共服务有序、高效、可持续化管理。《中华人民共和国旅游法》、《旅游规划通则》(GB/T 18971—2003)、《标志用公共信息图形符号》(GB/T 100011—2001)、《旅游景区质量等级的划分与评定》(GB/T 17775—2003)等一系列旅游法律法规、旅游行业标准出台，不断推进旅游目的地公共服务管理的法治化与标准化建设。

案例5-2

通州区数字化打造大运河5A级景区年底亮相

通州区正紧锣密鼓建设京城东部首个5A级旅游景区——北京(通州)大运河文化旅游景区。AR、VR、MR等数字技术手段将融入项目建设，打造漕粮进京、运河风韵、通州八景等一系列场景，让游客沉浸式体验运河古今。

悠悠运河，承载着京城的历史文化和旖旎风光。通州区围绕大运河森林公园、运河公园、西海子公园(葫芦湖景点)、燃灯塔景点和周边古建筑群，打造北京中轴线以东首个5A级旅游景区——北京(通州)大运河文化旅游景区。

通州区园林绿化局相关负责人介绍，该景区运用AR、VR、MR等数字技术手段建设智慧景区，是此次创建的一大特色。

通州区园林绿化局副局长魏昀赟介绍，将梳理大运河沿线的古遗迹、民俗生活场景和生态文化等文化遗产，借科技手段转化为景区的数字遗产，让帆樯林立、舳舻蔽日的沉浸式体验场景嵌入大运河水上观光旅游精品线路。同时，打造古遗址体验区、休闲水文化体验区和生态科普体验区三个片区，共同组成多维立体化的数字运河游线场景。

古遗址体验区包括石坝码头、土坝码头、三庙一塔、验粮楼等，将采用建筑投影的方式，营造古代庆典的样貌和氛围。此外，古遗址体验区还能采用AR手段，让游客沉浸式体验古迹的建造历史、工艺和历史事件。

在休闲水文化体验区，1号、2号码头以及桥下空间将以AR动画重现民俗场景，或以实景剧情演绎民俗。

生态科普体验区则更多寓教于乐，包括生态瞭望塔、候鸟之家、生态鱼池和湿地蛙声等景点，为游客讲解科普知识，促进人与自然和谐共生。

目前，通州区已完成智慧园林系统平台的搭建，在大运河森林公园建成展厅和管理平台，游客小程序也已上线，实现景点介绍、导览、投诉建议等基础功能。

第三方运营公司负责景区的运维保障，将围绕游客吃、住、行、娱等开展景区运营项目，平衡智慧化建设的后期运维成本，同时整合自助售卖、智能餐车、运河主题帐篷营地、智能储物、运河文创、AR共享电瓶车等，提升整个景区的服务能力。

(资料来源：北京文化和旅游局官网)

思考：在旅游目的地服务领域中应如何科学有效地利用新技术？

第二节　旅游目的地公共信息服务

一、旅游目的地公共信息服务概念

旅游业与信息技术的进一步融合为旅游公共信息服务提出了更高的要求。旅游公共信息服务的概念界定主要从服务的供给主体、服务对象、服务媒介几个角度进行。吴露岚、黄燕玲(2011)经过研究指出，旅游公共信息服务是由政府部门、事业单位及社会私营部门等，向公众提供的诸如信息咨询、旅游资料发放等旅游信息服务的总称。潘虹(2012)基于顾客感知价值出发，指出旅游公共信息服务是由政府相关部门和非政府组织的社会机构借助旅游信息发布平台及设施为以散客为主的旅游群体提供的各类信息服务总称，其中提供信息包含酒店机票、疑问咨询、促销活动、救援帮助以及游玩反馈等。吴泓(2014)指出，旅游公共信息服务是以政府为主要提供者，以社会团体和公民为主要服务接受对象的公共信息服务，其中信息产品主要通过政府组织的线上网站和线下咨询服务中心、咨询热线向市民提供和传递。雷晓庆、李春娇(2015)认为公共信息服务是一种开放性的信息服务，是以包括各行业用户在内的公众为对象，以提供信息发布、交流和利用服务为内容，以服务于社会为目标的社会化服务。于朝晖(2019)从互联网环境出发，指出当前旅游公共信息服务借助各类信息平台作为传递载体，由政府等供给主体向游客等供给客体提供的信息服务指南，信息服务内容具体包含旅游规划、路线安排及旅游安全等。

结合现有文献得出，旅游公共信息服务是以满足广大游客对旅游目的地旅游公共信息为目标，由政府作为旅游公共信息的提供主体，将旅游过程中涉及的网络信息服务、咨询信息服务、解说服务、指示信息服务等进行收集、汇总、加工整理，运用信息技术、传统媒介等方式，通过网络、旅游咨询中心等途径，将游客所需的旅游目的地的旅游信息、当地的特色景点、旅行住宿和购物等一系列信息快速、精准传递给游客的服务体系。

二、旅游目的地公共信息服务类型

(一) 旅游网站

旅游网站是最广泛、最直接、最有效的旅游信息化手段，通过旅游网站可以使旅游目的地形象以多种表现形式(文字、图片、视频、动画等)、多样传递手段(新闻、论坛、博客、电子杂志等)，在最短的时间内传递到全球的潜在游客面前，通过旅游网站还可以实现旅游六要素的快速预订，为游客提供一个便捷、安全的支付通道。旅游网站有官方旅游网站和企业旅游网站，官方旅游网站侧重政务；企业旅游网站侧重旅游市场及宣传，向广大旅游者提供旅游相关信息资讯、产品等信息。旅游网站可以提供比较全面的涉及旅游目的地食、住、行、游、购、娱等方面的网上咨询服务，主要分为专业旅游网站和非专业旅游网站。

(二) 旅游咨询服务中心

旅游咨询服务中心是国际旅游城市的主要标志之一。旅游咨询服务中心(tourst information center)也称为游客中心(tourist center)或访客中心(visitors center)，特指以小写字母"i"为显著标识，由政府设在游客集中区域，为旅游者特别是为散客提供信息服务的非营利性公共服务机构。城市旅游咨询服务中心是综合性、开放式、一站式的旅游公共服务平台，为游客和本地居民提供信息咨询、旅游投诉、宣传展示、交通集散、旅游预订、游客休憩、便民服务等。

城市旅游咨询服务中心主要包括综合站、专业站、服务点3个基本类型。综合站基本包含了城市旅游服务中心的所有功能，如信息咨询、信息收集、旅游投诉、宣传展示、交通集散、旅游预订、游客游憩、便民服务等；专业站应该具有信息咨询、宣传展示、旅游投诉等基本功能，也可提供信息收集、交通集散、旅游预订、游客休憩、便民服务等；服务点应该发挥最基本的信息咨询功能，也可提供信息收集、宣传展示、游客休憩、便民服务等。

三、旅游公共信息服务提升对策

(一) 扩大无线网络覆盖面，提供环境支撑

知识链接5-1

旅游目的地部分公共区域已开始实现免费无线覆盖，后期应逐步扩大范围。无线网络覆盖是一个旅游城市信息化发展程度的主要标志，更是当地旅游业升级必不可少的硬件支持，是智慧旅游应用推广普及的重要前提。无线网络的覆盖将使得旅游公共信息服务的提供越来越便捷，游客以智能手机即可实现对旅游公共信息的免费获取。

(二) 以智慧旅游为核心，打造综合型的服务平台

针对信息分散、缺少整合的问题，可打造统一开放的旅游公共信息平台。综合型平台的建设旨在实现旅游信息的集成化和集约化利用，避免重复投资的浪费与分散建设的低效问题，为实现游客对旅游公共信息服务的综合利用创造便利，为旅游行业管理的高效开展提供信息支撑。智慧城市建设的整体架构需要以智慧旅游的建设为核心，其他领域的智慧化改造升级为配套，从而全面推进旅游业发展和本地社会经济发展的综合目标。先期，旅游目的地可从智慧交通入手，构建智慧化的交通信息管理平台。但交通仅仅是旅游业的重要保障之一，智慧旅游的范畴还将涉及信息、公安、工商、卫生、质检等部门。单个领域的智慧化建设不利于部门和行业间的联合与信息共享，为综合管理带来较高的内部成本。所以，有必要集中资源打造统一的智慧管理与服务的平台，围绕智慧旅游，综合有关部门与相关信息。在综合型平台建设中，要创新机制，建议政府统一规划，协调多个领域和部门，确定投资主体和受益主体，激发旅游服务商、电信运营商、智慧旅游应用服务提供商等企业参与的积极性，充分整合优质的旅游信息服务资源，为游客营造一站式的旅游信息服务体验。对政府部门而言，可以通过该平台，动态把握旅游信息的变化，及时了解游客需求，为行业发展和市场管理提供有价值的参考。此外，加强线上与线下的信息整合，发挥旅游公共信息现场服务的作用，对实地的旅游信息标识系统，可采用多样且富有地方特色的指示标识；对旅游信息咨询中心而言，可增加旅游信息的语种，丰富与旅游相关的生活信息，收集游客的反馈，改进工作人员的服务态度。

(三) 构建多元化的旅游公共信息供给主体

长期以来，游客心中普遍认为旅游行政管理部门理所当然的是旅游公共信息服务的

主要供给主体，这与我国旅游业坚持政府主导的发展模式不无关系，但旅游公共信息服务的供给同样离不开企业和公众的参与。旅游管理部门通过制度设计和引导，可采集到大量的旅游信息并转为具有价值的旅游公共信息而服务于公众，这些信息多数来源于旅游活动的各个环节，而企业和公众是直接的提供者。政府应当鼓励旅游企业与公众参与到旅游管理部门的信息服务之中，扩大信息来源渠道，为政府的旅游公共信息服务做好补充。同时公众和企业的参与，将使得旅游信息的流动更快、及时性更强，弥补政府所提供的旅游公共信息服务类型有限、信息更新滞后等不足。

(四) 完善旅游公共信息的内容和提升质量

旅游公共信息服务建设应以智慧旅游建设为契机，利用新科技手段，丰富旅游公共信息服务的内容。在构建统一的信息平台基础上，扩大旅游公共信息的内容覆盖面，加大对旅游相关信息的收集，尤其是对游客重点关注的旅游公共信息应加以充分考虑，进行深度挖掘，为游客提供更具价值的信息。例如客流量的大小、停车位是否充分、天气变化情况、航班线路、权益维护处理等。同时加大投入，利用特定的软件技术，梳理现有的旅游公共信息，对巨大的旅游公共信息的准确度进行过滤，提升信息的质量，确保信息可靠统一、及时更新、精确、实用，并通过多种渠道传递给游客。

(五) 增加旅游咨询站点数量和完善其效用

旅游咨询站点是实地的旅游公共信息服务场所，它的服务方式及管理有其特殊性。首先，旅游咨询站点所提供的旅游公共信息服务不同于游客通过其他渠道获取的旅游信息服务。它的现场有服务工作人员为游客提供信息咨询和有关业务服务，更多的是属于直接面对游客的服务，能切实影响到游客的真实感知和判断，因此，有必要对站点工作人员的服务态度、服务礼仪、业务素质和服务技能进行强化培训，改进咨询站点的服务质量。其次，咨询站点的信息服务是旅游公共信息服务体系的重要构成，而游客对旅游公共信息服务的线上体验又受到线下体验的影响，所以应制定标准、规范管理、提升咨询站点的服务水平，为游客创造完美的服务体验。最后，扩大旅游咨询站点的覆盖面。

(六) 借鉴国内外经验建设智慧型城市

旅游公共信息服务的建设既需要一定的技术支持，也离不开所在区域的城市配套。提升旅游公共信息服务的建设水平可充分参考借鉴国内外其他地区的成功经验，缩小当地旅游业信息化水平与其他地区的差距。我国已有数十个地区投入到智慧城市的建设中，部分景区、酒店企业纷纷加入智慧旅游的行业实践，这为推动当地旅游业信息化的升级提供了有利条件。旅游目的地可以在智慧城市建设方面，借机优化城市的配套建设，完善交通、通讯、信息等设施。同时，可选择一批在智慧旅游应用中具有代表性的企业，开展智慧型旅游企业的试点建设，积累经验并逐步扩大应用范围，为智慧型旅游城市的实现创造坚实的行业基础。总之，智慧旅游背景下的旅游公共信息服务建设将重点依托技术力量、资金投入、配套设施、专业团队、服务水准等多个方面的协调，才能切实提高旅游公共信息服务的水平。

第三节　旅游目的地便民惠民服务

旅游目的地便民惠民服务体系以增强人民群众的旅游获得感为工作导向，坚持以人为本的原则，根据不同游客的多元化需求，精准提供更多更优的惠民措施，提供更充足的便民设施，进一步发挥旅游在提升生活品质、提高居民素质、促进社会和谐等方面的功能，切实提升旅游便民惠民的能力和水平。

一、便民惠民服务与设施

(一) 旅游志愿者

志愿服务是社会文明进步的重要标志。旅游志愿服务以满足旅游者的旅游活动需求、提高旅游行业综合服务质量为目标，在文明引导、游览讲解、质量监督、旅游咨询、应急救援等领域提供公益服务，是志愿服务的重要力量，是中国旅游事业的重要组成。旅游志愿者秉承奉献真诚、帮助他人、服务社会的原则，践行志愿精神，传播优秀旅游文化，弘扬社会文明，为进一步提升公民旅游文明素质、提高全民道德素养、培养和践行社会主义核心价值观贡献力量。开展好旅游志愿者工作，一是要加强组织领导，成立全国旅游志愿服务工作领导小组，各级旅游主管部门落实志愿服务活动相应管理机构和人员；二是要加大经费投入，将旅游志愿者队伍建设和志愿服务工作经费纳入财政预算，建立政府购买、资助旅游志愿服务制度；三是要加强宣传推广，充分发挥报刊、广播、电视等传统媒体和博客、论坛、微博、微信等互联网新媒体作用，大力宣传旅游志愿服务活动及志愿者感人事迹，总结推广各地旅游志愿者队伍建设成功经验，营造全社会关心、支持、参与旅游志愿服务的良好环境。中国旅游志愿者标识如图5-1所示。

图5-1　中国旅游志愿者标识

(二) 旅游厕所

旅游厕所是国际旅游城市的重要标志之一，与旅游交通、旅游咨询服务中心并称为旅游城市的三大必备旅游设施。旅游厕所是设置在旅游景区景点、旅游线路沿线、交通集散点、乡村旅游点、旅游餐馆、旅游娱乐场所、休闲步行街区及其他旅游接待场所的公共厕所。旅游厕所一般需要与所在旅游景区的风格相配套，所以其外观多样，包括木屋式、仿古式、景观式、生态式。旅游厕所的建造宜"靠边"布置，用美观、别致、突出的指示牌加以引导，以方便游人寻找。由于各地旅游景区生态环境不同，为了保护原生态环境，旅游厕所基本上都是环保厕所，也就是免冲厕所。某旅游目的地的旅游厕所如图5-2所示。

(三) 旅游无障碍设施

旅游无障碍设施是目的地旅游业发展水平的重要衡量标志之一，也是考核旅游业服务质量的标准之一。衡量一个行业服务水平的重要指标，不是服务能否满足主流需求，而是服务能否覆盖所有需求。虽然残疾人并不是景区主流游客，但是仍然存在对景区服务的特殊诉求——对无障碍设施服务的需求。

图5-2　旅游厕所

提高旅游目的地无障碍设施服务质量，首先应尽量完善无障碍设施的类型，满足不同类别人群的需要。例如，景区可根据实际情况，在主要旅游节点增加手语讲解、图示讲解等服务，部署先进的无障碍辅助设施并提供专门服务联系电话等，以提高景区对特殊人群服务需求的响应能力。其次加强对景区无障碍管理人员的专业知识培训，聘请有关专家详细介绍无障碍设施管理使用知识，使景区管理人员树立重视无障碍设施的观念，提高管理效率和水平。某旅游目的地无障碍设施如图5-3所示。

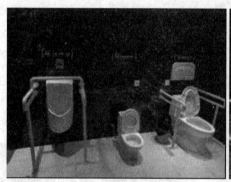

图5-3　无障碍设施

(四) 无线讲解器

无线讲解器是利用电子技术原理制造的各种导游讲解设备系统，目前较为先进的是通过对游客进行定位，根据游客位置的变化自动介绍景点内容。无线讲解器与人工导游相比，优势明显，可以保护环境，减少噪声污染；为游客提供多种语言讲解，满足外国游客多语种需求；避免游客之间的干扰，全面提升讲解质量；避免导游服务质量的不稳定性；满足游客个性化需求。

(五) 景区无线网络

景区布置无线网络(Wi-Fi)有诸多好处。一是游客使用微信、QQ等通信工具比较方便，可在朋友圈、微博实时分享风景、心情等，无须再为信号不好，图片、小视频发不出去而烦恼。二是无线网络覆盖解决方案可以在游客游玩景区过程中，给客提供指路导航、景点介绍、电子门票、移动支付等服务，从而提升游玩体验。另外，新技术、新应用的出现要求旅游目的地必须提供稳定可靠的无线网络，如Wi-Fi定位导航、Wi-Fi监控、Wi-Fi语音播报等，这些都是基于Wi-Fi的业务承载。

二、惠民休憩环境

(一) 休闲街区

休闲街区包括RBD(recreational business district，游憩商业区)、餐饮一条街、购物一条街和娱乐一条街等形式。休闲街区建设需要遵循以下原则：第一，街区是城市的一部分，街区旅游公共服务设施建设是城市配套基础服务设施建设的组成部分，要处理好城市现有基础服务设施与旅游公共服务设施建设的关系，保持统一性；第二，营造独特的街区氛围，街区旅游公共服务设施建设必须与街区发展方向保持一致；第三，鉴于街区所处发展阶段不同，管理方式、资金状况等均存在差异，旅游公共服务设施建设需要分步实施，突出重点，多改造，少重建，减少重复建设。

(二) 休闲娱乐广场

休闲娱乐广场主要面向游客活动，具有鲜明的主题和个性。休闲娱乐广场以城市文化为背景，使人们在游憩中了解城市、解读城市。休闲娱乐广场形式应灵活多样，有别于其他市政广场、纪念广场、交通广场、商业广场等类型的广场，应设置台阶、座椅等供人休息，设置雕塑、喷泉、花坛、水池以及有一定文化意义的雕塑小品供人欣赏。休闲娱乐广场的设计要利用一切可以利用的因素，使广场既有可持续发展的生态性，又具有突出的创造性，能够提高城市公共服务质量，形成极富魅力的特色空间。

(三) 城市公园

城市公园是城市的起居空间，是城市居民的主要休闲游憩场所，其活动空间、活动设施为城市居民提供了大量户外活动的可能性，承担着满足城市居民休闲游憩活动需求的主要职能。城市公园还具有美化和生态功能。城市公园是城市中最具自然特性的场所，往往有大量的绿化，它和城市的其他建筑等硬质景观形成鲜明的对比，使城市景观得以软化。此外，城市公园在改善环境污染状况、维持城市的生态平衡等方面也具有重要的作用。

(四) 博物馆

博物馆一词原意是人类知识与文化的"记忆殿堂"，博物馆承载着太多的文化内涵，是一个国家、一个地区、一座城市向世界开放的重要窗口，是区域历史文化文明高度浓缩的载体。博物馆是征集、典藏、陈列和研究代表自然和人类文化遗产的实物场所，对馆藏物品分类管理，为公众提供知识、教育和欣赏的文化教育机构、建筑物或者社会公共机构。博物馆包含了收集、保存、修护、研究、展览、教育、娱乐七项功能。充分发挥博物馆功能应该做到以下几点：一是博物馆应增强休闲娱乐功能，注意为游客提供多样性的体验；二是博物馆需要逐渐转变经营体制，非遗产展示类可以以转让和特许经营的方式由企业进行营利性经营，如餐饮、纪念品销售、休闲娱乐服务等；三是博物馆应加强营销，一种有效手段是与其他旅游吸引物组合进行营销；四是博物馆运营管理要树立和强化"服务意识"，为游客提供热情、周到、主动的服务；五是博物馆在内容和形式上应注重特色展示和创新应用。总而言之，博物馆应感应市场和社会的脉动，关注游客的需求，提供便利的服务，使游客获得高质量的情感体验。图5-4为某博物馆内部空间展示。

图5-4　某博物馆内部空间展示

(五) 科普教育基地

科普教育基地是具有科学教育和科学传播功能的公共设施。科普教育基地一方面发挥社会科普资源的作用，面向公众开展科普教育活动；另一方面积极推进科普工作的社会化、群众化、经常化，实施"科教兴国"战略，提高公众科学文化素质。为使科普教育基地有效发挥作用，须设立政府财政统筹的专项资金，提升科普教育基地管理和公共服务能力，提高科普教育基地运行水平和服务质量；创新办展的内容、形式和手段，加强传播能力和宣传力度，充分展现科学的丰富内涵和独特魅力。

三、旅游惠民政策

优惠政策包括旅游消费券、旅游年票、旅游一卡通、特定人群优惠等一系列服务。

(一) 旅游消费券

2008年爆发了全球性的金融危机，为应对危机，中国地方政府将发放消费券作为一项重要举措来刺激内需，拉动消费。其中旅游消费券是由地方政府面向特定客源地发放的抵扣凭证，目的是刺激潜在旅游者前往指定目的地进行旅游消费。2009年，中国31个省(市、区)均发放了数量不等的旅游消费券，其中长三角地区发放数量最多，影响最大。2020年由于疫情的影响，为了提振内需，各地也纷纷推出了旅游消费券。旅游消费券可以分为两大类：一类是政府旅游主管部门代表政府发行的旅游消费券，消费者凭消费券在指定区域的景点酒店等旅游企业消费时折抵一定的现金；另一类是旅游企业(如旅游景点)发放的旅游消费券，消费者可在指定景点消费时折抵一定的现金。

(二) 旅游年票

旅游年票自诞生以来，因其价廉、便捷、超值的特点备受各地居民青睐，在全国范围内迅速推广。持旅游年票可在有效期内大部分景区免票不限次游玩，部分景区免票一次或给予一定折扣，参团旅游线路可打折或在加盟酒店和餐饮购物场所消费享受一定折扣的优惠。旅游年票大幅度降低了各大景区进入门槛，本地居民可持旅游年票进入景区游览，享受发展旅游的成果，得到实实在在的旅游优惠。

(三) 旅游一卡通

"旅游一卡通"是多功能电子门票，是以银行IC卡作为载体，结合计算机、网络和IC卡等现代化科技手段，为优化旅游服务而推出的多功能电子门票，具有使用方便、操作便捷、经济实惠、精美超值等特点。"旅游一卡通"可以实现无障碍金融服务，推进智慧旅游和无障碍公共服务体系构建，帮助旅游者实现真正意义的"一卡在手，玩转无忧"的梦想。持旅游一卡通游玩合作景点全年不限次，旅游一卡通局限性小，不受年龄与地区限制，本地人群与外地旅游人群均可办理此卡，节假日、双休日均可持卡进入景区。

(四) 特殊人群优惠政策

残疾人、老年人、未成年人等由于年龄和生理特点，在社会生活中属于应当受到照顾的群体。我国《旅游法》第十一条规定："残疾人、老年人、未成年人等旅游者在旅游活动中依照法律、法规和有关规定享受便利和优惠。"随着我国社会经济的发展和文明程度的提高，一方面残疾人、老年人、未成年人等特殊群体有愿望、有条件参与旅游活动；另一方面为这些特殊群体提供旅游便利和优惠服务是社会文明的基本体现和要求。综合各地的特殊人群优惠政策来看，目前的优惠还主要集中于景区门票的减免。

四、提升旅游便民惠民服务策略

旅游便民惠民服务是一项对于游客来说十分重要的服务，是旅游业经过不断发展后更加人性化的展现。做好旅游便民惠民服务能够让每个游客平等地享受优惠和福利，更能有效促进旅游业的又快又好发展。

(一) 建设惠民休憩环境

可以通过完善街镇旅游功能，加强生态培育和环境保护，建设和开放公园广场、城市绿道、观光步道、休闲街区等公共空间，来形成惠民休憩环境；还可以通过健全文化场馆、商务场所、体育会场等公共服务设施的旅游休闲功能，来进一步推动休憩带的形成。

(二) 促进旅游消费政策完善

各景区还要制定好各类旅游资源的优惠政策，如景区免费开放或对60周岁以上的老年人、未满18周岁的学生、残疾人等特殊群体实行门票优惠价格或直接减免门票的政策。景区作为重要的旅游资源，减免游客的门票可以降低旅游成本，提升满意度，更好地发挥旅游普惠民生的重要作用，激发游客的游玩热情，增加游客数量，带动景区及周边消费。还可采取发放旅行年卡、旅游消费券、旅行套票等多种形式，为游客提供旅游消费便利，刺激消费，带动旅游经济的发展。

(三) 强化旅游景区志愿服务

在"全域旅游"的大趋势背景下，旅游志愿者是良好社会风尚培育和形成的有力推动者与积极实践者。近年来，文化和旅游部十分重视旅游志愿者队伍建设，各地旅游有关部门也在大力推动。我国旅游志愿服务活动不断丰富，志愿服务逐步覆盖重大活动、文明引导、行业监管等众多旅游服务领域。旅游志愿服务能够实现一定的社会功能，能在满足旅游需求同时，加强社会主义精神文明建设，增加社会主义文娱新风貌的强大效能。

第四节　旅游目的地行政服务

旅游目的地行政服务应以维护游客的合法权益为出发点，建设服务型政府，进一步优化旅游环境、投诉受理、引导游客文明出游等旅游公共服务职能，努力形成部门协同、区域合作的大旅游公共服务格局。旅游行政服务体系建设的重点是健全部门间、区域间及境内外的合作机制；完善旅游服务质量引导、监管、评价和改善机制，保护游客权益；引导游客文明、理性、绿色出游，引导休闲度假发展；加强对旅游公共服务的宣传和研究。

一、旅游行政监管

旅游行政监管为旅游市场相关联的政府主管部门，在旅游企业和游客之间的经济交易和服务的活动中，对相关主体进行必要约束和限制。旅游行政监管的内涵可概括为旅游、工商、公安、交通、卫生等多个政府职能部门在旅游经营者为旅游者提供旅游产品及服务过程中，对所发生的经济行为及经济关系进行的相关约束、限制等系列干预活动。旅游行政监管主要表现在以下几方面。

(一) 严把市场准入关，加强信用信息公示监管

在旅游市场经营准入机制层面，旅游市场监管部门要严格执行市场主体资格准入制度，明确旅游市场准入标准，出台旅游市场总体规划，提高旅游市场执业门槛；对辖区旅游市场从事"吃、住、行、游、购、娱"的经营者进行全面检查，对无证照从事旅游行业经营的坚决取缔，对证照不符和超出经营范围从事旅游行业经营的进行清理和查处；设立旅游经营行业监管台账，建立旅游服务行业经营者"经济户口"；建立旅游企业信用档案，将经营者的监管信息适时录入企业信用信息公示系统，加大社会监督力度。

(二) 建立旅游市场监管的反馈机制

旅游者是旅游市场的主体，也是旅游市场得以发展的重要推动力。旅游市场监管部门必须把旅游者的利益放在突出位置。在旅游活动区的醒目位置设置意见反馈箱，及时了解旅游者对旅游市场的综合评价和建议，既包括对旅游市场经营者、从业者的评价和建议，又包括对政府监管部门的工作人员的评价和建议。同时，要积极借助新媒体，在网络上同步建立旅游者意见反馈平台，借助微信、微博、微发布、抖音平台等收集旅游者的反馈意见和建议，积极建立旅游者反馈机制。要让旅游者可以方便、快捷地表达自己的真实想法，充分利用旅游者的建言献策作用，及时调整旅游市场的监管措施和方向。

(三) 严格执法，维护旅游市场经营秩序

一是突出食品安全监管，以景区及周边的食品经营户和农家乐为重点，采取日常巡查和定期检查相结合的方式，严格落实企业内部食品质量管理责任，及时清理及下架不合格食品，查处食品违法案件；二是突出旅游商品监管，严厉打击商标侵权和销售假冒伪劣商品行为；三是突出旅游广告监管，对景区企业和旅行社发布的旅游广告必须依法登记，及时查处有虚假内容的广告，严禁经营者利用广告和产品说明，对其提供的服务和商品的质量、功效、适用范围做出引人误解的虚假表示和宣传；四是突出对旅游合同监管，重点检查旅行社合同中是否存在霸王条款，是否存在擅自减少规定的旅游项目或降低吃、住、行标准和服务质量的情况，是否以格式合同蒙骗旅游者。

(四) 积极受理申诉举报，快速查处消费侵权行为

一是充分发挥旅游者举报投诉中心作用，快速、及时、准确、认真地处理旅游消费方面的投诉举报，快速查处旅游消费侵权行为，维护旅游者的合法权益；二是有效分析利用旅游消费投诉信息，及时掌握旅游消费投诉的动态和趋势，掌握侵权行为的特点和规律，适时开展有针对性的市场秩序整治，及时发布旅游消费维权知识及警示信息；三是进一步完善与相关行政执法部门的维权协作网络和社会监督网络，强化监督制约机制，共同做好旅游消费维权工作。

(五) 优化旅游市场监管措施

监管措施的好坏直接影响旅游市场监管能力水平的高低，应当适当放松经济性监管措施，而强化社会性监管措施。放松经济性监管，即政府部门在制定一定硬性标准的同时，适当放宽一些经济性领域的监管规矩，诸如景点农家饭庄的准入、退出；对于那些不损害旅游者利益的正常旅游企业之间的合作，政府不应监管过度。同时，政府应当积极履行其服务职能，做好自己的本职工作，更加关注公共利益。例如对旅游交通、游客安全、旅游环境保护等采取有效的监管措施。对于那些出于旅游企业自身利益考虑，对社会公共环境以及旅游者的利益造成损害的不良行为进行严厉查处，绝不包庇，促使旅游企业经营者自觉提高旅游目的地的环境以及旅游服务质量。

二、旅游者权益保障

消费者权益保护法所指的消费者，是指为生活消费需要购买、使用商品或者接受服务的个人或单位。旅游者在旅游活动过程中会产生各种旅游消费行为，其权益也应得到相应保障。旅游者在依法享受权利时，必须遵守国家法律、政策和社会公德，坚持权利和义务相一致的原则。

(一) 旅游者的权益

1. 安全保障权

安全保障权是旅游者在旅游消费过程中应该享有的基本权利，是指旅游者在购买、使用商品或接受服务时，享有人身、财产安全不受侵犯的权利。旅游者的安全保障权包括人身安全保障权和财产安全保障权，其中人身安全权又被认为是最重要的权利，如在恐怖袭击、治安问题、疾病传染的情况下，安全问题将会受到旅游者的格外关注。实现安全保障权，政府应制定相应的安全标准和行业标准，改善和完善法律环境；旅游经营者必须按照国家标准和行业标准提供商品和服务，保障旅游者的人身和财产安全，对潜在危及旅游者人身和财产安全的商品和服务，要及时采取预防措施。

2. 知悉权

知悉权是指旅游者在旅游消费过程中依法应该享有的知悉其购买、使用或接受旅游商品和服务过程中的相关真实情况的权利。对旅游者而言，旅游产品本质上说是一种经历和体验，是一种无形性精神产品的消费，这就要求旅游企业依法提供旅游产品和服务的真实信息。强调知悉权可以避免或防止旅游者合法权益受到侵害或损害；当旅游者合法权益受到侵犯时，能够提供诉讼所需的相关证据；同时也能监督旅游企业，客观上减少侵权行为的发生。

3. 自主旅行权

自主旅行权是指旅游者依法享有自主选择旅游产品或旅游服务的权利。在旅游活动中，旅游者的自主选择权经常被旅游企业以各种形式侵犯或损害，比如某旅游者利用法律手段维护其合法权益，却被旅行社列入"黑名单"，成为业内不受欢迎的客户，无法正常参加旅行社组织的旅游活动，侵害了旅游者的合法权利。

4. 公平交易权

公平交易权是指在旅游消费交易中，旅游者依法享有价格合理、质量保障、计量正确等公平交易条件及拒绝旅游企业及其经营者强制旅游交易行为的权利。旅游者所付出的费用、时间、精力等与其所获得的旅游商品或服务同等价值是公平交易权的核心内容。

5. 依法求偿权

依法求偿权是指旅游者在消费或使用其所购买旅游产品或服务的过程中，因为其人身、财产权利等受到侵害或损害，依法或者合约而享有的要求旅游经营者赔偿的权利。

旅游者依法求偿权的范围包括财产赔偿和精神损害赔偿两部分。

6. 结社权与监督权

结社权是指旅游者为维护其自身合法权益而依法享有的成立社会团体或组织的权利。监督权是旅游者享有通过检举、控告及消费者组织等方式对旅游商品和服务及旅游者合法权益进行保护的监察督导权利。监督权的内容既包括对旅游企业提供的旅游产品和服务的质量、价格、过程、态度等的监督，也包括对国家机关及其工作人员在旅游者权益保护工作中的违法失职行为或不作为等的监督。结社权和监督权是维护旅游者合法权利的重要途径。

(二) 旅游者权益争议的解决途径

依据消费者权益保护法的规定，消费者和经营者发生消费者权益争议可以通过5种途径解决纠纷，旅游者也可以通过这5种途径解决与旅游经营者发生的纠纷。

1. 与经营者协商和解

协商和解是指双方在发生争议后，在平等自愿的基础上，本着公平、合理解决问题的态度和诚意，就与争议有关的问题，相互交换意见，达成和解协议，使纠纷得以解决的活动。

2. 请求消费者协会调解

协会调解是指由消费者协会对争议双方当事人进行说服劝导，沟通调解，以促成争议双方达成解决纠纷的协议的活动。

3. 向有关行政部门申诉

发生权益纠纷后，旅游者可以向有关行政部门提出申诉，要求行政机关维护自身的合法权益。

4. 申请仲裁

双方当事人自愿将争议提交仲裁委员会裁决，其前提是投诉者和被投诉者必须同意采用此种方式解决纠纷并达成协议。

5. 向人民法院提起诉讼

旅游者在其合法权益受到侵害时，可以向人民法院起诉，请求人民法院行使国家审判权，依法解决权益争议，保护旅游者的合法权益。

(三) 赔偿主体及责任的承担

旅游者在购买、使用商品时，其合法权益受到损害的，可以向销售者要求赔偿。旅游者或者其他受害人因旅游服务产品缺陷造成人身、财产损害的，可以向销售者要求赔偿，也可以向生产者要求赔偿。旅游者在接受服务时，若其合法权益受到损害，可以向服务提供者要求赔偿。侵权人应当给予受害旅游者物质赔偿和精神赔偿，以维护其合法权益。

(四) 旅游者合法权益保护的对策

1. 规范旅游格式合同

格式合同又称格式条款、标准合同、定型化合同，是一方当事人为了重复使用而预先拟订，并在订立时不与对方协商具体条款的合同。格式合同能够节省协商合同条款的时间，减少麻烦和节约费用。实践中，旅游从业者在自身利益最大化的驱使下，常常制定出不公平、不合理条款，造成双方当事人合同利益失衡，甚至出现"霸王条款"，严重损害了旅游者的合法权益。旅游格式合同给予接受方只有接受和拒绝两种选择，并不能真正反映合同双方当事人的真正意图。因此，产生旅游纠纷后无法准确快速地认定责任，鉴于双方信息的不对称所引起的地位不平等问题，可以适度地实行过错责任倒置，即由旅行社等强势地位的一方来提供证据证明自己没有过错，以最大限度地保护旅游者的合法权益。

2. 建立健全旅游投诉公示制度

旅游者与旅游经营者之间的纠纷属于平等主体之间的纠纷，所以具有民事纠纷的性质，应建立旅游投诉公示制度。旅游投诉公示制度是指定期将被投诉的旅游企业的信息向公众公开的制度。旅游投诉公示制度能够及时将侵害旅游者权益的不法旅游企业曝光，提高旅游者对旅游企业不法侵害的认知，同时督促旅游企业纠正其不法行为，净化旅游环境，促进旅游业健康、稳定与可持续发展。

3. 确立违约精神损害赔偿制度

我国精神损害赔偿只限于根据侵权行为提出。旅游本质上是追求精神愉悦的体验活动，因此，旅游者与旅行社签订合同的目的是追求精神上的愉悦与享受，而并非与其他一般合同一样单纯以经济利益为直接目的，如果精神损害赔偿仅仅基于侵权行为而发生，那旅游者精神层面的权益就得不到法律的保护，就会给不良旅行社留下法律的空子，增加了旅游者权益受到侵害的危险。确立违约精神损害赔偿，可以有效地震慑违约违法行为，保护旅游者的合法权益。

4. 完善旅游保险制度

旅游活动中存在风险，这是不以人的意志为转移的客观事实。通过旅游保险将旅游风险转移给保险公司是一种国际通用的做法。旅游保险是指旅游者或旅游营业人向保险公司投保，根据不同的险别、不同标准缴纳保证金，与保险公司订立旅游保险合同，使旅游者或旅游经营者在旅游过程中遭受种种意外风险事故、危险的时候能及时得到经济补偿。

5. 完善旅行社质量保证金制度

旅游消费具有延时性，即旅游者必须预先向旅游经营者缴纳费用，然后经过一定的时间，在旅游消费开始之后才能接受旅游服务，也就是旅游消费具有远期交易的特点。

正是基于旅游消费的这一特点，国内或者国际旅游经营者都出现过收取旅游者预先缴纳的费用后携款逃匿的现象或者将旅游者预交的费用从事股票、期货等高风险的金融交易活动，使得旅游消费者的权益得不到保障。为了保障旅游者合法权益，世界上不少国家建立了旅行社质量保证金制度。

本章小结

　　旅游目的地公共服务是以满足旅游者共同需求为目的，由政府、企业、社会组织等提供的具有公共性特征的所有产品和服务的总和。本章分别从旅游目的地公共服务概述、旅游目的地公共信息服务、旅游目的地便民惠民服务、旅游目的地行政服务等多个方面重点阐述旅游目的地公共服务。

复习思考题

　　1. 简述旅游目的地公共服务内容。

　　2. 旅游目的地公共服务管理的内容。

　　3. 简述旅游便民惠民服务和设施的内容。

　　4. 简述旅游行政监督的表现。

第六章 | 旅游目的地营销管理

学习目标

知识目标：熟悉旅游目的地营销管理的概念、原则、框架及旅游目的地营销环境，理解旅游目的地市场细分的基础和指标，掌握旅游目的地目标市场选择的模式和营销策略，熟悉旅游目的地营销组合策略、旅游目的地新媒体营销的主要形态，掌握旅游目的地新媒体营销运营模式及营销创新方式。

能力目标：能灵活运用营销组合策略开展有效营销，善于运用新媒体营销提高营销质量和效果。

素质目标：树立正确的营销理念，具有旅游目的地营销创新意识。

案例导入

新余市全力打造中三角旅游目的地

2021年以来，江西省新余市委、市政府准确把握"工业强市、区域小市、山水美市"市情定位，在新余市第九次党代会上提出打造"中三角旅游目的地"目标，把发展旅游业作为"作示范、勇争先"目标任务的重要抓手，为全面建设"六个江西"贡献新余力量。

新余市旅游相关部门通过线上和线下双向发力，加大宣传营销推广力度，造大声势，积聚人气。一是灵活运用媒体平台，加大新余旅游品牌宣传力度。与今日头条、抖音、美团合作，加大对新余文旅优质资源和推介活动推送力度，扩大宣传推广的广度和深度。与中国旅游报、江西二套都市频道合作，在全国全省树起"仙女下凡地、抱石故园人"旅游品牌形象，积极引客入"余"，做强新余旅游市场。二是深耕客源市场，有的放矢拓宽新余旅游品牌影响广度，主动出击，积极开拓以武汉、长沙、南昌为核心的三省客源市场。三是丰富活动载体，力求形式新颖，扩展新余旅游品牌影响深度。围绕春节、五一、十一、七夕、"中国旅游日"等节点，新余市抢抓各类有利时机，举办仙女湖冬捕鱼文化节、四季赏花节、乡村采摘节等一系列旅游节庆活动，开展"帐篷露营周"等新玩法，刺激文旅"直播购"等新消费，逐渐形成了具有新余特色的"流量密码"。2022年"中国旅游日"开展"畅游浪漫新地标 开启美好新旅程"主题网络直播活动，近60万人次观看，现场直播带货销售额10万余元，将新余文化旅游商品推向全国。

(资料来源：新余市全力打造中三角旅游目的地[N].中国旅游报，2022-08-18.)

思考：新余市全力打造中三角旅游目的地采取了哪些营销措施？

第一节　旅游目的地营销管理概述

一、旅游目的地营销及营销管理概念

(一) 旅游目的地营销概念

旅游目的地是旅游产品和服务的聚合体，它为旅游者提供完整的旅游经历，是旅游营销的最佳落脚点。关于旅游目的地营销的含义，国内外学者从不同的切入点进行了界定。

伦德伯格(Lunberg，1990)认为目的地营销包括三方面的内容：能够向目标市场提供产品及其总体形象；确定具有出游意愿和行动的目标市场；确定能使目标市场信任并抵达该目的地的最佳途径。理查德·戈赫(Gorge，2001)认为目的地营销是将目的地作为一个有机整体而进行的营销，对旅游目的地进行营销是为了满足目的地利益群体的需要。英国学者密德尔敦(Middleton，2001)认为目的地营销包括两方面的内容，一方面关注整个目的地及其旅游产品，这是国家旅游组织的工作重点；另一方面是促销单个产品的商业企业的营销活动。

吴必虎(2001)认为，旅游目的地营销从市场角度看，除了第一市场营销、第二市场营销和机会市场营销外，还应包括建立目的地产品与这些市场的关联系统，保持并增加目的地所占市场份额。赵西萍(2002)认为，旅游目的地营销就是要提高旅游目的地的价值和形象，使潜在旅游者充分意识到旅游目的地与众不同的优势，开发有吸引力的旅游产品，宣传促销整个地区的产品和服务，刺激来访者的消费行为，提高其在地区的消费额。舒伯阳(2006)认为，旅游目的地营销作为目的地全面吸引游客注意力的工程，其基本理念是从产品营销向综合形象营销跨越，营销运作机制从分散的个别营销向整合营销传播提升。

综合国内外学者的观点得出，旅游目的地营销是将目的地作为一个有机整体进行营销，突出宣传促销整个目的地的产品和服务，提升旅游目的地的价值和品牌形象，吸引旅游者前来消费的过程。

(二) 旅游目的地营销管理概念

程金龙(2021)认为旅游目的地营销管理是指为实现旅游目的地发展目标，对建立、发展和完善以旅游市场需求为核心的营销方案，进行分析、设计、实施与控制的过程。张朝枝(2021)认为旅游目的地营销管理是指旅游目的地的营销组织选择目标市场并通过创造、传递和传播卓越顾客价值来获取、维持和增加旅游者数量的过程。旅游目的地营销管理需要选择目标市场，通过创造、沟通和传递优质的游客价值，加深和维护与目标市场之间有益的交换关系，从而获得、保持和增加旅游者规模。

二、旅游目的地营销管理框架

著名旅游目的地营销与管理专家莫里森(Morrison，2013)提出旅游目的地营销管理框架(见图6-1)。在框架中，旅游目的地营销主要策略是旅游目的地定位、旅游目的地形象设计和旅游目的地品牌建设(关于品牌形象管理内容见第七章)，以三者为核心构成PIB模式(positioning image branding)，三者相互关联且为一个共同的目的服务——沟通旅游目的地的独特性。PIB模式是旅游目的地营销管理的核心环节(见图6-2)，具有承上启下的功能，是连接目标市场和营销目标的纽带，在目标市场分析的基础上，基于目标市场需求及旅游目的地客观实际进行目的地定位、形象设计和品牌建设，进而确定营销目标并开展有效的营销活动。

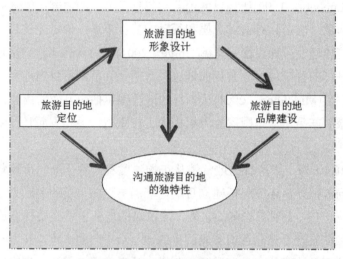

图6-1　旅游目的地营销管理框架

图6-2　旅游目的地营销管理结构

三、旅游目的地营销管理原则

(一) 计划管理原则

凡事预则立，不预则废。营销管理是旅游目的地管理工作的基本组成部分，它必须围绕营销目标，按照营销计划执行。制订营销计划时需要加强市场调研，结合旅游目的地的发展目标及资源优势，精准识别目标市场，同时要在动态变化的复杂环境中，及时准确地把握发展变化的信息，根据营销计划实行弹性管理。

(二) "过程导向"控制原则

现代营销观念认为,营销管理重在过程,控制了过程就控制了结果,结果只能由过程产生,什么样的过程产生什么样的结果。"过程导向"的本质是把营销过程当作核心,强调过程的重要性,关注于营销管理中的流程控制。实施"过程导向"管理的根本原则是掌握营销人员思想动态、工作状况及工作进度,管理者适时提供服务、帮助、支持,按照"细心服务到位、流程实施到位、痕迹落实到位"开展工作,及时调整营销思路和营销策略。有效的"过程导向"控制策略是一个跟踪修正、促进思维的活动,是提高服务营销工作效率和效果的利器。

(三) 突出主题形象原则

旅游目的地营销管理的核心目标就是突出目的地主题形象,增强目的地品牌认知,扩大旅游目的地受众市场。在当今注意力经济时代,主题形象的定位是旅游目的地核心问题,可以说,旅游目的地之间的竞争在某种程度上就是旅游形象的竞争,一个特色鲜明的主题形象可以形成较长时间的竞争优势。旅游目的地营销管理必须将形象定位、主题设计和主题塑造放在第一位,基于目的地主体的资源禀赋和产品特色,按照市场性原则,综合运用各种形象定位方法及手段,构建包含旅游理念、语言、标识、视觉、行为、服务等方面的印象体系,铸就旅游目的地主题形象,满足符合生态、景观、人文、消费取向的各种旅游需求。

(四) 营销创新管理原则

旅游目的地营销管理应有一套系统的管理框架,从选择营销战略、制订及实施营销计划等一系列过程都应有专业化的管理团队及管理措施。为了能给游客提供更完美的服务,满足游客新的需求,实现旅游目的地发展目标,应该在营销管理理念、营销管理策略、营销管理方法等方面不断进行创新,充分利用现代营销方式和手段扩大目的地市场范围,大力挖掘文化内涵,提高营销效果。

第二节 旅游目的地营销环境分析

旅游目的地营销环境是指影响目的地营销管理能力的各种企业外部和内部因素的总和,由旅游目的地营销宏观环境和微观环境构成。

一、宏观环境分析

(一) 政治法律环境

在任何社会制度下,旅游目的地营销活动都必定要受到政治环境和法律环境的制约。政治环境是指旅游目的地市场营销活动的外部政治形势,它引导着旅游目的地营销活动方向。旅游目的地在进行营销活动之前,应了解本地政策方针及其稳定性,以便抓住市场机遇，做好营销工作。从我国宏观政策层面来看，2009年《国务院关于加快发展旅游业的意见》中首次明确了旅游业"国民经济的战略性支柱产业和人民群众更加满意的现代服务业"的定位；"十三五"时期，旅游业作为国民经济战略性支柱产业的地位更为巩固，旅游业与其他产业跨界融合、协同发展；《"十四五"旅游业发展规划》指出，"十四五"时期要以习近平新时代中国特色社会主义思想为指导，着力完善现代旅游业体系，加快旅游强国建设，努力实现旅游业更高质量、更有效率、更加公平、更可持续、更为安全的发展。我国出台了多项政策全力推动旅游业发展，促进旅游在拉动内需、扩大就业、促进经济结构调整、扶贫致富等方面发挥重要作用。旅游目的地营销要充分利用政策优势，逐渐实现专业化运营，提高营销的针对性和有效性。

法律环境是影响旅游目的地营销的重要宏观环境因素，是旅游目的地确定经营活动的行为准则。法律环境包括国家或地方政府所颁布的各项法规、法令和条例等，旅游目的地只有依法进行各种营销活动，才能受到国家法律的有效保护。从事国际营销活动的旅游目的地不仅要遵守本国的法律法规，还要了解和遵守国外的法律制度及相关的国际法规、惯例、准则。当前我国旅游行业的法治体系正在逐渐完善，陆续出台了《中华人民共和国旅游法》《旅行社条例》《旅游投诉暂行规定》《导游人员管理条例》《旅游安全管理办法》《边境旅游暂行管理办法》《旅游发展规划管理办法》《旅游饭店星级的划分与评定》等法律法规，用以规范、保障行业的快速和健康发展。旅游目的地开展营销活动必须遵守相应的法律法规，开展诚信宣传、诚信兴商，营造诚信经营氛围，树立诚信品牌形象。

相比法律、法规而言，方针政策有较大的可变性，它随着政治、经济形势的变化而变化。当前旅游目的地营销管理所面临的政策导向主要存在以下特征：旅游供给侧结构性改革；全面联动，融合发展；城乡统筹与乡村振兴。旅游目的地营销管理人员要时刻关注方针政策的变化，及时做出调整，以适应变化的形势。

(二) 经济环境

1. 旅游者的收入水平

旅游者收入是指旅游者个人从各种来源中所得的全部收入，包括旅游者个人的工资、红利、租金、赠予等。旅游者收入对旅游目的地营销活动影响极大，不同收入水平的旅游者购买力不同，消费的旅游项目、旅游产品的品质不同，对价格的承受能力也不同。因此，在研究旅游者收入时，要注意以下几点。

(1) 国内生产总值(gross domestic product，GDP)。GDP是指在一定时期内，一个国家(或地区)所生产的全部最终产品和劳务价值的总和。GDP是国民经济核算的核心指标，也是衡量国家经济状况的最佳指标，它反映一国(或地区)的经济实力和市场规模。2023年2月28日，国家统计局发布《中华人民共和国2022年国民经济和社会发展统计公报》，公报显示，2022年我国国内生产总值(GDP)达1 210 207亿元，这是继2020年、2021年连续突破100万亿元、110万亿元之后，再次跃上新台阶。按年平均汇率折算，我国经济总量达18万亿美元，稳居世界第二位。其中，第一产业增加值占国内生产总值的比重为7.3%，第二产业增加值占比为39.9%，第三产业增加值占比为52.8%。由此可见，服务业对经济增长的贡献不断提高，服务业的主导地位更加巩固。从这个趋势来看，我国的旅游消费潜力将持续增长。

(2) 人均国民收入(gross national income，GNI)。GNI是一个国家在一定时期内(通常为1年)按人口平均计算的国民收入占有量。人均国民收入与国民收入成正比，它基本上可以反映一国生产力发展水平和国民的生活水平，也在一定程度上决定消费需求的构成。一般来说，人均收入增长，人们对消费品的需求和购买力就增大，反之就减小。2000年，我国GNI只有940美元，属于世界银行根据GNI划分的中等偏下收入国家行列；2010年，我国GNI为4340美元，首次达到中等偏上收入国家标准；2019年，我国GNI进一步上升至10 410美元，首次突破1万美元大关；2021年，我国GNI为1.24万美元；2022年我国GNI为1.26万美元。我国GNI的逐年增长，不仅意味着我国综合实力不断增强、人民生活水平越来越高，还意味着我国居民的需求处于从物质需求转向精神需求的关键期。

(3) 个人可支配收入(disposable personal income，DPI)。DPI是指在个人收入中扣除税款和非税性负担后所得的余额，是个人可直接用于消费支出或储蓄的部分，它构成实际的购买力。2019年，我国居民人均可支配收入为30 733元，2020年为32 189元，2021年达到35 128元，2022年增至36 883元，整体呈上涨趋势，为旅游业的发展奠定了强大的经济基础。

2. 旅游者的支出模式和消费结构

旅游者的支出模式是指旅游者各种消费支出的比例关系，也就是常说的支出结构。在收入一定的情况下，旅游者会根据消费的急需程度，对自己的消费项目进行排序，一般先满足排序在前的消费，如食物。西方一些经济学家常用恩格尔系数来反映这种变化，恩格尔系数是指食品支出总额占个人消费支出总额的比重。具体而言，食物支出占总消费量的比重越高，恩格尔系数越大，生活水平越低；反之，食物支出所占比重越低，恩格尔系数越小，生活水平越高。随着旅游者收入的变化，旅游者支出模式也会发生改变，继而使一个国家或地区的消费结构产生变化。我国1978年恩格尔系数平均值为60%，2003年恩格尔系数平均值为40%，2022年恩格尔系数平均值为35%，我国恩格尔系数持续下降，反映出居民消费结构正在发生变化。

旅游者的支出模式和消费结构不仅与旅游者收入有关，还受到家庭生命周期的阶段影响和家庭所在地点的影响。如有孩子的家庭常常以亲子旅游方式出行，中老年人则多选择康养旅游。随着国民收入的增加，旅游已成为人民生活的一部分，旅游消费正从经济型向品质型转变，旅游目的地营销主体要抓住这一变化，采取有效的营销措施，获取较好的营销业绩。

3. 旅游者的储蓄和信贷情况

旅游者的购买力受其储蓄和信贷的直接影响。旅游者个人收入不可能全部花掉，总有一部分以各种形式储蓄起来，成为一种潜在的购买力。我国居民有勤俭持家的传统，长期以来养成储蓄习惯，近年来，我国居民储蓄额和储蓄增长率均较大。我国居民储蓄增加，显然会使旅游目的地旅游产品价值实现比较困难，但是，旅游目的地营销主体若能激发旅游者的潜在旅游需求，就可以开发新的目标市场。因此，营销人员要在调查、了解旅游者储蓄动机与目的的基础之上，根据旅游者潜在的消费需求制定有针对性的营销策略，为旅游者提供满意的旅游产品及服务。

(三) 人口环境

市场是由有购买欲望和有支付能力的人构成的，因此，人口环境的变化将极大地影响着市场需求的变化，进而影响旅游目的地的发展方向。旅游目的地必须重视对人口环境的研究，密切注视人口特征及其发展趋势，不失时机地抓住市场机会。

1. 人口数量

人口是构成市场的第一位因素，在收入水平和购买力大体相同的条件下，人口数量直接决定了市场规模和发展潜力。自20世纪60年代以来世界人口每年以1.8%的速度增长，其中不发达地区每年增长2%，而发达国家每年只增长0.6%。根据2021年公布的第七次全国人口普查结果显示，我国人口共有141 178万人，与2010年第六次全国人口普查的133 972万人相比，增加了7206万人，增长5.38%，年平均增长率为0.53%。数据表明，近10年来我国人口持续低速增长，在消费能力保证的前提下，人口增长意味着旅游需求的增加，会对旅游目的地的发展产生很大影响。

2. 人口结构

人口结构主要包括人口的性别构成、年龄结构、受教育程度、家庭结构、社会结构等。人口结构对旅游目的地营销有重要的影响，不同特征的人群对旅游产品和服务各有不同的需求和偏好。

(1) 性别构成。第七次全国人口普查结果显示，男性人口为72 334万，占比51.24%；女性人口为68 844万，占比48.76%。

(2) 年龄结构。第七次全国人口普查结果显示，0～14岁人口为25 338万人，占比17.95%；15～59岁人口为89 438万人，占比63.35%；60岁及以上人口为26 402万人，占比18.7%，其中65岁及以上人口为19 064万人，占比13.50%。

(3) 受教育程度。第七次全国人口普查结果显示，拥有大学(指大专及以上)文化程度的人口为21 836万人，拥有高中(含中专)文化程度的人口为21 301万人，拥有初中文化程度的人口为48 716万人，拥有小学文化程度的人口为34 966万人，以上各种受教育程度的人包括各类学校的毕业生、肄业生和在校生。

(4) 家庭结构。家庭是社会的细胞，也是商品购买、消费的基本单位。我国家庭有两个显著特点：一是家庭规模趋于小型化，"三口之家"的家庭模式十分普遍；二是非家庭住户(单身家庭、集体户)增加。第七次全国人口普查结果显示，全国共有家庭户

49 416万户，集体户2853万户，家庭户人口为129 281万人，集体户人口为11 897万人，平均每个家庭户的人口为2.62人。

(5) 社会结构。第七次全国人口普查结果显示，居住在城镇的人口为90 199万人，占比63.89%(2020年我国户籍人口城镇化率为45.4%)；居住在乡村的人口为50 979万人，占比36.11%。

以上这些变化都会反映到市场上，旅游目的地管理人员能否抓住社会和市场的变化，从而抓住新的商机，采取行之有效的营销手段直接关系到目的地的旅游发展。

3. 地区分布及地区间流动

第七次全国人口普查结果显示，普查登记的31个省、自治区、直辖市(以下简称"省份")人口超过1亿人的省份有2个，5000万人至1亿人之间的省份有9个，1000万人至5000万人之间的省份有17个，少于1000万人的省份有3个。其中，人口居前5位的省份合计人口占全国人口的35.09%。人口增长较多的5个省份依次为广东、浙江、江苏、山东、河南，分别增加2171万人、1014万人、609万人、573万人、534万人。分区域看，东部地区人口为56 372万人，占比39.93%；中部地区人口为36 469万人，占比25.83%；西部地区人口为38 285万人，占比27.12%；东北地区人口为9851万人，占比6.98%。全国人口中，人户分离人口为49 276万人，其中，市辖区内人户分离人口为11 695万人，流动人口为37 582万人。流动人口中，跨省流动人口为12 484万人，省内流动人口为25 098万人。

从总体上看，人口向经济发达区域、城市群进一步集聚。东部沿海地区经济发达，人口密度大；中西部地区经济相对落后，人口密度小。随着我国改革开放的纵深推进，城乡之间、地区之间人口在数量和质量上都呈现强势流动，这必将引发许多新需求及新的市场机会，旅游目的地营销主体要抓住这一机遇，进行市场调研，针对不同的目标客户群提供不同的产品。

(四) 社会文化环境

社会文化环境是指在一种社会形态下已形成的教育状况、宗教信仰、价值观念、消费习俗等，是被社会公认的各种行为规范。在旅游目的地营销活动面临的诸多因素中，社会文化环境是较为复杂的，为此，旅游目的地营销人员应充分了解和分析社会文化环境，熟悉旅游目的地和目标市场社会文化环境的差异，针对不同的文化环境制定不同的营销策略，组织不同的营销活动。

1. 教育状况

教育状况反映人们的文化素养，直接影响人们的消费结构、购买行为和审美观念，从而影响旅游目的地的营销活动。通常文化教育水平高的国家或地区，消费者思想比较先进，能跟上时代的步伐，不满足于单调枯燥的生活节奏，追求生活质量，从而有强烈的旅游需求，他们对互联网和新媒体营销接触比较多，会受到旅游目的地营销活动的影响，因此旅游目的地营销活动要考虑到消费者所受教育程度的高低，采取不同的营销策略。

2. 宗教信仰

宗教是构成社会文化的重要因素，影响着人们的价值观、行为准则与认识事物的方式，从而影响着人们的生活习惯、购买行为和消费需求。宗教的发源地常是信徒朝拜的地方，因此成为旅游中心。鉴于此，旅游目的地在营销活动中要注意分析不同宗教信仰旅游者的需求，有针对性地提出营销对策。

3. 价值观念

价值观念是指人们对社会生活中各种事物的态度和看法，一方面表现为价值取向、价值追求，凝结为一定的价值目标；另一方面表现为价值尺度和准则，成为人们判断事物有无价值及价值大小的评价标准。不同文化背景下，人们的价值观念往往有很大的差异，旅游者对旅游目的地的选择、旅游产品的类型、旅游服务的质量及营销方式都有自己不同的意见和看法，旅游目的地营销必须根据旅游者不同的价值观念设计产品，提供服务。

4. 消费习俗

消费习俗是指一个地区或一个民族约定俗成的消费习惯，是人们在长期的经济与社会活动中形成的受共同的审美心理支配的消费行为。消费习俗不同，人们的旅游要求也不同。旅游目的地营销人员研究消费习俗，不仅有利于设计、生产和销售旅游产品，还有利于引导旅游者的消费方向。

旅游营销活动的根本目的是满足人们的旅游需求和欲望，因此旅游营销活动必须适应社会文化因素，必须随着社会文化环境的变化而变化。从整体上看，当前的社会文化环境有受后现代主义影响的倾向，同时人们更加追求文化和品质内涵，旅游目的地营销人员应重视社会文化因素的变化，使营销活动更有针对性。

(五) 自然环境

旅游目的地营销自然环境是指营销者所需要或受营销活动所影响的自然资源，主要是指自然物质环境，即自然界提供给人类各种形式的物质财富。旅游业与其他行业相比，与自然环境的关系更为密切，因为自然资源是旅游活动得以开展的资源基础，自然资源的丰富与否直接影响旅游目的地旅游业的发展。旅游目的地在旅游景点的开发建设中要采用无污染或污染低的设施设备，合理规划旅游景点的分布，使景观与自然环境相协调，同时减少对生态环境的破坏。在旅游交通设施上，飞机、汽车、轮船是现代旅游主要的交通工具，这些交通工具绝大多数是以石油或煤等不可再生的资源为主要能源，因此创造条件寻找替代能源和采取节约能源的措施是旅游目的地开展规划时要考虑的重要内容。旅游目的地在开发建设以及营销推广中要有高度的环保责任感，从生态保护的角度出发，推出"绿色产品"，进行"绿色营销"，打造符合环境发展要求和市场生态需求的产品和形象，以适应中国生态文明建设及世界环保潮流。

(六) 科学技术环境

当代科学技术日新月异，发展迅猛。科学技术是社会生产力中最活跃的因素，在生产中起着主导作用。科学技术作为重要的营销环境因素，不仅直接影响着旅游业的经营与管理，同时还与其他环境因素相互作用、相互影响，既给旅游目的地的营销创造了机会，也带来了挑战。

计算机技术、人工智能、VR、人机交互及物联网等科技的应用极大地推动了旅游目的地现代化管理与数字化营销。例如，计算机的广泛应用可以提高旅游目的地的工作效率，开展一对一营销成为现实，为旅游者提供定制化产品成为可能。又如，声控技术和光学技术在旅游人造景观上的运用，强化了模拟功能，增加了旅游目的地的吸引力，刺激了旅游需求的增加。旅游电子商务的发展使旅游目的地旅游企业面临一个共同的挑战，即市场的全面开放迫使旅游目的地改变传统的营销方式，如旅游企业之间的产品代理、旅游饭店的中央预订系统、航空业电子售票技术等营销方式的变革，提高了旅游企业的综合效益。但是新技术的应用也给传统产品带来了威胁，例如，新材料的不断出现，加快了饭店硬件设施的更新速度，也增加了饭店的经营成本；新技术的应用缩短了大部分旅游产品的生命周期，加速新产品上市的竞争，使得旅游企业的产品营销周期必须缩短。

新技术推动了营销渠道的变革，使得营销距离拉近，营销空间也在不断拓展和延伸，旅游目的地营销主体应根据这些变化，充分考虑到营销技巧，对动态市场做出迅速、准确的反应，将新技术产品导入目标市场，推广科技化的营销手段，为旅游者提供满意的产品与服务。

👤 **拓展知识6-1**

借鉴国际经验，推进我国城市目的地品牌建设

随着旅游业全球化和品牌化竞争的日益加剧，目的地营销受到越来越多国家和城市的重视。目的地营销最大的挑战是把代表不同利益相关方的力量汇聚到一起，并让他们作为一个团队高效开展工作。

经验一：整合营销主体，建立顺畅的目的地营销机制

目前，国内的旅游目的地营销主要由政府部门负责，这种单一主体的直线式营销模式造成诸多问题，如无法兼容多方利益相关者的想法、多方目的地品牌理念冲突等。因此，我国城市要建立目的地品牌，应先整合营销主体，在纵向上政府主导为第一层面，专门性的运作机构为第二层面，社会各界联动为第三层面，全民参与为第四层面，总体形成金字塔组织结构。该组织服从纵向统一指挥，且形成立体化运作模式，以便及时进行战略调整；横向协同配合，且逐步依托"互联网+"技术，打造"供应链+区块链"高效传输的去中心化运作模式。

经验二：开展多维度调研，个性化表达目的地品牌形象

我国城市在建立长期愿景一致的目的地品牌营销主体后，应横向从城市旅游指南、政策、报告、白皮书等方面进行梳理整合，纵向探析政府、居民、旅游者等不同群体的态度，且遵循"先内部剖析、后外部补充"的原则，形成信效度高且个性化特色鲜明的目的地品牌量表，进而确定城市目的地特有的品牌形象。

经验三：构建品牌体系，滚动式推出目的地品牌管理策略

根据目的地国际组织(Destinations Iinternational)和旅游咨询公司MMGY NextFactor联合发布的《未来目的地研究报告(2019年)》，在目的地营销组织(Destination Marketing Organization,DMO)采用的二十五大策略中排名第一的是"与当地社区加强互动，由此管理旅游业未来的事项"。当目的地游客出现饱和，目的地营销机构应在开展营销的同时进一步采取管理策略。

经验四：整合多元渠道，开展矩阵化品牌传播

我国城市旅游目的地品牌建设，一方面应根据目的地理念，设计和建立优质的集成式旅游门户网站，使访问者不仅能够一站式免费获取有关该城市的图片、视频、新闻等信息，了解目的地品牌形象及价值，还能依托VR、AR等先进技术与目的地进行互动，参与甚至共创目的地品牌；另一方面应制定矩阵化目的地品牌宣传战略——"公关先行，广告跟进，物料辅助；联合为要，口碑为重，创新为基"，开展立体式品牌营销传播。

(资料来源：王春雷.借鉴国际经验，推进我国城市目的地品牌建设[N].中国旅游报，2023-01-13.有删减)

二、微观环境分析

旅游目的地营销的微观环境是指与目的地营销活动存在直接关联的具体环境，是决定旅游目的地生存和发展的基本环境，主要有旅游供应者、旅游者、竞争者及社会公众。

(一) 旅游供应者

旅游目的地的旅游供应者是指向旅游者提供旅游产品和服务的企业或个人，主要包括旅游景区、旅游饭店、旅游餐饮、旅游购物、旅游娱乐和旅游交通等。旅游目的地提供的旅游产品更多地表现为服务产品，是有形的物质与无形的服务相交融的"组合型"产品，因而对旅游供应者提出了更高的质量管理要求。旅游供应者的数量、规模、品质、空间分布等因素都是旅游目的地进行微观营销环境分析的研究对象，对旅游目的地营销管理存在重要影响。

(二) 旅游者

旅游者是旅游目的地提供旅游服务的对象，是旅游目的地旅游相关行业及部门获取经济效益的根本来源，是微观营销环境分析的核心。对旅游者进行分析可以从两个方面进行：一是个体旅游购买者；二是集体组织购买者。

个体旅游购买者这类顾客群是旅游产品和服务的直接消费者，其旅游目的是满足个人或家庭的物质和精神需要，这类顾客一般属于散客。对于个体旅游购买者而言，旅游目的地营销人员可以从旅游者的特征及行为特点、旅游者消费结构和模式、旅游者对该地旅游接待的满意程度等方面展开分析，有针对地开展营销工作。

集体组织购买者是指企业或机关团体为开展业务或奖励员工而组织购买旅游产品和服务的人。集体组织购买者对旅游产品和服务的需求受价格变动的影响较小，更为关注旅游产品与服务的质量。

(三) 竞争者

旅游目的地竞争者是指在同一市场生产或提供相同及可替代的产品和服务的其他旅游目的地。识别与评估市场竞争者能帮助旅游目的地营销主体准确判断自身及其主要竞争者所处的市场地位。

首先，识别旅游目的地竞争者。这主要从三个方面入手：一是明确主要竞争者。主要竞争者包括直接竞争者、间接竞争者和潜在竞争者。对于旅游目的地营销主体而言，主要竞争者一般为提供同种产品或同类产品的旅游目的地。二是识别竞争者营销战略。旅游目的地营销主体应尽最大努力研究竞争者营销战略及预期市场行为，对其未来营销市场发展目标及对目的地的市场影响进行综合分析和预判，这将有利于旅游目的地扬长避短，有效地制定和调整自身营销战略。三是判断竞争者的营销目标。虽然每个竞争者最终的目标都是吸引游客和获取利润，但不同竞争者为实现最终目标所制定的营销组合及营销重点各不相同，若竞争者进入本目的地营销的细分市场，这意味着目的地将面临新的竞争与挑战。

其次，评估竞争者的优势与劣势。旅游目的地营销主体要收集有关竞争者过去几年经营活动的重要数据，包括竞争者的目标、战略与业绩，这些资料有助于评价竞争者的优势与劣势。旅游目的地营销主体也可以进行旅游者认知价值分析，即要求旅游者按不同的属性及其重要性来评价目的地与竞争者提供的产品或服务质量，根据市场变化不断对竞争形势进行新的分析，这将有利于目的地在竞争中取得主动地位。

最后，预测竞争者的反应模式。为了更好地制定旅游目的地的营销规划，营销主体还应充分分析竞争者对旅游目的地的开发与营销可能做出的反应。根据竞争者的反应模式可将竞争者分为从容型竞争者、选择型竞争者、凶狠型竞争者和随机型竞争者。预测分析竞争者的反应模式能使旅游目的地营销主体确认在什么地方集中优势进攻，在什么地方加强防守，在什么地方主动退让，拟定适合旅游目的地的市场营销竞争战略，争取处于较为有利的竞争地位。

(四) 社会公众

社会公众是指对实现营销目标有显现或潜在利害关系和影响力的一切团体、组织和个人，它对旅游目的营销活动的成败产生实际的或潜在的影响。对于旅游目的地而言，作为微观环境的社会公众包括以下几种。

1. 融资公众

融资公众，指影响旅游目的地获取资金能力的金融机构，包括银行、投资公司、保险公司、信托公司、证券公司等。旅游目的地应该与金融机构保持良好的关系，对于一些先期投入很高的项目，更是需要获得金融界的最大支持。

2. 媒介公众

媒介公众，主要指报社、杂志社、广播电台、电视台、出版社等大众传媒，如果媒体对旅游目的地的优质服务进行报道，就能提高旅游目的地的声誉和信誉，扩大销售。

3. 政府公众

政府公众，主要指负责管理旅游企业业务经营活动的有关政府机构，如旅游行政管理、工商管理、税务、卫生检疫、技术监督、司法、公安等政府机构。旅游目的地在制订自己的营销计划时，需要研究政府的各项方针、政策、措施、各种法令和法规，以得到政府对营销活动的最大支持。

4. 群众团体

群众团体，指国家公民为自己的某种共同利益和特殊需要而建立起来的各种社会组织，包括消费者权益保护组织、环境保护组织以及其他有关的群众团体，这些组织与社会舆论将对旅游目的地的营销行为产生重要影响。

5. 社区公众

社区公众，指旅游目的地的居民和社区组织等。旅游活动具有很强的地域文化特色，旅游目的地营销主体应将所在地域的居民融入到旅游营销活动之中。

6. 一般公众

一般公众，指一般社会公众，他们既是旅游目的地产品和服务的潜在购买者，也是旅游目的地的潜在投资者，旅游目的地应力求在他们心中树立起良好的目的地形象。

7. 内部公众

内部公众，指旅游目的地的所有旅游从业者。旅游目的地的营销活动离不开内部公众的支持，旅游目的地应处理好与旅游从业者的关系，使从业人员得到满足，真正成为企业的主人，从而更大程度地调动他们开展市场营销活动的主动性、积极性和创造性。

第三节　旅游目的地市场细分

在经济及经济学领域，市场泛指商品、服务交换的领域，如国际市场、国内市场、旅游市场等。在市场研究和营销领域，市场则是指顾客群体。市场细分是指营销者通过市场调研，依据消费者的需要和欲望、购买行为和购买习惯等方面的差异，将市场上的顾客划分成若干个顾客群，每一个顾客群构成一个子市场，同一子市场具有类似需求，不同子市场之间，需求存在着明显的差别。旅游目的地的市场细分就是把旅游者(包括实际旅游者和潜在旅游者)划分成不同群体的过程，即体现旅游者分类的思想理念。

一、旅游目的地市场细分的基础

旅游市场细分既是一个理念，也是一种技术、一个市场研究过程。旅游目的地市场细分的基础主要表现在以下几方面：①旅游市场结构发生较大变化，如散客迅速增长、中年旅游者趋增、客源流向及旅游方式发生改变、买方的选择性增强等。②旅游者的社会经历、经济收入、个人兴趣爱好、受教育程度、职业、性别等不一样，旅游者表现出不同的市场需求，导致他们对旅游产品的价格、旅游目的地的类型产生差异性需求。③在同一地理条件、社会环境和文化背景下生活的人们具有相似的世界观、人生观、价值观，他们的需求特点和消费习惯大致相同。④由于受自身资源和条件的限制，任何旅游目的地都不可能向所有旅游市场提供满足一切旅游需求的产品和服务。

由于旅游市场结构发生较大变化，旅游者需求存在差异性，且旅游目的地资源和条件有限，旅游需求在某些方面又具有相对同质性，这就使得旅游目的地进行市场细分有了现实的可能，也是旅游目的地进行市场细分的基础。

二、旅游目的地市场细分指标

在一般的市场细分研究和旅游目的地市场细分研究中，常用的市场细分指标主要有地理指标、人口统计指标、心理统计学指标和行为指标。

(一) 地理指标

地理指标按照旅游者所处的地理位置来细分旅游目的地市场，以便旅游目的地营销人员从地域的角度研究细分市场的特征。地理指标是细分旅游目的地市场的基本标准，主要有以下几种形式。

1. 按照地区细分

世界旅游组织(World Tourism Organization，UNWTO)根据地区间在自然、经济、文化、交通以及旅游者流向、流量等方面的联系，将世界旅游市场细分为欧洲市场、美洲市场、东亚及太平洋地区市场、南亚市场、中东市场和非洲市场。据有关统计，欧洲和北美旅游市场国际旅游收入最高，近年来东亚及太平洋旅游市场发展速度最快。

2. 按照国别细分

按国别细分是旅游目的地国家较常用的一种细分标准。我国可将旅游市场细分为国内旅游市场、入境旅游市场、出境旅游市场和港澳台旅游市场，这种细分标准有利于旅游目的地了解主要客源国市场情况，针对主要客源市场的需求特征制定相应的营销策略，从而获取良好的营销效果。

3. 按照气候细分

各地气候不同会影响旅游者的消费，影响旅游者的流向。根据气候特点的不同，可将旅游市场细分为热带旅游区、亚热带旅游区、温带旅游区、寒带旅游区等。气候寒冷、缺少阳光地带的旅游者一般倾向于去阳光充足的温暖地区旅游，如我国北方游客多数会把海南、桂林、云南等地作为外出旅游的首选。

4. 按照人口密度细分

按照人口密度，可将旅游市场细分为都市旅游市场、郊区旅游市场、乡村旅游市场等。目前，都市旅游市场人口密度大，出游率高，出游时间集中在节假日。近年来，郊区和乡村旅游市场出游率在逐年增加，由于其出游时间相对宽松，具有较大的市场潜力。

此外，国际上还通行按照不同客源国或地区的旅游者流向某一目的地，根据占该目的地总接待人数的比例来细分市场，分为一级市场、二级市场、机会市场(也叫边缘市场)。各地旅游者的旅游需求特征不仅与其所处的地理环境和目的地地理环境的差异大小有关，还与其所在地与目的地的相对空间位置有关，以此可将旅游市场细分为远程旅游市场、中程旅游市场、近程旅游市场。

(二) 人口统计指标

人口统计指标也称人口指标、社会人口统计学指标，在众多领域被广泛应用。旅游者的人口统计指标可以表现在很多方面，如性别、年龄、收入、职业、受教育程度、家庭生命周期等，这些指标明确且具有相关性，市场细分结果也较为清晰。

1. 按照性别细分

不同性别旅游者的旅游需求存在一定的差异性。一般而言，男性旅游者独立性较强，更倾向于运动性、刺激性的旅游活动，喜好历史文化古迹，不喜欢购物；而女性旅游者偏爱购物，对价格较敏感，注重安全、卫生，家庭观念更强，对色彩和氛围的要求较高。

2. 按照年龄细分

旅游者在不同的年龄阶段，由于生理、心理、性格、喜好的变化，对旅游目的地的选择、旅游产品的类型、价格敏感度以及各种服务的要求都有很大的差异。一般按照人口年龄段，旅游市场可细分为老年人、中年人、青年人和少儿四个细分市场。老年人更加关注身体健康，因此要求旅游目的地接待设施齐全，康养类产品丰富。中年人旅游市场是潜力最大的旅游市场，中年人比较注重食宿和享乐，以观光、会议、商务旅游者居多。青年人旅游市场是一个人数众多、不容忽视的市场，时间或金钱的障碍几乎都不能遏制青年人的旅游热情。少儿旅游市场的消费水平往往高于一般成人，加上近些年对少儿教育的重视，研学旅游具有广阔的市场前景。

3. 按照收入细分

旅游者收入水平的不同，在旅游产品的选择、消费档次、休闲时间的安排、社会交际与交往等方面都会有所不同。如收入较高的人往往喜欢选择品质型旅游产品和服务，而收入较低的人通常更愿意选择经济型旅游产品和服务。正因为收入是引起需求差别的一个直接而重要的因素，旅游目的地营销主体应更加注意这一要素的价值。

4. 按照职业与教育细分

职业与受教育程度往往是相互关联的。由于旅游者职业和受教育程度的不同，其生活方式、文化修养、价值观念和审美偏好等方面也会有所不同，进而会引起对旅游产品的需求、购买行为及购买习惯的差异，一般受教育程度越高，旅游需求层次、消费品位也越高。

5. 按照家庭生命周期细分

按照年龄、婚姻和子女状况，可将家庭划分为单身期、家庭形成期、家庭成长期、家庭成熟期和家庭衰老期五个细分市场。在不同阶段，家庭购买力、家庭人员对商品的兴趣与偏好会有较大差别。如单身期旅游市场对经济型旅游产品的购买频率和需求比较高，家庭成熟期旅游市场对高档旅游产品的购买频率和需求比较高。

(三) 心理统计学指标

心理统计学指标又称社会心理学指标。基于心理统计学指标的市场细分是指对不同社会心理学特质、人格特质、生活方式和价值观的群体做出细分。同属某社会人口统计学特征群体的人可能具有非常不同的社会心理学(心理统计学)意义上的"表现"，旅游目的地可据此将旅游市场细分为不同的市场。

1. 按照生活方式细分

生活方式是指一个人怎样生活。生活方式直接表现了旅游者不同的心理需求，是影响旅游者的欲望和需要的一个重要因素。旅游目的地可按照旅游者的不同生活方式细分旅游市场，并为不同细分市场的旅游群体设计相应的旅游产品、制定不同的营销策略。美国国际斯坦福研究所将16岁以上的成年人生活方式分成了三类，即需求促使者、外界指挥者和内因指挥者。需求促使者是指绝大部分处于社会最底层的人，这类人群受人类最基本的需求所驱使，显然不是旅游目的地所要开发的市场；外界指挥者是指受相关群体影响大的人，这类人群根据所信赖人群的看法来安排自己的生活，是旅游目的地需要开发的市场；内因指挥者根据自己内心的需求和喜好生活，旅游动力更强。

2. 按照气质性格细分

气质性格是决定一个人生活方式的基础性因素，也是影响旅游动机的重要因素之一。美国学者斯坦利·帕洛格(Stanly Plog)根据人们的个性心理特点提出5种不同的心理类型，即自我中心型、多中心型、近自我中心型、近多中心型和中间型。不同的心理类型人员，其旅游爱好也不同。以此类标准细分旅游市场有利于旅游目的地开展有针对性的营销活动。

(四) 行为指标

行为是心理活动过程的结果，但比起心理活动过程，行为更具有可观察性、可衡量性和"看得见"的效益。不同的旅游者在行为上往往会有很大的差异，因此按照旅游者的行为进行市场细分是非常有效的。

1. 按照购买目的细分

按照购买目的，大体上可将旅游市场细分为度假旅游、观光旅游、会议旅游、奖励旅游、探亲访友、购物旅游、探险旅游、体育保健旅游等市场。这些细分市场由于旅游者购买目的不同，对旅游产品的需求特点也存在差异，为旅游产品的开发设计和营销组合的制定提供了依据。

2. 按照购买形式细分

按照购买形式，可将旅游市场细分为团体市场和散客市场。近年来，散客市场得到很快的发展，成为世界旅游市场的主体，其旅游形式日益复杂多样，出现了结伴同游、家庭旅游、驾车旅游、徒步旅游等形式。

3. 按照购买时机细分

按照购买时机，可将旅游市场细分为旺季、淡季及平季三个市场，也可以细分为寒暑假市场和春节、国庆节、双休日等节假日市场。

4. 按照旅游者购买旅游产品的数量与频率特征细分

按照旅游者购买旅游产品的数量与频率特征，可将旅游市场分为较少购买者、多次购买者和经常购买者旅游市场。这种分类有利于描述不同购买数量的旅游者群体在人口属性与心理方面的特征，进而剖析旅游者购买数量与频率存在差异的深层原因。

随着市场竞争越发激烈，旅游目的地营销管理人员应采取不同的营销策略，通过一系列市场营销活动来吸引客源，扩大市场占有率。

三、分析和评价细分市场

市场机会无时不在、无处不有，但通常情况下，由于受旅游资源、人力资源、时间和资金等因素的限制，任何一个旅游目的地不可能同时向所有细分市场提供自己的产品或服务，也不可能服务于某一细分市场的全体游客。因此，旅游目的地只能选择那些能带来最大利益的细分市场，为其开展最有效的服务。

一般对旅游目的地细分市场信息进行分析和评价采取定量与定性相结合的评估法。首先，进行市场潜量分析，在做这一分析时要考虑行业发展、区域经济、文化和政策等宏观层面的因素，并收集不同的旅游者数据作为参考，同时注意对数据质量的控制，客观估算市场的真实值。其次，分析各细分市场的销售增长潜力，对于已经开发的各旅游细分市场，旅游目的地营销管理人员需要对各细分市场的整体旅游消费及旅游目的地在各细分市场的销售额的增减趋势做出分析，并分别计算出相应的销售增长率，以评价各细分市场整体的旅游消费增长潜力和旅游目的地在各细分市场上的销售增长潜力。最后，对被选的细分市场进行盈利潜量测评，市场盈利潜量与市场潜量、销售潜量、经营成本和竞争态势等多种因素有关，如有的细分市场销售量大，销售额不高，而经营成本却不低，往往实际盈利也不佳。

第四节　旅游目的地目标市场选择

旅游目的地市场细分是目标市场选择的前提和基础，目标市场选择是市场细分的目的和归宿。细分出来的市场不一定都能成为旅游目的地目标市场，要想准确地判定与选择目标市场，需要营销管理人员深入分析各细分市场的具体情况，同时还要考虑营销组合在目标市场上的针对性，选择适合的细分市场作为自己的目标市场。

一、旅游目的地目标市场选择模式

由于旅游产品的不可移动性和旅游行为的移动性等特点，旅游目的地选择目标市场时必须充分考虑需求本身以外的因素，如地理位置、交通状况、气候条件、经济发展水平等。此外，旅游目的地的营销工作既要达到宣传和展示形象的作用，又要实现产品销售的目的。一般情况下，常用的旅游目的地目标市场选择模式有5种，即市场集中化模式、选择专业化模式、产品专业化模式、市场专业化模式和全面覆盖模式(见图6-3)。

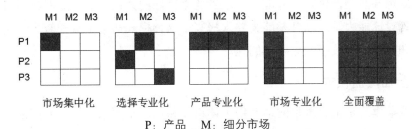

P：产品　　M：细分市场

图6-3　旅游目的地目标市场选择的5种模式

(一) 市场集中化模式

市场集中化模式是指旅游目的地营销主体立足于自身的资源及产品优势，从市场需求角度出发，将目标集中在某一特定的细分市场，只设计和生产一种旅游产品，满足某一类旅游者的需求。这种模式的优点是可以使旅游目的地营销主体更加了解细分市场，能够不断改进旅游产品，采取更有针对性、预见性、实效性的营销策略，从而实现市场占有率高、声誉好、效益佳的目标，巩固旅游目的地的市场定位。但是这种市场模式也存在较大的风险，易受外界因素的扰动，因此这种模式适合资源有限、产品相对较少、规模有限的旅游目的地。

(二) 选择专业化模式

选择专业化模式是指旅游目的地营销主体立足于自身实际生产能力，对细分市场进行分析，有针对性地选择若干个具有较好发展潜力的细分市场，设计和推出不同的旅游产品满足不同的市场需求。这种营销模式是目前普遍运用的一种模式，其优点是针对多个市场提供多种旅游产品，实行多元化经营，分散经营风险；缺点是会分散营销主体的力量，投入大，面对的竞争对手多。这种模式一般对企业规模、实力、管理协调能力和整体经营素质要求较高。

(三) 产品专业化模式

产品专业化模式是指旅游目的地集中所有的资源只设计和推出一种旅游产品，以满足不同细分市场上各类旅游群体的需求。由于面对的是不同的旅游群体，旅游目的地营销主体可以在同一种旅游产品的内涵、质量、档次等方面进行深加工，实现产品功能和潜能发挥的最大化，打造旅游精品。这种模式有利于产品的高度黏合和深度开发，较容易打造出旅游精品，树立良好的品牌形象，减少经营风险；但忽略了旅游群体的不同需求，很难让所有旅游者都满意。这种模式比较适合具有垄断性或具有明显竞争优势的旅游目的地。

(四) 市场专业化模式

市场专业化模式是指旅游目的地营销主体为了满足某个细分市场的旅游需求，设计和推出各有侧重、各成系列化的产品，以满足同一类旅游群体的各种需要。这种模式的优点是有效地分散经营风险，并能与旅游者建立良好的关系；缺点是对旅游目的地营销主体的产品设计能力及产品开发能力要求极高。这种模式适用于规模较大、资源丰富、产品设计和开发能力较强的旅游目的地。

(五) 全面覆盖模式

全面覆盖模式是指旅游目的地营销主体设计和推出不同系列的旅游产品，进行全面营销，以满足所有细分市场旅游群体的消费需求。该模式的优点是可以实现旅游产业和企业的多元化、专业化和产业化发展，效益突出；缺点是前期调研准备工作中需要投入专业的人才和团队，营销过程中需要不断地进行调整和优化营销方案，且要投入巨大的财力、人力和物力。这种模式适合于成熟的旅游目的地。

🔵 案例6-1

高质量打造世界知名旅游目的地，助力谱写中国式现代化江宁新篇章

党的二十大描绘了全面建设社会主义现代化国家、全面推进中华民族伟大复兴的宏伟蓝图，明确了"物质文明和精神文明相协调、人与自然和谐共生"等中国式现代化的本质特征，提出了"增强中华文明传播力影响力，推动中华文化更好走向世界"。

　　江宁区作为江苏和南京悠久历史人文的重要承载区、大美生态风貌的重要门户区，在多年改革创新实践中，推动旅游发展取得了全域化、系统性、突破性的成效，创成首批国家全域旅游示范区，走在了全国区县前列。

　　坚持"中国式"标准、"高质量"导向、"现代化"追求，高质量打造世界知名旅游目的地，让江宁成为展示中华文明、东方神韵、江苏风情、古都文脉的重要窗口，紧贴谱写中国式现代化江宁新篇章的部署要求，系统把握江宁建设世界知名旅游目的地的工作举措。这些工作举措如下所述。

　　(1) 以全球化视野对标革新江宁旅游发展理念：一是以全球化视野启动国际化旅游规划；二是以全球化视野探索江宁旅游对比行动；三是以全球化视野启动旅游评价体系。

　　(2) 以现代化思维激活优化江宁旅游空间布局：一是优化旅游空间结构；二是以"旅游泛在化"理念重整旅游资源；三是以"产业地标化"理念布局旅游项目。

　　(3) 以融合度提升整合优化江宁旅游经济结构：一是推动旅游业与各产业全面融合；二是推动文化和旅游深度融合；三是推动旅游市场主体广泛融合。

　　(4) 以中国式现代化标准创新提升江宁旅游治理体系：一是推进旅游治理机制国际化；二是推进旅游服务体系国际化；三是推进旅游人才的国际化培养和积聚。

　　(5) 以全球化数据平台塑造传播江宁旅游国际品牌：一方面，编织全球联合新闻媒体平台、旅游大数据宣传网络，将世界知名旅游目的地营销纳入江宁城市营销整体框架之中；另一方面，搭建全网旅游营销体系。

　　(6) 以共同体意识协力织造江宁旅游幸福图景：一是营造人与自然和谐的生态旅游；二是打造主客共享的旅游场景；三是搭建交流互鉴的旅游桥梁。

(资料来源：黄震方，贡清，陈敏，等. 高质量打造世界知名旅游目的地，助力谱写中国式现代化江宁新篇章[N]. 中国旅游报，2023-08-11. 有删减)

　　思考：江宁区高质量打造世界知名旅游目的地的举措有哪些？

二、旅游目的地目标市场营销策略

(一) 无差异市场营销策略

　　无差异市场营销策略是指旅游目的地营销主体不考虑旅游市场不同旅游者的需求差异，将全部市场视为一个同质的目标市场，求同存异，设计和推出一种旅游产品，运用统一的旅游市场营销组合，为满足旅游者共同的需求而服务，如图6-4所示。采取这种策略可以有效地控制营销成本，树立旅游目的地形象，易于形成品牌优势，规模效益显著，但由于没有考虑需求的差异性，对市场需求变化不敏感，容易造成产品滞后，市场适应能力差，一旦有其他营销主体采用此策略，竞争将会非常激烈。

图6-4　无差异市场营销策略

无差异市场营销策略主要适用于市场上供不应求或竞争较弱的旅游产品。事实上，随着社会经济的发展，旅游者的个人兴趣及生活方式不断发生变化，旅游者多样性的旅游需求日益增长，旅游目的地采用此策略的机会越来越少。

(二) 差异性市场营销策略

差异性市场营销策略是在市场细分、立足自身资源实际情况的基础上，从中选择两个以上的细分市场作为自己的目标市场，针对不同细分市场的需求特点，设计和推出不同的旅游产品以及制定不同的营销组合，凭借旅游产品与市场的差异化，获取最大的销售量，如图6-5所示。差异性市场营销策略在本质上是一种从产品到市场再到营销的多元化的战略。采用这种策略可以更好地满足各类旅游者的不同需求，提升产品和旅游目的地的形象，培育品牌忠诚度，增加旅游者重复购买的次数，进而增强旅游目的地市场竞争能力，降低经营风险。这种策略的缺点是人、财、物和资源分散经营，使旅游目的地营销主体管理难度加大，影响某些优势的发挥，增加运营成本和经营费用，难以形成产品销售的规模经济效益。

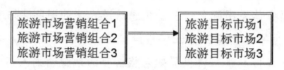

图6-5　差异性市场营销策略

旅游目的地采取此种营销策略时，必须对细分市场进行科学、精准的分析，必须保证所选定的目标市场在实施此策略后的增加收益要大于营销总成本增加费用。起步发展期的旅游目的地、实力较弱的旅游目的地一般不宜采用此策略，此策略适用于规模大、资金雄厚的旅游目的地营销主体。

(三) 集中性市场营销策略

集中性市场营销策略是指旅游目的地在市场细分的基础上，选择一个特定的子市场，集中自身资源和全部营销力量实行高度的精确化、市场化和专业化的经营，充分满足旅游者特定的需求服务，使自己的旅游产品在目标市场上迅速树立形象，提高市场占有率，扩大市场份额，如图6-6所示。

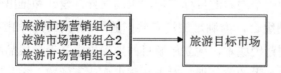

图6-6　集中性市场营销策略

采取这种策略能充分发挥旅游目的地的优势，使旅游目的地在特定市场上具有较强的竞争力，其优点有三个：第一，由于营销对象集中，能够比较仔细地分析和研究消费者特征，推出满足旅游者需求的产品，有利于经营项目的专业化；第二，旅游目的地实行专业化、批量化生产，在单一化、较小范围的市场上活动，可以降低生产成本和营销费用；第三，针对性强，容易形成产品的经营特色，可以创品牌，增加销售量，提高利润率。这种策略的缺点是过分依赖小部分市场生存，旅游目的地发展受限制，且运营风险较大，一旦目标市场突然发生变化，很可能使旅游目的地因没有回旋余地而陷入困境。该策略比较适用于拥有独具特色的旅游资源、能吸引一定类型旅游者前往的中小型旅游目的地。

三、旅游目的地目标市场营销应注意的其他因素

旅游目的地选择目标市场并采取相应的营销策略时，除了要考虑旅游市场宏观环境因素的影响之外，还应当注意以下因素。

(1) 旅游目的地自身资源。资源多少是营销者应当首先考虑的主要因素，它对于选择目标市场的大小具有决定性影响。

(2) 旅游目的地自身实力。如果旅游目的地自身实力强，可以大手笔运作；如果实力较弱，则需谨慎决策。

(3) 市场特点。根据旅游市场需求状况、购买能力及对营销方式的要求，选择不同的营销策略。

(4) 供求状况。根据市场是供不应求还是供大于求，选择不同的营销策略。

(5) 产品特性。对于同质性产品或差异性较大的产品，适宜采取差异性市场营销策略或集中性市场营销策略。

(6) 生命周期。根据旅游产品处于不同的生命周期，采取不同的营销策略。

(7) 对手策略。分析竞争对手的实力及营销对策之后，决定旅游目的地自身的营销策略。

(8) 社会责任。在选择目标市场并展开营销时，必须充分考虑和承担起相应的社会责任，尤其是道德责任，避免引起争议。

第五节　旅游目的地营销组合策略

旅游目的地营销组合是根据目标市场的需要，全面考虑旅游目的地的发展目标、旅游资源以及外部环境等因素，对自身可控制的各种营销因素(产品、服务、价格、渠道、宣传等)进行优化组合和综合运用，以满足目标市场的需要，实现旅游目的地营销目标。下面介绍几种典型的营销组合策略。

一、营销组合的4P策略

1960年，麦卡锡(McCarthy)在《基础营销》一书中提出了著名的4P组合，然后全世界的市场营销者开始使用这个模型。麦卡锡认为，企业从事市场营销活动，既要考虑各

种外部环境，也要制定市场营销组合策略，通过策略的实施，适应环境，满足目标市场的需要，实现企业的目标。

4P理论是营销策略的基础，4P是指产品(product)、价格(price)、渠道(place)和促销(promotion)。产品是满足消费者需求的物品，可以是有形产品，也可以是无形的服务；价格是消费者愿意支付产品的费用；促销代表市场营销者使用的沟通方式，可以让不同的群体了解产品，促销一般包括广告、公共关系、个人销售和销售促进；渠道主要包括分销渠道、仓储设施、运输设施和库存控制。

旅游目的地营销主体运用4P理论时要注意以下几点：①旅游产品要有独特的卖点，注重旅游产品的功能，把旅游产品的功能诉求放在第一位；②旅游目的地营销主体要重视对旅游中间商的培育和销售网络的建立；③促销应包括品牌宣传(广告)、公关、推广等一系列的营销行为。

二、营销组合的4C策略

随着市场竞争日趋激烈，媒介传播速度越来越快，4P理论越来越受到挑战。1990年，美国学者罗伯特·劳特朋(Lauterborn)教授在其《4P退休4C登场》中提出了4C营销理论。以消费者需求为导向，重新设定了市场营销组合的4个基本要素，即顾客(customer)、成本(cost)、便利(convenience)和沟通(communication)。顾客主要指顾客的需求，顾客是企业一切经营活动的核心，企业必须首先了解、研究和分析顾客的需要与欲求，根据顾客的需求来设计和提供产品；成本指企业的生产成本和消费者的购物成本，购物成本不单指购物的货币支出，还包括顾客的购买成本(时间成本、体力成本、精力成本和风险承担)；便利指最大限度地便利顾客，通过售前、售中和售后服务让顾客在购物的同时，也享受到了便利；沟通指企业应通过同顾客进行积极有效的双向沟通，建立基于共同利益的新型企业、顾客关系。

4C理论将"以旅游者为中心"作为一条红线，贯穿于旅游目的地营销活动的整个过程，既考虑旅游者为满足需求而愿意支付的"总成本"，又考虑旅游者的"易接近性"这一因素，同时注重与旅游者的沟通，有利于旅游目的地的长期发展。

三、营销组合的4R策略

4R营销理论是由美国学者唐·舒尔茨(Schultz)在4C营销理论的基础上提出来的，4R分别指代关联(relevance)、反应(reaction)、关系(relationship)和回报(reward)。该营销理论以关系营销为核心，注重企业和客户关系的长期互动，重在建立顾客忠诚的一种理论。关联，即认为企业与顾客是一个命运共同体，建立并发展与顾客之间的长期的、较稳固的关系是企业经营的核心理念和最重要的内容；反应指市场反应速度，企业应对瞬间多变的顾客需求迅速做出反应，从推测性商业模式转变为高度回应需求的商业模式；关系指企业营销是一个与消费者、竞争者、供应者、分销商、政府机构和社会组织发生互动作用的过程；回报指企业的利润通过营销来实现，又必须将营销回报惠及与企业发展相关各方，强调合理回报是处理营销活动的关键，也是营销的最终目的。

随着市场的发展，旅游目的地营销主体需要从更高层次上以更有效的方式在企业与旅游者之间建立起有别于传统的新型的主动性关系，着眼于企业与顾客的互动与双赢，并在此基础上获得更多的市场份额，形成规模效益和竞争优势。

四、营销组合的4S策略

4S营销理论指满意(satisfaction)、服务(service)、速度(speed)和诚意(sincerity)，主要强调从消费者需求出发，建立起一种"消费者占有"的营销导向。它要求企业针对消费者的满意程度对产品、服务、品牌不断进行改进，以实现服务品质最优化、消费者满意度最大化，进而使消费者对企业产品产生忠诚感。满意指顾客满意，强调企业要以顾客需求为导向，以顾客满意为中心，要把顾客的需要和满意放在一切考虑因素之首；服务指随时以笑脸迎接客人，因为微笑是诚意最好的象征；速度指不让顾客久等，能迅速地接待顾客、办理业务，只有最快的速度才能迎来最多的顾客；诚意指以他人利益为重，以具体化的微笑与速度行动来服务客人。

4S要求旅游目的地营销人员实行"温馨人情"的旅游者管理策略，用体贴入微的服务来感动旅游者，同时要求旅游目的地树立起一定的企业文化，为旅游者提供最好的服务，使旅游者满意，进而使旅游者认可目的地品牌。

五、营销组合的4V策略

进入20世纪90年代以来，高科技产业迅速崛起，互联网、移动通信工具、发达的交通工具和先进的信息技术，使整个世界俨然成为人类的"地球村"。在这种背景下，营销观念、营销方式也不断地丰富与发展，并形成独具风格的4V营销理论。4V是指差异化(variation)、功能化(versatility)、附加价值(value)、共鸣(vibration)的营销组合理论。差异化指顾客是千差万别的，在个性化时代，这种差异更加显著。功能化指一个企业的产品在顾客中的定位有三个层次，一是核心功能；二是延伸功能；三是附加功能。附加价值由技术附加、营销或服务附加、企业文化与品牌附加三部分构成。共鸣强调将企业的创新能力与消费者所珍视的价值联系起来，通过为消费者提供价值创新使其获得最大程度的满足。

首先，4V营销理论要求旅游目的地营销主体强调实施差异化营销，满足旅游者个性化的需求，树立自己独特的形象；其次，要求旅游产品或服务具有更大的柔性，能够针对旅游者具体需求进行组合；最后，要重视旅游产品或服务中的无形要素，通过品牌、文化满足旅游者的情感需求。

六、营销组合的4I策略

在注意力经济时代，如何让产品引起消费者注意是营销活动中最重要、最基本的问题，网络整合营销的4I原则给出了最好的指引。4I原则即兴趣原则(interesting)、利益原则(interests)、互动原则(interaction)及个性化原则(individuality)。兴趣原则指在营销活动中加入趣味性的内容，增加消费者参与营销活动的主观意愿；利益原则指给消费者提供经济上的利益和心理上的利益；互动原则一般包括用户与用户之间的互动，也包括用户与平台之间的互动；个性化原则强调充分关注每个消费者的个性，识别每个消费者的个性化需要，并做出营销反应。

4I原则要求旅游目的地的营销活动要侧重与旅游者的互动，吸引旅游者的注意力，重视旅游者个性化的需要，通过互动交流引导旅游者对旅游目的地及旅游产品产生认同感。

案例6-2

宁夏创新"文旅＋葡萄酒"营销模式实现新成效

宁夏回族自治区文化和旅游厅将葡萄酒产业发展作为推进文化和旅游产业高质量发展的内核之一，充分发挥葡萄酒产业在生态观光游、休闲度假游、高端体验游和拉动消费中的独特优势，在创新营销模式、实施精准营销上下功夫，着力构建多载体、多层次、多渠道的营销网络体系，不断推动宁夏这张"紫色名片"走出国门、走向世界，为宁夏打造大西北旅游目的地、中转站和国际旅游目的地积蓄强劲动能。

一是搭建营销阵地。贺兰山东麓葡萄酒是在全国最具唯一性，立足这一共识，将葡萄酒作为文化和旅游IP，进一步整合力量，在银川河东机场等重点区域设立葡萄酒品牌宣传阵地。

二是创新营销模式。宁夏回族自治区文化和旅游厅联手22个县(市、区)，融合全媒体力量，创新开展"晒文旅·晒优品·促消费"，即"两晒一促"大型文化和旅游推介活动，全方位、多角度展示了葡萄酒、枸杞、滩羊等特色优势资源。

三是构建营销格局。按照"葡萄酒市场开拓到哪、高铁开通到哪，营销宣传就跟进到哪"的原则，在全国重点客源地和城市宣传营销中，宁夏回族自治区文化和旅游厅加强与农业农村厅、葡萄酒局合作，将葡萄酒与文化和旅游组团营销，相互借力，互为促进，做到共用一个品牌、共推一个IP、共享一个平台、共树一个形象。

(资料来源：宁夏回族自治区文化和旅游厅)

思考：宁夏打造"紫色名片"采取了哪些创新营销模式？在具体营销环节中，如何做到诚信营销？

第六节　旅游目的地新媒体营销管理

新媒体包含的内容十分丰富，其互动性强、信息及时性强，同时新媒体传播效率不断提升，传播成本逐渐降低，因此在营销中占据重要地位，备受业界重视。新媒体营销是指利用新媒体平台进行营销，借助互联网媒介，如搜索引擎、微博、微信、播客、App等，对用户群体进行精准性引导的一种营销模式。新媒体营销为旅游目的地与游客之间架起了一座沟通的桥梁，通过双向交流，能更好地了解市场，满足旅游者的需求，可以使旅游目的地营销主体与旅游者之间建立长期友好的关系。

一、新媒体营销运营模式

(一) 行业平台模式

行业平台模式是指营销方人员通过计算机网络技术建立PC端网站或手机端App，提供商家与客户之间的对接服务。这种模式是把平台作为一个中间方，使商家和消费者在此平台上达成交易，通过收取服务费、广告费等费用获利。具体的营销模式有建立网站、开发手机App以及微信小程序等，根据特征、用途、品牌等条件对行业产品进行有效分类，方便消费者进行搜寻。同时平台还可以和商家合作，推出本平台独有的内容与优惠，吸引客户，实现共赢。

(二) 线上+线下模式

线上+线下模式，即O2O(online to offline)模式，是指线上利用新媒体进行营销与宣传，线下提供与之相匹配的产品与服务。此种模式充分利用了线上线下的优势，即线上资源丰富，推广力度大，范围较广，线下消费者可以亲身体验产品与服务，获得安全感。此模式要求线下提供的产品、服务与线上营销宣传保持一致，切不可欺骗旅游者，否则会失去旅游者的信任。运用该模式要注意各媒体平台之间内容的差异性与相关性，同时也要注意营销的效果。

(三) 自媒体模式

自媒体模式主要可以分为个人账号和企业账号，具体是指个人或企业首先在相关新媒体App上申请账号，然后在账号里发布优质内容，吸引平台用户的注意，使用户产生兴趣。被吸引过来的用户逐渐成为该账号的粉丝，而某些粉丝便会转化为消费者。因此，运行出色的自媒体，不仅粉丝数量多，还深受信任，粉丝变现能力强，这样也会使自媒体营销获得成功。

知识链接6-1

二、旅游目的地新媒体营销的主要形态

(一) 微博营销

微博营销指通过微博平台为商家、个人等创造价值而执行的一种营销方式，也指商家或个人通过微博平台发现并满足用户的各类需求的商业行为方式。该营销方式注重价值的传递、内容的互动、系统的布局、准确的定位。旅游目的地运用微博营销应设立独

立的部门、机构，以分析微博营销效益为基础，加强自身品牌建设，同时成立相应的监督机构，结合自身技术与目标战略，制定相应监管体系，以保障微博营销的有效性、高效性及时效性。

(二) 微信营销

微信是现代化社会交互性最广的新媒体之一，微信朋友圈的营销传播如今十分普遍，可以使看到的人数呈几何式增长，极大地扩大了传播范围。微信公众号需要相关专业人员的设计运营，有重点地发布优质内容吸引用户的关注，重视与粉丝互动，提高粉丝的积极性与参与度，增强变现能力。现阶段我国许多旅游目的地运用微信公众号营销，其便捷性、时效性上具有一定的优势。旅游目的地营销主体要深刻认识到微信的新媒体价值，这种价值不仅体现在广泛使用率上，更体现在影响范围上。此外，营销主体还应注意深度挖掘文化基因，增加内容的文化性和趣味性，增强对潜在游客的持续黏着度，激发潜在游客成为持续发布源的可能性。

(三) 短视频App营销

短视频是网络新媒体传播的重要形式。近年来流行的抖音、快手、B站等短视频App在消费者心中占据重要地位，由于其视频时间短、节奏快，加之代入感和体验感极强，得到了各平台粉丝的青睐。这种营销的主要特点在于洗脑的音乐和有趣的内容，这种"上头"的营销十分容易引起病毒式传播，引领流行趋向。旅游目的地应重视短视频的投入力度，同时结合市场的发展把握整体方向，集中优势资源提升产品品质，打造网红景点。旅游目的地短视频营销制作过程中应建立自身粉丝群体，强化目的地品牌宣传度、推广度，迎合市场需求，拓宽营销渠道，培育粉丝社群。

(四) 直播营销

直播营销是指在现场随着事件的发生、发展进程，同时制作和播出节目的营销方式。作为体验式共享经济的产物，直播营销以其直观性、互动性、代入感和娱乐性强的特点，成为多媒体化营销的典范。旅游目的地想要搭上直播这趟快车，一是开通各个平台的官方账号；二是邀请网红做噱头、游景区；三是邀请明星直播一段旅游体验；四是做好直播平台优质旅游达人的筛选，以及审核节目策划的基础内容的植入。

三、旅游目的地新媒体营销的创新

(一) 营销手段柔和

新媒体下的旅游目的地营销不同于传统的产品推销，而是更加委婉地进行目的地品牌营销，即以一种更人性化的方式，循序渐进地对旅游者产生影响。旅游者对信息进行选择与接收，不再处于一种被迫接受的状态，而是掌握自主权，通过合理选择来获得更好的旅游体验。

(二) 营销形式多元化

新媒体让旅游目的地摆脱了之前营销形式的单一性，可以有更多的选择，以多样化的宣传形式展现自身特色，使旅游目的地更具吸引力。此外，除了旅游目的地利用新媒体技术进行的自营性营销外，旅游者利用自媒体进行的口碑性营销也成为目的地营销的一大特色。

(三) 营销内容共创共享

新媒体下的旅游目的地营销更加注重与旅游者的沟通交流，致力于为旅游者提供优质的旅游体验，以此来赢取旅游者的关注度和忠诚度。随着社会的发展，旅游者的个性化需求日益突出，众多旅游目的地都意识到营销内容不能仅仅依靠营销团队完成，还要更多地融合旅游者的想法和创意，使旅游者成为营销团队的一员，构建互帮互助的双向沟通渠道，以满足旅游者的各种需求，提高旅游体验质量。

本章小结

本章首先介绍了旅游目的地营销管理概述、旅游目的地营销环境分析、旅游目的地市场细分基础及市场细分指标；其次介绍了旅游目的地目标市场选择模式、旅游目的地目标市场营销策略；再次介绍了旅游目的地营销组合策略；最后介绍了新媒体营销管理。

复习思考题

1. 如何分析旅游目的地营销环境？
2. 常用的旅游目的地市场细分指标有哪些？
3. 试说明旅游目的地目标市场选择模式和营销组合策略。
4. 旅游目的地如何运用新媒体进行营销？

第七章 | 旅游目的地品牌形象管理

学习目标

知识目标：了解旅游目的地品牌形象内涵，掌握旅游目的地品牌形象定位与口号设计，理解旅游目的地品牌形象设计与塑造过程，掌握旅游目的地品牌形象传播与推广策略。

能力目标：能够结合旅游目的地市场的发展现状和存在问题提出旅游目的地品牌形象塑造策略和营销策略。

素质目标：在了解和掌握旅游目的地市场、旅游目的地品牌形象建设和营销管理基本知识的基础上，结合我国目前旅游发展大趋势，分析如何更好地营销旅游目的地，促进旅游目的地品牌形象的建设和可持续发展。

案例导入

百里杜鹃着力塑造"花间阡陌·山水归程"文旅品牌形象

贵州百里杜鹃景区依托其优质的花海景观资源和生态环境资源，立足"花期之外、花区之外"，不断突破发展瓶颈，积极促进旅游业态从单一的观光游向复合型的康养度假游转型，全力打造花海康养度假旅游目的地，持续叫响"花间阡陌·山水归程"文旅品牌，成为"洞天福地·花海毕节"一张最靓丽的名片。

2021年以来，百里杜鹃管理区以建设"花海康养度假旅游目的地"为核心，努力践行"绿水青山就是金山银山"发展理念，坚持"二二四三三"旅游发展思路，真正把大旅游产业打造成实现"两山"转换的大通道，以高品质旅游助推经济高质量发展，为建设贯彻新发展理念示范区中提供有力支撑。

百里杜鹃管理区重点弥补"花期之外·花区之外"产业短板，景区在温泉度假、乡村旅游点培育方面持续发力。在温泉度假方面，景区打造了彝山花谷大康养旅游度假区温泉组团，花舍锶锂温泉酒店、初水花源温泉酒店、濯缨谷温泉民宿等已成为百里杜鹃康养旅游的新增长点；在乡村旅游点培育方面，建设一村一品、一村一景、一村一韵的魅力乡村，同时紧扣"康体运动"主题推出跳花坡康体运动度假区，实现户外运动、研学、康养一体化发展的旅游度假景区。

（资料来源：贵州省文化和旅游厅）

思考：如何塑造旅游目的地品牌形象？

第一节　旅游目的地品牌形象内涵

随着全球旅游业的蓬勃发展，国内旅游业发展日益成熟，旅游目的地争夺客源的竞争日趋激烈，品牌建设成为旅游目的地塑造本地鲜明旅游特色，在众多竞争对手中脱颖而出的重要手段。从国外的"百分之百纯净新西兰""不可思议的印度"，到国内的"好客山东""大美青海"，旅游目的地品牌建设越来越成为国内外旅游业提升竞争力的重要手段。独特而鲜明的品牌形象能使旅游目的地在众多竞争者中脱颖而出，从而获得地方旅游发展的竞争优势和发展机会。

一、旅游目的地品牌形象概述

形象(image)是具有模糊、多变概念的一个术语，在不同的环境和学科中使用，会产生不同的含义。在心理学上，形象是指一种视觉再现；在行为心理学上，形象的概念要更为全面，包括所有相关的印象、知识、情感、价值以及信念等；从营销学的概念上来说，形象是指能够强调和表现形象并与顾客行为建立联系的一些属性特征。总体来说，形象是存在于人们心目中的、通过感知活动所获得的对某一事物的看法、印象和总体评价，表示主体对客体的认同程度。

消费者对品牌的认识、评价与联想等形成了品牌形象(brand image)。品牌形象，是指企业或某个品牌在市场上所表现出的个性特征，它体现公众特别是消费者对品牌的认知与评价。

旅游目的地品牌形象是指旅游目的地在推广自身形象的过程中，根据旅游目的地的发展战略定位将其核心概念传递给社会大众并得到社会认可的总体印象。旅游目的地品牌形象的定义至少包括以下三层含义：旅游目的地品牌形象是一种标识，但绝不仅仅只是一种标识；旅游目的地品牌形象是旅游者心中被唤起的想法、情感和感觉的总和；旅游目的地品牌形象是目的地与旅游者之间的一种契约，是目的地能给旅游者带来独特体验的一种利益承诺，也是一种对品质、品位和情感的长期承诺。旅游目的地品牌形象主要受可用的信息的限制，因为人们把形象建立在他们对实际旅游经历的反映上，形象随信息的变化而改变。

二、旅游目的地品牌形象特点

(一) 综合性

旅游目的地品牌形象受到外观设计、环境氛围、服务质量、园林绿化、地理位置、人才储备、技术力量、工作效率、福利待遇、公共关系、管理水平和方针政策等因素的影响。旅游目的地与公众的关系是影响旅游目的地品牌形象的一个重要因素，协调两者关系是塑造良好形象的有效途径。又因为每个旅游者的文化背景、旅游信息的获取方式与充分程度、旅游经历与旅游偏好等不同，对同一旅游目的地产生感知认识也不同，所以形成的旅游目的地品牌形象是多元的。但是，对旅游规划和旅游地来说，大量的个体形象形成的类型化的公共或公众形象才是有意义的，因此怎样抓住人们对旅游目的地认识的共性，使人们对旅游目的地有一个趋同的看法是值得重视的。

(二) 稳定性

旅游目的地品牌形象一旦形成，便会在旅游者心目中产生印象。一般来说，这种印象所积累成的形象具有相对的稳定性，其实质是旅游地的独特性文化内涵受到某类市场上共同稳定的认可，使"旅游目的地成为该类市场的身份区"。世界旅游业发达的国家和地区都具有鲜明的旅游形象，如西班牙拥有"黄金海岸"、瑞士被誉为"世界公园"，我国的"桂林山水甲天下"、"昆明天天是春天"、大连"北方明珠，浪漫之都"、成都"天府之国，璀璨明珠"等形象，也在旅游者心中留下了根深蒂固的印象，很难改变。

(三) 可塑性

旅游目的地品牌形象相对稳定，但不是一成不变的。旅游目的地品牌形象的改变是一个缓慢的渐进的过程。甘恩认为，除了亲身的旅游经历外，还可通过长期的人的社会化过程形成关于某地的原生形象，通过旅游地的促销、广告、公关活动等有助于形成该地的"诱导形象"。事实上，旅游的预先销售性质决定了通过旅游地信息的筛选传递能对旅游者实施诱导，对新兴旅游目的地更是如此。例如杭州"浪漫之城"的主题形象主要通过历史上与西湖相关的动人故事和现代举办的系列活动为主要传播途径。旅游地品牌形象的可塑性表明，必须高度重视和科学塑造旅游地品牌形象，重视正面和积极品牌形象的树立，同时对旧有的过时的形象必须重新塑造。

三、旅游目的地品牌形象管理原则

随着市场竞争的日趋激烈，旅游目的地必须打造和维持独特性的品牌形象已成为一种共识。旅游目的地在品牌形象管理过程中要遵循一定的原则，同其目标市场建立一种难以取代的情感联系，从而形成竞争优势。

(一) 长远规划原则

良好的具有动态变化性的旅游目的地品牌形象管理目标的设定，一方面为后续的品牌核心价值规划、品牌系统规划以及品牌延伸战略等工作提供指导方向，另一方面也为日常的品牌管理、营销活动提供依据，具有长远的规划价值目标。同时需要指出的是，对于旅游目的地品牌形象的长期目标设定与管理可以以定性的方式来实施，但是必须把品牌形象长期目标分解，甚至设定品牌形象长期目标分阶段完成的标准，提升旅游目的地品牌形象管理的科学性。

(二) 科学管理原则

旅游目的地品牌形象管理的流程以及内容的设定必须根据现实情况的变化，随时做出调整。在对旅游目的地品牌形象进行管理的时候，不能忽视品牌形象管理的各个主体，考虑多方利益，从旅游目的地的整体发展角度出发，合理配置资源，合理定位旅游目的地品牌形象。

(三) 持续建设原则

旅游目的地品牌形象管理目标的制定要以目的地旅游产业外部环境为依据，空洞的品牌目标对旅游目的地品牌传播、营销策略等实际操作没有什么指导价值。要在科学、系统品牌诊断和内外部研究的基础上，进行品牌愿景规划和品牌目标的设定，坚持持续建设的原则、可持续发展的原则，从整体上把控旅游目的地品牌管理，同时对品牌形象管理的各个流程把控要具有远见性，目标的设定要从市场未来发展的角度出发，使品牌形象的建设具有一定的连贯性。

案例7-1

迪拜：打造全球旅游消费中心

迪拜是阿拉伯联合酋长国人口最多的城市，还是中东地区的经济金融中心，也是中东地区旅客和货物的主要运输枢纽。迪拜打造全球旅游消费中心的措施有以下几个。

1. 推动旅游软硬件设施全面升级

在打造全球旅游消费中心的过程中，迪拜致力于推动旅游软硬件设施全面升级。一方面，迪拜在基础设施建设方面投入巨资，如成立阿联酋航空公司、建设迪拜国际机场等，如今迪拜已成为全球航空业的中心，便利的交通为迪拜打造国际消费中心提供了良好的先决条件。迪拜政府还打造了一批以帆船酒店、亚特兰蒂斯、太阳之门沙漠酒店为代表的豪华酒店。如今，不胜枚举的豪华度假村和五星级酒店已成为迪拜的标签之一。

在软件服务方面，迪拜对不少国家旅客采取了免签、落地签等方式，不断强化机场通关便利；酒店设置了旅游专柜，为宾客提供多元化的出行服务；商场内设置了银行、电信运营商甚至移民局的办事柜台，游客可以在休闲购物的同时，办理延期签证、外币兑换等业务。

2. 打造高端消费中心品牌形象

在塑造全球高端旅游消费品牌的过程中，迪拜政府采取了大量创新且大胆的营销理念。世界第一高楼、世界最大的人工岛、世界最大的购物中心、世界最大的音乐喷泉、世界唯一能取出黄金的ATM机……正是这些敢为人先的营销理念，使得迪拜曝光率大幅提升，并在全球消费者心中树立起了独一无二的城市形象。

3. 体育消费成为城市发展新名片

针对旅游产业的关联产业，迪拜政府在体育领域也加大了投入。近年来，迪拜政府以"城市赞助商"的身份频繁登上各大国际赛事的赞助商名单。每年固定在迪拜举行的大型国际赛事包括渣打迪拜马拉松、迪拜网球冠军赛、迪拜赛马世界杯等7个顶级赛事，吸引了近七成的迪拜体育赞助商，为迪拜带来了可观的流量与收入，也让体育消费成为迪拜城市发展的新名片。

(资料来源：汪慕涵. 迪拜：打造全球旅游消费中心[EB/OL](2022-11-08)[2023-08-30]. https://www.yidaiyilu.gov.cn/p/288474.html.)

思考： 结合案例分析旅游目的地形象塑造的关键因素。

第二节　旅游目的地品牌形象定位

品牌形象定位是旅游目的地品牌形象塑造的关键和难点，是确立品牌个性的策略设计。旅游目的地的品牌形象定位直接影响着该区旅游业的发展，在定位的过程中，要注意旅游目的地与周边资源的区别，最好可以抢占独特的品类，争取在众多的旅游目的地中脱颖而出。因此，旅游目的地品牌形象定位要从整体上把握并综合分析历史、风俗、文化、宗教等要素，深入挖掘旅游者对本地旅游资源内在的、深层的本质需求，树立起具有吸引力的独特价值形象。

一、旅游目的地品牌形象定位步骤

通过对目的地形象进行综合、全面、客观的评估，提炼和确定品牌核心价值，并在此基础上进行品牌形象定位。形象评估、确定品牌核心价值、形象定位构成品牌定位的基本步骤，缺一不可。

(一) 形象评估

形象评估是进行品牌定位的前提和必要步骤。成功的旅游目的地品牌必须反映特定旅游者、受影响者以及其他利益相关者的诉求，因此形象评估必须能够有效地评价旅游目的地的现有形象。形象评估的目的是通过调查，找出目的地自我形象与旅游者感知形象的共同点，之后通过品牌构建进行形象修正，最终使得旅游者心目中的形象与目的地的宣传形象一致。

旅游目的地的形象评估因涉及的范围广，内容较多，具体可从以下几个方面展开：①旅游目的地地脉、文脉、史脉的分析；②旅游目的地客观形象的分析；③现有、潜在旅游者以及其他利益相关者对旅游目的地形象的认知等。

(二) 确定品牌核心价值

品牌定位的关键在于确定目的地品牌的核心价值，核心价值必须要能够体现品牌的独特卖点，它应该持久、相关、易于传播、对潜在的旅游者具有突出价值，因此需要考虑品牌与旅游者之间的相关性、品牌的新颖性以及与竞争对手相比的差异性。同时，品牌的核心价值要尽可能地获得所有的利益相关者以及潜在旅游者的认同，并通过产品以及各种市场宣传手段来体现。

核心价值应清晰地表达目的地的愿景，并且在品牌营销中坚持一致性的原则。例如，西班牙的品牌形象从"太阳下的一切"到"生活的激情"再到"精彩西班牙"，品牌形象逐步升级，却从不与其品牌核心价值相违背。

(三) 形象定位

形象定位是旅游地的主题生命，是形成竞争优势和垄断有力的工具，旅游作为一项大众化、审美化的经济文化参与活动，旅游形象便成了关系其旅游业繁荣的关键心理指标。

目的地品牌设计的核心应当是解决目的地形象的基本定位问题，即目的地将在旅游者心目中树立并传播怎样的一种形象。形象定位准确与否直接决定了品牌能否有效地执行品牌功能，向消费者传递出正确的信息，并最终获得品牌溢价。可以从以下几个方面把握形象定位：①目的地的地脉、文脉等是形象定位的根本；②目的地形象要具有自身特色和一定的排他性；③目的地形象要与目的地发展现状及愿景相契合；④根据时代特点对目的地形象进行创新和发扬。

总而言之，目的地品牌定位的关键在于对目的地核心价值的分析，而核心价值的分析不仅要考虑目的地资源禀赋，还应该考虑旅游者需求。其中，目的地资源禀赋的分析可以依托专家判断，而旅游者需求需要经过问卷调查、网络调查等实证分析。

二、旅游目的地品牌形象定位原则

(一) 区域性原则

旅游目的地的发展离不开它生存与依赖的特定空间，因此，在进行品牌形象定位时，一是要做到立足本区域，从区域的角度出发；二是要树立整体的原则，以最佳的方式将品牌形象定位融入与之相关的更大的区域中，这样能让本区域旅游目的地借助更大范围的旅游区域对外树立品牌优势，扩大影响力，同时还能共享更大区域中的旅游基础设施。因此，在进行旅游目的地品牌形象定位时，要充分考虑旅游目的地的地理资源环境、历史传统、经济发展状况、文化特征等诸多因素，只有这样，才能使品牌形象具有不可替代的地域特性。

(二) 资源性原则

资源禀赋是旅游目的地品牌形成和定位的基础，特别是那些特色明显的唯一性资源更是进行品牌定位的根本。旅游资源可以分为有形资源和无形资源两种，有形资源如自然资源等所表现出来的特征共同造就了旅游目的地形象定位的"地脉"；无形资源如传统历史、文化等共同构成了旅游目的地形象定位的"文脉"。因此，应立足旅游资源，充分把握具有市场开发潜力且特色明显的唯一性资源。

(三) 系统性原则

系统性原则要求旅游目的地在进行品牌形象定位时，既要树立系统且整体的观念，也要体现旅游资源的多样性特征和旅游客源市场的多层次性特征，力求从多层次、多侧面来反映旅游目的地的整体特征，同时要求旅游目的地在进行品牌形象定位时考虑不同的发展阶段、不同的市场需求。因此，旅游目的地的品牌形象定位不能太具体，应着眼于整体，并从多层次上表现出多个支撑形象来进行完善与深化。

(四) 竞争性原则

竞争性原则是旅游目的地参与市场竞争的直接体现。旅游目的地要想在竞争中处于有利地位，在进行品牌形象定位时就必须要进行竞争性分析。在现实中，旅游目的地的品牌形象不仅要受上一级区域旅游的影响，还要与同类品牌定位的旅游目的地竞争，因此，旅游目的地首先要对区域内的资源要素有全面的认识与了解，然后在区域对比的基础上，找到特色鲜明且具有唯一特性的资源或者产品来进行品牌形象定位，最大限度地发挥竞争优势，从而在竞争中占据优势位置。

三、旅游品牌形象定位方法

(一) 领先定位法

领先定位法适用于那些独一无二的，具有垄断性的旅游资源。一般来讲，人们对"第一""唯一"或者"之最"的事物普遍具有好奇和崇拜的心理，领先定位法正是利用这种心态来吸引游客。例如，江西华西村的"天下第一村"，广西桂林的"桂林山水甲天下"，稻城亚丁的"最后的香格里拉"，洛带古镇的"中国西部客家第一镇"，九寨沟的"九寨归来不看水"，都是通过突出唯我独有、中外闻名的旅游吸引物进行领先定位的。

(二) 比附定位法

比附定位法是指通过与竞争品牌的比较来确定自身市场地位的一种定位策略，即并不试图去占据旅游者心中形象的最高处，而是比附于原有的形象之下，不与目前第一品牌正面交锋。比附定位法实质是一种借势定位，借竞争者之势，衬托自身的品牌形象。例如，牙买加将其形象定位为"加勒比海中的夏威夷"，三亚将其形象定位为"东方夏威夷"，澳门将其形象定位为"东方拉斯维加斯"，甘南藏族自治州将其形象定位为"中国小西藏"，宁夏将其形象定位为"塞上江南"，苏州将其形象定位为"东方威尼斯"，哈尔滨将其形象定位为"东方小巴黎"。这种定位方法谋求的是连带性、"借光"性竞争位置。

(三) 逆向定位法

逆向定位法强调并宣传定位对象是消费者心中第一位形象的对立面和相反面，同时开辟一个新的易于接受的心理形象位置。正所谓"意料之外，情理之中"，这种定位既能找到与众不同的切入点，又能迎合消费者的观念。例如，深圳野生动物园的旅游主题形象定位为"人在笼(车)中，动物在笼外"就属于逆向定位，将游客与动物的活动方式进行了对调，更为吸引旅游者。再如，乌镇的旅游定位为"来过，未曾离开"，用"来"和"离开"这种对立面的表达，使得旅游者重新思考旅游目的地的新颖之处。又如，贵州的"爽爽贵阳行"，让旅游者置身于常居地和旅游地的气温反差中，流连忘返。

(四) 空隙定位法

空隙定位法是选择旅游市场上的空缺，开辟新的形象位置，做到"人无我有"，树立特色优势的一种定位策略。空隙定位根据旅游市场的竞争状态和自然条件，分析旅游者心目中已有的主题形象位置类别，树立一个与众不同、从未有过的主题形象。例如，中国第一个小人国"锦绣中华"的建立，在国内旅游者心中牢固形成小人国旅游景观的概念；四川遂宁打造的"中国死海"是目前唯一的国家4A级大型漂浮休闲度假景区。

(五) 重新定位法

重新定位就是对品牌主题形象进行再次定位，旨在摆脱困境，使品牌获得新的增长与活力。旅游目的地的形象不再适应旅游发展需求，在无法再产生竞争力的情况下，就需要重新定位，在旅游者心中建立新形象，提升对旅游者的吸引力。例如，北京推出了"新北京，新奥运"的旅游目的地形象，以新的建筑和游览方式吸引旅游者重游北京，也吸引了从未到过北京的旅游者前往。

(六) 名人效应定位法

名人效应定位法对旅游形象塑造效果较为显著。因为旅游活动本身带有较强的文化性和历史性，许多旅游地就是依托历史遗迹建立起来的。因此，在有历史或者现代名人留下足迹的区域，完全可以依托这些名人的形象和地位提升旅游地在游客心中的地位。如岳阳楼形象与范仲淹、韶山形象与毛泽东、绍兴形象与鲁迅、安陆形象与李白等，都采取了名人效应的形象定位方法。

👤案例7-2

山东省文化和旅游推介交流成效显著

"好客山东"品牌形象持续提升。"好客山东"连续三年纳入央视"品牌强国工程"，为全国唯一文旅类品牌。在全国省级文化和旅游新媒体传播力指数榜单中，"好客山东"持续位居全国首位，成功打造"十大文化旅游目的地"区域品牌，有效拓展16个城市旅游目的地品牌。"'好客山东'系列品牌成功打造"入选"山东省庆祝改革开放40周年最具影响力事件"。

第一，旅游产品研发推广力度加大。山东省联合携程、同程等平台，重点开发度假旅游、康养旅游、文化旅游、研学旅游等高品质专项产品，产生良好反响；开展"好客山东XIN体验"优质文旅产品系列发布活动，成为全网热点。

第二，齐鲁文化影响力不断扩大。山东省利用"欢乐春节"等国家级交流平台，举办一系列富有山东特色的对外文化交流活动，国际孔子文化节、尼山世界文明论坛等品牌活动影响日益广泛，塞尔维亚贝尔格莱德中国文化中心建成并试运行。

第三，加强海外市场旅游营销体系建设，举办"孔子家乡好客山东"系列推广活动。山东省实施"孔子文化和旅游大使"计划，已发展孔子文化和旅游大使、专家、使者28 000余名，成为传播齐鲁文化的重要力量。

(资料来源：山东省人民政府新闻办公室)

思考：如何促进旅游目的地品牌形象提升？

第三节　旅游目的地品牌形象塑造

一、旅游目的地品牌形象塑造原则

(一) 深挖特色原则

旅游目的地往往依托一个区域来发展，地域范围内的地理环境、风俗特产和历史人文等都是旅游目的地可以提炼成为品牌核心价值的要素。旅游目的地要优先挖掘出其文化要素及核心资源在区域范围内的价值，抢占所在区域的地域品牌价值。例如四川稻城县利用当地特产藏香猪，走出了一条"扶贫+客栈化度假小镇+藏香猪养殖+景区"的特色化旅游目的地之路。稻城县在旅游目的地的建设中，深度挖掘最有价值的藏香猪资源，延伸藏香猪的产业链条，申请其为稻城藏香猪地理标志产品，并形成了"藏香猪养殖基地建设—藏香猪猪肉加工处理—藏香猪餐饮业态—藏香猪养殖培训"的产业链体系，打响稻城藏香猪品牌。

(二) 共建共享原则

旅游目的地品牌共建者共同享有品牌这一无形资产。旅游目的地品牌成功建设之后，不仅区域内的重要景点光芒不减，更为重要的是，目的地品牌建设可以快速地提升潜在旅游资源的知名度，从而吸引潜在旅游者。以大黄山旅游品牌为例，旅游区内拥有世界知名品牌黄山、以徽州古民居为代表的国内知名品牌徽文化，以及省内知名的自然旅游品牌太平湖风景区，大黄山旅游品牌的构建就是将黄山品牌的世界级知名度覆盖到整个共建区域内，以黄山品牌带动徽文化和太平湖风景区的品牌提升。

(三) 协调机制原则

旅游目的地品牌塑造主要是靠政府层面和企业层面的合作，因此建立有效的政策约束机制十分重要。第一，组织协调机制。这个机制包括旅游政策协调机制和危机处理协调机制，保证旅游目的地品牌塑造的各个环节能够平稳有序地进行。第二，行为约束机制。在旅游目的地合作协议中，明确区域内各方在合作关系中应遵守的规则以及违反规则后应承担的责任等，建立一种区域旅游合作冲突的协调组织。总之，在旅游目的地品牌塑造遇到的所有问题上，都要求各方采取一致性原则。

(四) 可持续发展原则

可持续发展原则贯穿于旅游目的地品牌塑造的各个环节。无论是从旅游资源的开发角度，还是在品牌的经营和管理方面，都要坚持可持续发展原则，推动合作区域的社会、经济、文化、旅游和生态的健康发展。

知识链接7-1

二、旅游目的地品牌形象塑造方法

(一) 宣传口号

1. 宣传口号设计

宣传口号是对旅游形象的最终表述，能有效地传达区域旅游形象，也是旅游者了解区域旅游形象最有效和最直接的方式之一。因而在设计宣传口号时，要用精辟的语言、绝妙的创意，构造一个吸引魅力极强的旅游地形象，产生强烈的广告效果。

口号可以通过如下途径来设计：①深入了解和系统掌握目的地的历史文化、旅游资源、产品项目等，做好"知己"；②跳出旅游目的地的"自我"限制，站在游客市场需求的角度和周边区域竞合的高度，做到"知彼"；③把握时代发展的趋势热点与旅游发展的战略部署，掌握"未来和大局"；④基于以上的系统研究，按照旅游形象口号的一定创作方式，用文学和艺术的创作思维，创作几套不同的旅游形象口号作为备选；⑤通过集体讨论和专家打分，锁定优选范围，确定最终的旅游形象口号。

旅游形象口号的目标对象是游客，而游客的需求在不断发生变化，相应地，旅游形象口号也需要"与时俱进"。中国各个旅游目的地的旅游形象口号，也亟须进行新一轮的策划与创作，真正做到"打动游客的心"。此外，针对旅游目的地各自的目标区域市场或细分市场，也有必要创作针对性的旅游形象口号，形成目的地的旅游形象口号体系。

2. 宣传口号类型

(1) 概括核心资源型。概括核心资源型宣传口号概括和突出目的地众多的旅游资源中知名度最高、影响力最大的旅游资源(包括自然景观、人文古迹、历史名人等)，以核心资源吸引游客的关注度。概括核心资源型的宣传口号如表7-1所示。

表7-1　概括核心资源型宣传口号

地区	宣传口号
山东省	一山一水一圣人(泰安泰山、济南趵突泉、曲阜孔子)
山西省	华夏古文明 山西好风光
北京市	东方古都 长城故乡
重庆市	永远的三峡 世界的重庆
四川省	天府四川 熊猫故乡
甘肃省	精品丝路 绚丽甘肃
辽宁省	清风满韵 多彩辽宁
西藏自治区	世界屋脊 神奇西藏
海南省	椰风海韵醉游人
贵州省	国家公园省 多彩贵州风
云南省	七彩云南 旅游天堂
桂林市	桂林山水甲天下
洛阳市	千年帝都 牡丹花城
舟山市	海天佛国 渔都港城
新余市	七仙女下凡的地方
遵义市	红色圣地 最美遵义
武汉市	大江大湖大武汉
吐鲁番市	丝路明珠吐鲁番
(无锡市)江阴市	游圣霞客故里 滨江花园城市
(济宁市)曲阜市	孔子故里 东方圣城
(亳州市)蒙城县	庄子故里 逍遥蒙城
(杭州市)富阳区	富春山水 孙权故里
(吐鲁番市)鄯善县	滨沙之城 楼兰故里

(2) 突出独特区位型。突出独特区位型宣传口号突出和强调旅游目的地独特的区位交通优势，拉近与游客的心理距离，以区位吸引游客的关注度。突出独特区位型宣传口号如表7-2所示。

表7-2　突出独特区位型宣传口号

地区	宣传口号
河北省	京畿福地 乐享河北
内蒙古自治区	祖国正北方 亮丽内蒙古
乌兰察布市	京向西一步 就是乌兰察布
宁德市	闽东之光 山水宁德
(恩施州)巴东县	世界有巴西 中国有巴东
(大兴安岭地区)漠河市	神州北极 精品丝路

(3) 借用成语谚语型。此种宣传口号借用广为流传和广为人知的成语或谚语，对旅游目的地的特点进行谐音处理，以拉近游客与目的地的关系。借用成语谚语型宣传口号如表7-3所示。

表7-3 借用成语谚语型宣传口号

地区	宣传口号
天津市	天天乐道 津津有味(借用成语"津津乐道")
山西省	晋善晋美(成语谐音"尽善尽美")
江西省	江西风景独好(借用诗词"风景这边独好")
邢台市	乘风而邢(成语谐音"乘风而行")
甘肃省	甘快出发(词语谐音"赶快出发")
南宁市	老友南宁 别来无恙(借用成语"别来无恙")
萍乡市	萍水乡逢 缘聚天下(成语谐音"萍水相逢")
(扬州市)高邮市	好事成双 到此一"邮"(成语谐音"到此一游")
(舟山市)嵊泗县	好久不见 嵊泗想念(词语谐音"甚是想念")
(苏州市)常熟市	常来常熟(借用成语"常来常往")

(4) 提炼情感内涵型。此种宣传口号提炼旅游目的地的独特气质或文化内涵,通过传递独特的精神感受或价值观,吸引游客的关注度,实现与游客的情感共鸣。提炼情感内涵型宣传口号如表7-4所示。

表7-4 提炼情感内涵型宣传口号

地区	宣传口号
山东省	好客山东
河南省	老家河南
浙江省	诗画江南 山水浙江
江苏省	畅游江苏 感受美好
安徽省	美好安徽 迎客天下
上海市	精彩每一天
福建省	清新福建
湖北省	灵秀湖北 楚楚动人
湖南省	锦绣潇湘 快乐湖南
广东省	活力广东 精彩纷呈
新疆维吾尔自治区	咱们新疆好地方啊
大连市	浪漫之都 时尚大连
杭州市	爱情之都 天堂杭州
成都市	一个来了就不想离开的城市
(宜春市)靖安县	有一种生活叫靖安
(南平市)顺昌县	大圣归来 天下顺昌

(5) 制造热点争议型。此种宣传口号通过策划时代热点性、话题性甚至争议性的形象口号,引发社会和媒体的热烈讨论,快速提高目的地的知名度,达到吸引游客关注的目的。制造热点争议型宣传口号如表7-5所示。

表7-5　制造热点争议型宣传口号

地区	宣传口号
丽江市	艳遇之都
合肥市	两个胖胖欢迎您
镇江市	一座美得让人吃醋的城市
承德市	游承德 皇帝的选择
喀什地区	不到喀什 不算到新疆
(恩施州)利川市	我靠重庆 凉城利川
(龙岩市)武平县	来武平 我氧你

3. 旅游宣传口号的三维评价体系

(1) 传播度。传播度指目的地之外的新闻媒体，无论是传统媒体(报纸、广告、电视、网站)还是自媒体(微博、微信、抖音、快手等)，对旅游形象口号的引用次数或转载次数。这个指标类似于学术论文的引用度(学术论文的引用度越高，表明该论文作者的学术影响力越大)、明星的封面照数量(明星被主要时尚杂志邀请拍摄封面照的次数越多，表明该明星越火，咖位越高)。旅游形象口号要想达到很高的传播度，就要求旅游形象口号必须通俗易懂，朗朗上口，尽量口语化表达，接地气，容易传播，忌讳"八股文"口号和生僻拗口的词语，口号的字数以不超过12个字为宜，如"成都，一座来了就不想离开的城市"。

(2) 美誉度。有争议的、低俗的口号，可能会有较高的传播度，甚至在一段时间内很火爆，但往往难以持续，更难登大雅之堂。旅游形象口号要达到高美誉度，应该传递真、善、美的普世价值观，传播积极向上的正能量。

(3) 创新度。旅游形象口号本质上就是广告词，广告的核心是创意，创意是广告的灵魂。创意度追求第一、唯一、前所未有、意想不到，切忌抄袭模仿。杰出的创新口号，如神来之笔，令人拍案叫绝，如印度旅游局的全球宣传口号是：Incredible India——不可思议的印度，言简意赅又意味无穷。

(二) 品牌标识

目的地品牌标识是旅游目的地的重要资产，是消费者对品牌最直观的感知，因此也被称为旅游目的地品牌的"面孔"。品牌设计就是将确定的品牌形象转化为能够传播的视觉和行为标识。在旅游业界，目的地品牌标识可以促进许多目的地营销组织的营销活动，以建立品牌形象和特征。当游客要在数千个旅游目的地中进行选择时，视觉和行为标识可以有效地促进游客对目的地的认识并吸引游客，从而减少搜索成本并影响游客的出游选择。

1. 旅游地视觉标识

一般来说，视觉标识设计的内容包括标徽、标准字体、标准色、吉祥物、旅游地纪念品以及旅游地形象代言人等。

（1）标徽。旅游地标徽要紧扣文化内涵，与特有事物相联系，与旅游地的标志大同小异。例如，杭州的城标(见图7-1)以汉字"杭"的篆书为基础演变而来，将城市名称与视觉形式合二为一，强调江南建筑元素，微妙地传达了城市、航船、建筑、园林、拱桥、水等特征，构图精致，和谐相融，展现出大气舒展的气度。

图7-1 杭州的城标

（2）标准字体。目的地通用的品牌宣传口号的书写字体往往与标徽组合使用，既可专门设计以便于书写和传播，亦可请名人题写以利于提高形象力，也可以用中英文对照的形式，同时要注意符合国家关于语言文字的规范标准。

（3）标准色。颜色的设计要与地方文化和环境相协调，合理组织。例如，窑湾古镇中的"老槐树"等古遗址承载了窑湾古镇重要的民俗记忆，提取绿色、棕色等作为辅色与主色进行组合，以丰富色彩。因窑湾古镇由"军镇"发展而来，后来成为"兵家必争之地"，并用红色代表其重要的军事价值。根据窑湾古镇的现状提取出现比例较高的色彩作为窑湾古镇视觉形象的标准色，计算色彩权重，以确定主色、辅色，为视觉形象系统提供色彩选择。

（4）吉祥物。旅游地吉祥物的设计要人格化且生动有趣。2022年岳阳市旅游发展大会吉祥物为"优优"和"乐儿"(见图7-2)。"优优"的造型以岳阳国家级非遗项目汨罗江畔端午习俗文化为载体，以渔家少年为原型，引用元素包括龙舟文化、渔民文化，整体色调为暖色。"优优"代表勤劳与勇敢，"先天下之忧而忧，后天下之乐而乐"的忧乐精神。"乐儿"以国家重点保护野生动物长江江豚为原型设计，引用江豚精灵元素，整体色调为冷色，主要颜色来自江豚及湖水蓝。"乐儿"代表人与自然的和谐共处，充分体现生态优

图7-2 岳阳旅游发展大会吉祥物

先、绿色发展的理念，象征着岳阳人民时刻牢记习近平总书记"守护好一江碧水"的殷殷嘱托。

（5）旅游纪念品。旅游地的纪念品是所有景区都关注的问题，旅游纪念品的雷同化问题越来越严重，一种特别的旅游纪念品不但能吸引大家的眼球，还可以起到很好的宣

传作用。旅游纪念品首先要体现地方特色和旅游景区、旅游企业的特色，其次要注意迎合旅游者的购物心理。

(6) 旅游地形象代言人。旅游目的地可选择本土的优质明星、作家、企业家、公益大使、绿色使者或运动员等作为形象代言人，利用其影响增强旅游目的地的知名度和美誉度，通过电视以及其他媒体进行旅游的宣传促销。

案例7-3

益阳旅游形象标识和吉祥物

益阳旅游形象标识以艺术化的汉字"益"为主体(见图7-3)，鲜明地体现益阳地域属性。汉字"益山益水 益美益阳"及篆刻印章"益阳"字体取自兔子山遗址出土简牍中的文字字体，既传递了益阳旅游的品牌形象，又彰显了千年古城的文化底蕴。同时，将斗魁塔、黑茶、洞庭湖等特色资源巧妙融入，辅以青山、绿水、飞鸟、游鱼等元素，相得益彰，交相辉映，完美展现益阳的历史人文和自然生态。

益阳旅游吉祥物取名"益益""阳阳"(见图7-4)。其中，"益益"以水(洞庭湖)、竹叶和明油纸伞等为主体元素进行设计，"阳阳"以山(山乡巨变)、茶叶和羽毛球拍等为主体元素进行设计，两者均辅以融入花鼓戏元素的眼妆和服装纹饰，全面展现益阳优美的自然风光和深厚的人文底蕴，传递"鱼米之乡""黑茶之乡""楠竹之乡""冠军之乡""文学之乡""花鼓戏窝子"等城市名片。

图7-3 益阳旅游形象标识

图7-4 益阳旅游吉祥物

思考： 结合案例为你的家乡设计旅游形象标识和吉祥物。

2. 旅游地行为标识

(1) 旅游相关行业形象。旅游相关行业形象主要包括旅游景区的服务、旅游从业人员的素质、其他服务行业的服务等。在这方面，要强化对旅游从业人员的培训，引进优秀的旅游人才；制定相关的政策法规予以衡量和考核；对于其他服务行业的从业人员也应该加强培训，提高服务人员素质。

(2) 政府形象。政府部门应该加强旅游节事活动的策划与组织、旅游活动的宣传与推广、旅游政策的制定与实施等，做到高效、公平、公正，促进旅游业的蓬勃发展，并协调各部门的工作，共同为区域的形象建设创造良好环境。

(3) 当地居民的形象。居民形象反映了一个城镇的整体素质，从言谈举止、待人接物上都能反映出城镇的整体精神风貌。对此，旅游目的地应该加大宣传力度，加强居民对形象的认识，将居民的整体形象纳入旅游形象设计的环节之中，使其朝着更文明、更先进的方向发展。朴实、文明、热情、好客的居民形象，有利于提升旅游形象和旅游吸引力，增强旅游目的地竞争力。

第四节　旅游目的地品牌形象传播

旅游目的地的发展必须着眼于对潜在旅游者实施有效的促销与引导，并向旅游目标市场提供长期、有效、有吸引力的旅游感知形象，以诱发旅游者的出游动机、增强旅游者的购买信心、缩短旅游者的出游决策时间。在旅游市场竞争中，旅游营销人员应在充分了解旅游者心目中的感知形象的基础上，深入了解竞争对手的目的地形象，以在市场细分和市场调研基础上扬长避短地实施旅游形象传播策略。

一、旅游目的地品牌形象传播的原则

(一) 持续统一原则

持续统一原则是指旅游目的地的品牌传播既要持之以恒，又要贯彻内容和风格相互统一。处于信息爆炸时代，若不能持之以恒地传播品牌信息，则旅游目的地的信息很快会被覆盖，旅游者将搜寻不到该旅游目的地的信息。另外，因为遗忘机制，旅游目的地的品牌信息必须每天坚持发布，特别是有重大活动或事件时。只有持续统一地反复曝光品牌，才能引起旅游者的注意，不断提高品牌在旅游行业中的知名度和影响力。

(二) 与众不同原则

当繁多的旅游目的地品牌信息呈现在旅游者面前时，千篇一律的信息难以引起旅游者的兴趣，想要传播卓有成效，就要让信息与众不同。无论是信息内容，还是传播渠道或方式，都要避免大同小异，只要有一处创新，就能引起旅游者兴趣，有时会引发再次传播，从而获得竞争优势。

(三) 清楚简明原则

人们在搜寻信息时，往往遵循"最小努力法则"，因此品牌形象传播必须清楚简单、直截了当，不要使用意义含糊的词语，也不要长篇大论，集中力量宣传旅游目的地最具吸引力和竞争力的优势或卖点，将这个重点植入旅游者心中，也是让品牌信息有一个简洁明了的符号象征，便于旅游者记忆和回想。

(四) 聚焦旅游者心理

有时旅游不仅是为了休闲娱乐，还包含更多的心理诉求，因此在传播时需要站在旅游者的角度，思考旅游者选择旅游目的地是基于什么样的内心诉求，避免出现传播成效低的结果。例如，旅游者去杭州旅游，是为了体验江南风土人情，品尝浙帮菜的美味，则杭州旅游相关部门在品牌传播时可侧重宣传这一点。

二、旅游目的地品牌形象传播的途径

旅游目的地品牌形象传播途径很多，形象广告、网络宣传、公关宣传、节庆活动、艺术作品、物品、事件等共同构建了立体化传播系统。其中较常用的品牌形象传播途径是形象广告、网络宣传、公关宣传和节庆活动。

(一) 形象广告

广告是一种高度大众化的信息传递方式，传播面积广、效率高、速度快。因此，通过广播、电视、报纸、书刊等传媒进行宣传，是目前旅游目的地树立和强化旅游形象的重要途径。要利用好报纸电视的专题报道、专题片的宣传效应，充分利用画册、明信片、挂历、邮票、宣传材料的传播效应，通过组织电视采访、电视剧的拍摄、有关书籍的出版、户外广告的展示和宣传资料的分发来促进旅游形象的有效传播。

与其他传播方式相比，广告不是旅游目的地最常用和主要的传播渠道，但是依然发挥着重要作用。广告主要形式有电视广告、互联网广告、户外平面广告、杂志报纸广告等。

电视广告主要是指宣传片，如山东的宣传片"好客山东"、黄山风景区宣传片。宣传片通过画面、文字和解说较为全面地展示了自然风貌、人文历史或其他设施，着重表达旅游目的地的特点，从而让观众记住并产生兴趣。

互联网广告因为自身优势，是旅游目的地广告宣传的最佳选择。旅游者首先会通过互联网收集信息，而不是通过电视、报纸等。旅游目的地可以在携程、艺龙、去哪儿等网站投放广告，既有针对性，也有广泛性，传播效果更佳。

杂志报纸广告的效果虽然没有电视广告深刻，但是其成本低，小型旅游目的地可以考虑这种宣传形式。

户外平面广告适用于旅游目的地品牌的宣传，通过投放车身、站台或户外广告牌等，也能收到不错的效果。

(二) 网络宣传

网络传播是目前传播信息和交流文化最有效、便捷的手段之一，网络能把旅游目的地形象信息丰富、翔实、图文并茂地传播开来，因此，越来越多的旅游目的地和旅游企业开始使用网络建立和传播自己的旅游形象和旅游服务信息。

各旅游目的地可以建立网站，包括旅游目的地城市介绍、景区景点介绍、旅游攻略、节庆活动、旅游优惠、门票及酒店预订、旅游宣传片等内容。自媒体传播的形式和内容丰富多样，既吸引了旅游者，也有助于旅游者全面了解旅游目的地的信息，还方便旅游者预订，给旅游者带来良好的品牌体验。

除了建立官方网站，还可以通过微博、微信公众号、论坛、短视频平台等热门的自媒体平台传播品牌信息。如建立微信公众号或者开通微博并认证，发布景区景点信息、节庆活动、旅游攻略、优惠信息、当地美食等。或者和微博合作，让旅游目的地出现在热搜或者热门微博里，推荐到微博主页，引起大众的注意。还可以和一些粉丝多的微博博主合作，最好是旅游方面的博主，让他们写一些旅游目的地的推荐和攻略。还可以利用抖音、快手、小红书等短视频平台，增加热度。

(三) 公关宣传

公关宣传是一种促进与公众建立良好关系的方式，其影响面广、影响力大，有利于迅速塑造并传播良好的旅游形象。因此，要积极参加、组织各种与旅游有关的展览会、交流会、研讨会、演出会、招商引资会、新闻发布会等各种形式的公关活动，邀请专家学者、旅游企业管理人员、影视公众人物、著名作家、有广泛影响的新闻媒体记者来旅游地旅游参观，以扩大旅游地的知名度。公关宣传的途径主要有以下几种。

1. 参加旅游展示会

旅游目的地通过参加各种展示会展示景点景色和文化，既可以与同行业人员熟识进而合作宣传，也可以与媒体和大众近距离接触。通过这种形式的传播可以提高旅游目的地在行业和游客中的知名度及口碑。例如，乌镇在短短几年间，分别参加了欧洲、新加坡、日本及上海等地的旅游展示会，为其宣传开拓了一条全新的道路，也大大增加了乌镇在国际上的知名度。

2. 促销活动

旅游目的地的促销既可以吸引游客在促销期间旅游，又增加了旅游淡季的业绩。具体可以从以下几点入手：凭借当地身份证免费游玩；门票打包出售，给游客经济实惠的同时还会增加旅游目的地的收入；部分景点在特定时间免费；门票、食宿在旅游淡季降价等。但需要注意促销的力度和频率，过度的促销会损害品牌形象，还会降低游客对旅游地的好感度。

3. 与旅行社合作

旅游目的地可以通过旅行社推出一些优惠的旅游产品和旅游路线，吸引游客的注意。但需要注意的是，旅游线路和产品的设计要合理，既能让游客用较低的成本获得较好的体验，也能让旅行社从中获利。同时，旅行社也是宣传旅游目的地品牌的重要渠道之一，即使游客这次没有选择该旅游目的地，但通过咨询，也会给游客留下印象，达到传播的目的。

4. 名人代言

名人代言是比较新颖的传播方式，尤其现在处于"粉丝经济"时代，名人的社会影响力和号召力不容小觑，粉丝能产生巨大的经济效益。旅游目的地在选择形象代言人时要注意两点：一是名人的知名度及影响力。知名度及影响力决定了名人能给旅游目的地带来的宣传效应，因此选择代言的名人当前知名度要大，通俗来说就是粉丝要多，如胡歌的知名度和影响力巨大，而且声誉较好，上海便聘请胡歌担任旅游形象大使。二是名人自身形象与旅游目的地品牌形象相匹配。例如重庆的文明旅游宣传大使是王源，是因为他比较有知名度，粉丝众多，塑造的形象是积极正能量的，且本人出生于重庆，是重庆这一旅游目的地代言人的合适人选。

(四) 节庆活动

节庆活动往往在旅游区起着重要作用，它本身就是一种吸引物，可以延长旅游季节，扩大客源地分布，是旅游区的主要形象塑造因素，也是一种静态吸引物如公共设施、市场与商店的激活因素。世界上一些大城市正是通过举办大型节庆活动如奥运会、世博会来扩大城市知名度和影响力的。

1. 泰国泼水节

在泰国，泼水的传统习俗意味着清除所有的邪恶、不幸和罪恶，怀着一切美好和纯净开始新的一年。而泼水节是泰国最为隆重、最为重视的节日，有着与中国的春节同等的重要地位。节日期间，还会举办布施法会、选美大赛、花车游行、美食展览、文化艺术表演等一系列庆祝活动。近年来，泰国泼水节的高人气始终带动着泰国旅游业的蓬勃发展。泰国泼水节场景如图7-5所示。

图7-5　泰国泼水节场景

2. 威尼斯狂欢节

威尼斯狂欢节是当今世界上历史最久、规模最大的狂欢节之一。在狂欢节期间，各国的游客都赶到威尼斯，观看精彩的室内音乐和戏剧演出，参与街头和广场上的民众狂欢。因此，威尼斯赢得"狂欢节之城"的称号。面具与华丽服饰是威尼斯狂欢节最大的特点，夸张、华丽、戏剧化的外表往往令游客眼花缭乱，快速沉浸在节庆气氛之中。威尼斯狂欢节场景如图7-6所示。

图7-6　威尼斯狂欢节场景

3. 青岛国际啤酒节

青岛国际啤酒节始创于1991年，是融旅游、文化、体育、经贸于一体的国家级大型节庆活动。在营销方式上，它可谓经验丰富，于2021年上演了一场集海、陆、空于一体的营销大戏，带动青岛旅游人气。极具创意的微电影、全网媒体投放、跨界合作吸引青年受众……各种连环营销招数，在凸显活动亮点的基础上，将各个环节有机地结合成一个整体，大幅度提升了活动关注度。青岛国际啤酒节场景如图7-7所示。

图7-7　青岛国际啤酒节场景

4. 深圳锦绣中华民俗村特色活动

作为融合百十余种景点、文化、民俗于一体的深圳锦绣中华民俗村，定期举办的多种特色民俗活动是其吸引游客的重要因素之一。每逢五一、十一、暑假、春节，民俗村都会推出一系列大型特色节庆活动，让游客们见识风情万种的民族特色，感受热闹吉祥的节日氛围，体验浓郁深厚的文化底蕴，为景区乃至整个深圳地区带来持续性旅游收入与经济增长。锦绣中华民俗村特色民俗活动如图7-8所示。

图7-8　深圳锦绣中华民俗村特色民俗活动

三、旅游目的地品牌形象传播的策略

(一) 正面强化策略

当一个地区拥有一个正面形象时，便可以采用不断利用旅游区发展
的新信息去巩固和发展过去主题旅游形象的策略，使原有的正面形象不
断得到强化和稳定。旅游地展示给游客的形象范围比较广泛，可以避免
造成"该地区只有单一特点"的错觉。例如，桂林自古享有"山水甲天

知识链接7-2

下"之美誉，是中国乃至世界重要的旅游目的地城市，有着被国务院确定的国家重点风
景游览城市和历史文化名城两项桂冠，被誉为国际旅游明珠。桂林风景秀丽，以漓江风
光和喀斯特地貌为代表的山水景观，有山青、水秀、洞奇、石美"四绝"之誉，是中
国自然风光的典型代表和经典品牌。"千峰环野立，一水抱城流"，景在城中，城在景
中，是桂林城市独具魅力的特色。如此层次丰富的形象体系可以使公众心目中的目的地
形象更具吸引力，可以打动多个细分市场的旅游者。

(二) 负面消除策略

旅游目的地在游客体验过程中，因管理不善或不可抗力导致的事件会对旅游目的地
形象造成负面影响。如近几年某些旅游目的地发生的"天价大虾""天价海鲜""天
价切糕""强迫游客购物(消费)"等事件就给旅游地的形象带来了深远的负面影响。此
时，旅游目的地的相关管理部门应该具有危机意识，第一时间启动应急预案，加强沟
通、止损、赔偿等工作，将负面影响降到最低。通过打情感牌的方式，建立亲切感人的
正面形象。另一个处理负面形象的方法是不断向目标市场灌输本地区进行革新的正面形
象，否定过去的负面形象，该方法对扭转原有的不良形象的负面影响具有直接的效果。

综上所述，在当今全球化、信息化和竞争日益激烈的现代知识化经济条件下的市场
经济发展过程中，需要抓住机遇进一步提升旅游目的地的吸引力，以独特的品牌形象及
精彩的宣传推广，提升旅游目的地的竞争水平，塑造旅游目的地的良好形象，增强受众
对特定旅游目的地的美誉度，实现旅游目的地的可持续发展。

本章小结

本章首先介绍了品牌形象的内涵，接下来阐述了旅游目的地品牌形象定位的原则和
方法，其中定位方法主要有领先定位法、比附定位法、逆向定位法、空隙定位法、重新
定位法和名人效应定位法。随后阐述了旅游目的地品牌形象塑造的原则和方法，其中
重点说明了宣传口号的类型、三维评价体系。最后介绍了旅游目的地品牌形象传播的原
则、途径和策略，其中较常用的传播途径有形象广告、网络宣传、公关宣传和节庆活
动，传播策略包括正面强化策略和负面消除策略。

复习思考题

1. 简述旅游目的地品牌形象定位的原则和方法。

2. 简述旅游宣传口号的类型，并举例说明。

3. 简述旅游地视觉标识的内容，并举例说明。

4. 简述旅游目的地品牌形象传播的主要途径。

5. 简述旅游目的地品牌形象传播的策略。

第八章 旅游目的地节事活动管理

📚学习目标

知识目标：了解节事活动的概念、分类、特点及国际著名节事活动，熟悉节事活动对旅游目的地产生的影响，掌握旅游目的地节事活动现场服务及管理。

能力目标：能够结合旅游业发展及旅游市场需求改进并提高旅游目的地节事活动服务技能及管理水平。

素质目标：具备旅游目的地节事活动从业人员所需的行业价值观，具备激发旅游者产生节事动机和节事需求的能力。

📖案例导入

北京冬季奥运会于2022年2月4日开幕，2月20日闭幕，本届冬奥会有91个国家或地区的代表团参加，设7个大项，15个分项，109个小项。北京赛区承办所有的冰上项目，延庆赛区承办雪车、雪橇及高山滑雪项目，张家口赛区的崇礼区承办除雪车、雪橇及高山滑雪之外的所有雪上项目。

北京冬季奥运会开幕式运用了大量的智能捕捉技术和数字艺术的交互影像设计，使北京冬奥会在智能化、高科技的渲染下散发出独特魅力。相比2008年奥运会，此次冬奥会更能体现出科技发展带给人类生活体验的巨大变化，是对人类命运共同体理念的传承与发展。

北京冬季奥会是我国重要历史节点的标志性活动，它的成功举办充分展现了中国人民自信自强的时代风貌，让世界看到持续创新发展的活力中国，坚持合作共赢的开放中国，致力于民族复兴追求天下大同的自信中国。

思考：节事活动对旅游目的地产生哪些影响？

第一节　节事活动概述

节事活动在我国具有悠久的历史，是一种承载着信息交流、情感表达、休闲娱乐的社会文化现象，但是节事活动作为一项产业，在当今社会经济发展进程中，尤其是在旅游业发展历程中仍然是一个新生事物。节事活动伴随着信息交换应运而生，并快速发展起来，特别是2008年北京奥运会和2010年上海世博会的成功举办，把节事活动的规模和影响推向一个新高峰，节事效应也呈现综合化发展趋势，越来越多的地方政府意识到节事活动的经济效益和强大的产业联动效应，已将其纳入地方发展战略。旅游目的地利用"以节招商、文化搭台、旅游唱戏"的操作模式，充分挖掘当地的文化资源，依托鲜明的地域特色及产业优势开发系列节事活动，打造地方名片，从而提高当地的知名度和美誉度，促进区域经济和社会事业加速发展。

一、节事活动的界定

"节事"是一个外来词，英文为"event"，有"事件、活动、节庆"等含义。在节事活动研究的相关文献中，学者常常把节日(festival)和特殊事件(special events)作为一个整体领域进行探讨，称为"FES"(festivals&special events)，中文译作"节庆和特殊事件"，简称"节事"。

目前学术界对"节事活动"还没有明确统一的定义，但是有两种说法被西方学者普遍认可：一种是由乔·戈德布拉特(Joe Goldblatt)博士在《现代节事活动管理的最佳实践》(*The Best Practice of Modern Event Management*)一书中提出的，认为节事活动是"为满足特殊需要，用仪式和典礼进行欢乐的特殊时刻"；另一种是由盖茨(Getz，1997)提出的，认为节事活动是"短时间内所有活动项目的总和以及发生时间内环境、设施管理和人员的独特组合"。

在我国，由于学者研究视角不同，对"节事活动"的定义也不尽相同，比较有代表性的定义有以下几种：吴必虎(2001)提出"节事活动是指城市举办的一系列事件或活动，包括节日、庆典、地方特色产品展览会、交易会、博览会、会议，以及各种文化、体育等具有特色的活动或非日常发生的特殊事件"；戴光全(2005)认为"节事活动是以一段特殊的时间为纪念某个人物、时间或庆祝某种重要作物收获而举办的一系列文化、娱乐、狂欢及博览等活动，是人们在日常生活经历之外的一种文化、社会和娱乐体验的机会"；邹统钎(2001)提出"节事活动专指以各种节日(festival)和盛事(special event，mega-event)的庆祝及举办为核心吸引力的一种特殊旅游形式"。

纵观国内外学者对节事活动的界定，虽然研究领域和具体定义有所不同，但还是存在一些共性：一是节事活动是由人组织、由人参与的活动，具有公众参与性；二是节事活动具有鲜明的主题，凸显当地的文化与特点；三是节事活动内容多样，不仅包含各种节日和庆典活动，也涵盖很多活动项目和活动形式；四是节事活动可以给举办地带来一定的效益。基于此，我们将节事活动定义为"在特定的时间举行，经过专业人员精心组织策划，具有明确的主题，既能为活动参与者和举办地带来享受和综合效益的提升，又能被开发成集娱乐、休闲、旅游等于一体的各类庆典和活动的总称"。

二、节事活动的分类

(一) 按照节事活动的规模和影响分类

节事活动按照规模和影响可以分为标志性节事活动、大型节事活动、小型节事活动三类，如表8-1所示。

表8-1 按照规模和影响分类的节事活动

节事活动类型	主要特征	典型节事活动
标志性节事活动	规模大、档次高，每年(或几年)举办一次，以推动国际交流为目的，能吸引国内外媒体的广泛关注，可以迅速提高举办地的国际知名度	奥林匹克运动会 戛纳国际电影节 慕尼黑啤酒节 上海世博会
大型节事活动	规模比较大，以高档、中档为主，兼顾低档，推动地区间交流，能吸引国内外媒体的广泛关注，促进举办地的经济文化建设，能较快提高举办地国内外的知名度	青岛啤酒节 哈尔滨国际冰雪节 国际孔子文化节 潍坊国际风筝节
小型节事活动	规模比较小，以中档为主，兼顾低档和大众，主要目的是丰富当地居民生活，拓展旅游目的地的活动内容	五大连池饮水节 北京大兴西瓜节 昭君文化节

(二) 按照节事活动的主办者分类

根据主办者身份不同，节事活动可以分为政府型节事活动、民间型节事活动和企业型节事活动。政府型节事活动是由政府组织的公益性节事活动，如春节或中秋节的联谊活动、贸易洽谈会、旅游节、艺术节等。民间型节事活动是由民间团体组织的节事活动，如彝族的火把节、傣族的泼水节、意大利狂欢节等。企业型节事活动是由企业组织和参与的商业节事活动，一般为产品推广活动、打造形象的赞助活动等，如大连服装节、北京国际汽车展等。

(三) 按照节事活动的形式分类

节事活动根据形式可分为综合性节事活动和专题性节事活动。综合性节事活动是指活动内容和形式广泛、具有较大包容性的节事活动，如旅游节、艺术节、文化节等。专题性节事活动是指活动内容和形式比较单一、专业性很强的节事活动，如物产特产类节事、陶瓷节、啤酒节、桃花节等。

(四) 按照节事活动的吸引物分类

根据吸引物不同，节事活动可以分为自然景观型节事活动、历史文化型节事活动、民俗风情型节事活动、物产餐饮型节事活动、博览会展型节事活动、运动休闲型节事活动、娱乐游憩型节事活动和综合型节事活动，如表8-2所示。

表8-2 按照吸引物分类的节事活动

节事活动类型	主要特征	典型节事活动
自然景观型节事活动	以当地自然景观(天然景观和人为景观)为依托，综合展示地方旅游资源、风土人情、社会风貌等的节事活动	哈尔滨国际冰雪节 张家界国际森林节 大兴安岭漠河北极光节
历史文化型节事活动	依托当地文脉和历史传承的景观、独特的地域文化、宗教活动等开展的节事活动	杭州运河文化节 天水伏羲文化节 前门历史文化节

（续表）

节事活动类型	主要特征	典型节事活动
民俗风情型节事活动	以各民族独特的民俗风情和生活方式为主题的节事活动	赫哲族乌日贡大会 那达慕大会 傣族泼水节
物产餐饮型节事活动	以地方特产、特色商品及本地餐饮文化为主题，辅以相关的参观、表演等开展的节事活动	大连国际服装节 北京大兴西瓜节 青岛啤酒节
博览会展型节事活动	依托城市优越的经济条件、区位条件，以博(展)览会、交易会为形式，辅以相关的参观、研讨和表演等开展的节事活动	中国国际进口博览会 昆明世界园艺博览会 中国国内旅游交易会
运动休闲型节事活动	以各种大型的体育赛事、竞技活动为形式，辅以相关的参观、表演等开展的节事活动	奥林匹克运动会 国际足联世界杯 中华人民共和国全国运动会
娱乐游憩型节事活动	以现代娱乐文化和休闲游憩活动为形式，辅以相关的参观、表演等开展的节事活动	上海环球嘉年华 海南岛欢乐节 广东欢乐节
综合型节事活动	多种主题组合，一般节期较长，内容综合、规模较大、投入较多、效益较好的节事活动	上海旅游节 北京国际旅游文化节 中国黄山国际旅游节

三、节事活动的特点

(一) 文化性

　　节事从出现至今，一直作为一种文化现象在人类历史发展长河中延续着。节事活动的举办往往受当地特色传统文化的影响，而组织者融合利用当地传统文化，打造独特的节事活动，不仅增强了节事活动的生命力、吸引力和影响力，也增加了举办地独特的魅力，所以说，文化性构成了节事活动的根本特性。如蒙古族的"那达慕大会"，在每年七八月牲畜肥壮的季节举行，表达人们庆祝丰收的喜悦之情。

案例8-1

　　第十八届中国吴桥国际杂技艺术节于2021年9月28日至30日在河北省石家庄市、沧州市两地采取线上线下相结合的方式举办。本届杂技节从320多个国内外候选节目中初评出35个参赛节目，邀请了14个国家和地区的17位国际专业评委组成评委会，在线上对参赛节目进行打分评选。在秉承传统的同时，杂技节不断创新发展，从"足尖到指间"，力争为国内外观众奉献一场内容丰富、亮点纷呈的杂技盛会。

　　中国吴桥国际杂技艺术节已经发展成为中外杂技业界交流、学习、合作的重要平台，也是沟通东西方杂技艺术的桥梁和纽带，更是中国对外文化交流的一张靓丽名片。

　　思考：中国吴桥国际杂技艺术节对河北省文化建设和对外交往有哪些促进作用？

(二) 地方性

节事活动带有明显的地方气息，不同地区由于资源条件、气候条件及风俗习惯的差别会形成不同的节事活动。节事活动打造的主题与所依托的文化资源及地区息息相关，只有依托地方特色，节事活动才会具有旺盛的生命力。随着旅游业的发展，节事活动已成为地区形象塑造的亮点，一些节事活动的举办地为广大公众所熟悉，如巴西奥吉里奥狂欢节、澳大利亚乡村音乐节、苏格兰爱丁堡艺术节、伦敦泰晤士河艺术节、洛阳牡丹节和广西民歌节等。

(三) 综合性

节事活动是为了实现一定的目标而举办的，为了目标的实现，可以将节事活动分解为若干个具体的任务，形成一系列活动的有机组合。一项节事活动的成功举办，既能带来直接的经济效益，也能带来间接的综合效益，促进举办地经济、社会、文化健康快速发展。如奥运会、世博会、旅游节等节事活动都包含了会议、展览、宴会等活动，这些活动互相交融，使节事活动更具吸引力，提高了举办地的综合形象。

(四) 体验性

节事活动归根结底是人的聚会，观众不再满足于媒体平台上欣赏节目，而是希望能参与到活动中来，获得真实的体验感。组织者在设计活动时，让参与者能体验到节事活动的氛围，想方设法拉近与参与者的距离，将公众的参与度视为评估节事效果的重要依据。以旅游景区举办大型嘉年华为例，有嘉年华组织者、嘉年华参与者、普通游客、景区附近的居民、媒体等，在节事活动中不仅游客能参与，景区附近的居民也能参与其中，营造出具有当地文化特色的节事气氛，从而给游客以亲切、畅爽的体验。

(五) 周期性

节事活动作为一种地方形象和传统文化的表现手段，一般根据自身的运营特点设定合适的周期。一般而言，节事活动的周期为一年、两年、三年或者四年不等，如奥运会是四年举办一次，国内范围的节事活动举办周期比较短，一般是一年，比如青岛啤酒节、深圳草莓音乐节等。这种周期性和时间性，培养了人们对节事活动的文化认同，不断加深人们对节事活动价值的认可。如巴西狂欢节被称为世界上最大的狂欢节，有"地球上最伟大的表演"之称，每年二月的中旬或下旬举行三天。

四、国际著名节事活动

(一) 狂欢类节日

狂欢节起源于中世纪的欧洲。现在，世界上许多国家都有这个节日，一些狂欢节已经享有国际声誉，成为当地重要的旅游吸引物，如巴西狂欢节、威尼斯狂欢节、西班牙奔牛节、法国尼斯狂欢节、巴西里约热内卢狂欢节等。

西班牙奔牛节每年的7月6日开始，7月14日结束，举办地点在西班牙东北部潘普洛纳城。奔牛节的主要仪式包括上午的奔牛活动和下午的斗牛活动，来自世界各地的人们穿上白衣裤，缠上红腰带，表达参加的意愿，在为期9天的人与牛之间的危险游戏中尽情享受欢乐与刺激。

(二) 大型体育赛事

世界级的大型体育赛事主要有奥林匹克运动会、足球世界杯、F1(一级方程式赛车)等。这些赛事会吸引大量的旅游者，对举办地的旅游产品、市场结构乃至旅游目的地形象产生深远影响。奥林匹克运动会是由国际奥林匹克委员会主办的综合性运动会，每4年一届，会期不超过16天，是世界上规模最大、影响力最大的体育盛会。第29届夏季奥林匹克运动会和第24届冬季奥林匹克运动会在北京成功举办，北京作为世界首个"双奥之城"向全球证明了中国速度，证明了中国是一个实力强劲的国家，北京是一座充满活力的城市，具有极强的国际影响力。

(三) 文化艺术节

欧洲、亚洲的一些国家具有悠久的历史和深厚的文化积淀，各类文化艺术节日众多。如英国爱丁堡艺术节、法国巴黎秋季艺术节、意大利维罗纳歌剧节、奥地利萨尔茨堡音乐节等。创立于1920年的萨尔茨堡音乐节是全世界水准最高、最负盛名的音乐节，也是欧洲三大古典音乐节之一，其前身是莫扎特音乐节，举办地是奥地利萨尔茨堡，每年7月底至9月初音乐节举办期间，欧洲乃至世界音乐、文化界人士的目光都会汇聚于此。萨尔茨堡音乐节内容包括歌剧、话剧、音乐会和芭蕾舞表演，大师级音乐家的到场和国际水平的演出使音乐节每年吸引近百万观众。

(四) 休闲运动类节事

随着大众健身和极限运动的兴起，休闲运动类节事备受人们青睐。以热气球节为例，著名的有俄罗斯热气球节、英国布里斯托热气球节、美国休斯敦热气球节等，此外，还有各类登高节、赛马节等。意大利锡耶纳赛马节以其历史悠久、规模最大、组织最完善在国内首屈一指，甚至在整个欧洲都可以说是历史最悠久、最有影响的节事。锡耶纳是古代意大利文化的摇篮，而赛马节是锡耶纳的象征，因此人们观看赛马就等于认识锡耶纳，推动了锡耶纳对外文化交流项目的实施。

(五) 会议展览类节事

世博会、世界经济论坛、博鳌亚洲论坛等都是国际级的博览、会议品牌。世界经济论坛(World Economic Forum)因在瑞士达沃斯首次举办，又被称为"达沃斯论坛"，是以研究和探讨世界经济领域存在的问题、促进国际经济合作与交流为宗旨的非官方国际性机构，作为一个"世界级"思想交流平台，达沃斯论坛讨论的都是全球性热点问题或趋势性问题，对全球舆论具有重要影响。

(六) 宗教庆典和地方性节庆

一些宗教庆典如印度教的昆梅拉节、泰国万佛节等也会在一定的区域和宗教信徒中产生巨大的宗教旅游效应。此外，在多民族聚集的地区和国家，节庆活动成为地方文化的表现形式，成为少数民族宝贵的文化遗产。

第二节　旅游目的地与节事活动

节事活动具有鲜明的主题，成功的节事活动是旅游目的地向外界展示自我风采的窗口，是突出旅游目的地整体形象的重要手段，能够有效推动当地住宿、餐饮、交通、贸易、金融、通信等行业的发展，拉动地方基础设施建设，促进区域经济发展和社会进步，但是节事活动如同双刃剑一般，也会给旅游目的地带来一些负面影响，如文化价值的改变、自身特色的淡化、当地物价的上涨和生态环境的破坏等。

一、节事活动对旅游目的地的优化作用

(一) 促进旅游目的地经济发展

节事活动不仅是一种文化现象，更是一种经济载体。旅游目的地结合地方特色资源开展的节事活动，首先会吸引国内外大量的游客前来参观游览，他们不仅参与到节事活动中，还会带动当地餐饮、住宿、交通、游览、娱乐和购物等相关领域的迅速发展，增加外汇收入，从而促进旅游目的地的经济发展；其次，游客、商务人员和赞助商的参与及投资，能带动旅游目的地相关产业发展，实现产业结构调整和升级，具有强大的综合带动作用，产生巨大的经济效益。内蒙古昭君文化节举办期间，开展了具有当地特色的节庆体验活动，这些体验活动吸引众多游客的参与，带动了地区特色产品的销售，从而促进当地经济发展。

(二) 完善旅游目的地基础设施

节事活动的举办除了需要旅游目的地具备一定的经济、政治、文化、制度等条件外，还对旅游目的地基础设施有较高的要求。许多旅游目的地以举办节事活动为契机，加快完善目的地基础设施，如交通运输、市容环境、酒店宾馆、体育运动场所、休闲场地等基础设施得到极大改善，接待能力和服务质量得到较大提高。2022年北京冬奥会举办对基础设施的完善主要有以下几个方面：加快了场馆的建设及改造，其中新建场馆8项、改造场馆8项、临建场馆2项；推动了交通设施的建设，建成京张高铁、京礼高速，大幅度提升了京张两地道路通行能力；推动了公共服务共建共享，加大了在医疗、住宿、餐饮等领域对延庆、张家口地区支持帮扶力度，提升了当地公共服务能力和水平；推动了生态环境联防联治，以治水、治气、治沙为重点，加快改善了京津冀地区生态环境，为冬奥会打下美丽中国底色。

(三) 提升旅游目的地知名度

旅游节事本身就是旅游地形象的塑造者，举办大型的旅游活动和盛事就是形象塑造的过程(Getz，1991)。节事活动的开展提高了举办地曝光率，能够通过电视、网络等媒体大规模、多方位的宣传，在特定的时间内获得较高的公众关注度，形成巨大的轰动效应，使更多人对举办节事活动的城市留下深刻印象，正如人们一提到斗牛节就想到西班牙，一提到风筝节就想到潍坊，一提到冰雪节就想到哈尔滨，这些成功的案例都说明节事活动能够迅速提升举办地的知名度。

潍坊是风筝的发源地。早在20世纪30年代，潍坊就曾举办过风筝会。1984年4月1日，首届潍坊国际风筝会拉开帷幕；1988年4月1日，第五届潍坊国际风筝会召开主席团会议，确定潍坊市为"世界风筝都"；1989年第六届潍坊国际风筝会期间，成立了"国际风筝联合会"，并决定把总部设在潍坊。从2012年起，每年4月第3周的周六为潍坊国际风筝会开幕日。国际风筝会的举办，让世界认识了潍坊，也使潍坊更快地走向了世界，极大地促进了潍坊经济和旅游业的发展。

(四) 缩小旅游目的地淡旺季差别

受季节、地理位置、假期等因素的影响，旅游业会产生淡旺季之分，淡季资源闲置，旺季游人如潮。节事活动举办期间聚集了大量的人流、物流、资金流和信息流，具有很强的集聚效益，能够调节旅游目的地淡旺季需求差异。在旅游淡季，对旅游目的地历史、民俗风情、地方文化、特殊事件等因素进行深度挖掘，协调融合，打造独特的、丰富多彩的、参与性和娱乐性极强的节事活动，不仅能够吸引大量的旅游者，带给游客多类别、多层次、多方面的旅游体验，也能推动当地旅游业的发展，缩小淡旺季的差别，较好地解决旅游淡季市场需求不足的问题，甚至成为旅游目的地发展的新亮点。

知识链接8-1

二、节事活动对旅游目的地产生的联动效应

(一) 带动相关产业发展

节事活动的举办涉及多个领域，需要多部门配合运作，且对相关产业的带动作用逐渐得到各地政府部门的关注和重视。政府通过举办节事活动创新地区经济发展模式，调整一、二、三产业的产业结构，以此实现旅游目的地的产业转型。例如哈尔滨国际冰雪节让冰雪"冷资源"为经济发展注入"热能量"，提升了哈尔滨在冰雪服饰、冰雪设备、冰雪旅游、冰雪文化、冰雪体育等多元化产业领域的辐射力、引领力和影响力，带动皮草时装、啤酒、寒地温泉等产业发展，对当地城市的旅游、食宿、购物、交通、会展等行业产生强劲的拉动作用。

(二) 促进文化传承

文化是节事活动的灵魂，没有文化的节事活动就没有生命力。节事活动以传统文化项目为内涵，培育出富有生命力的文化活动、特色项目和文化品牌，对于弘扬传统文化，促进文化的传承、发展和经济社会全面进步，密切国内外文化交流与合作，具有积极而深远的影响。因此，在节事活动的举办过程中，组织方会深度挖掘地方文化，展现地方文化魅力。每年在中华民族始祖轩辕诞生地、孔孟之乡、著名历史文化名城曲阜市举行的中国曲阜国际孔子文化节，将当地已沉睡了几千年的历史遗迹活生生地再现出来，使传统文化焕发活力，增强中华民族的文化认同感和凝聚力，成为山东走向世界、世界了解山东的重要平台。

(三) 推动产品创新

节事活动一般立足于旅游目的地的传统文化和风俗习惯，对旅游目的地"软资源"进行开发设计形成具有当地特色文化属性的产品及主题活动，极大地丰富了旅游目的地的旅游产品类型，创新了原有的旅游产品组合。河北省唐山市曹妃甸区被誉为"中国河豚鱼之乡""中国河蟹之乡""中国稻米之乡"和京津冀"最具旅游魅力区"。曹妃甸区依托"渔"文化资源，打造全球唯一、中国创造的以捕鱼、捉蟹、挖蛤为主题的多玛乐园，重点发展河豚特色餐饮和特色民宿，研发河豚鱼系列文创产品。同时曹妃甸文化旅游部门进一步拓展和提升唐山花吹、面塑艺术、芦苇工艺、曹妃甸味道等独有文化产品，将区域特色文化通过节庆活动融入到游客体验的各个环节中，极大创新了节庆产品的文化内涵和魅力。

(四) 提升自然联结水平

人与自然和谐发展是休戚与共的，人类必须尊重自然、保护自然。自然联结是指个体感知到与自然环境的关联程度，即与自然的联结感。自然联结是一种人对自然的热爱、亲近，与自然融为一体的情感倾向。旅游目的地依托当地自然景观，精心设计、打造节事活动体验项目，游客通过参与活动近距离多感官感受自然，增加与自然接触的机会，对于加强自然联结、推动人与自然和谐相处具有一定的促进作用。2021年第十届中国花博会在上海崇明东平国家森林公园成功举办，这是首次在岛屿上、乡村中、森林里举办的花博盛会。此次花博会整体规划尊重生态自然肌理，注重保护生态本貌及田园特色，举办期间，居民、游客与居住地环境联系紧密，对自然联结水平的提升具有重要影响。

拓展知识8-1

哈尔滨国际冰雪节，简称"冰雪节"，初期命名为哈尔滨冰雪节，正式创立于1985年1月5日，是中国黑龙江省哈尔滨市每年冬季以冰雪为主题的节日。节日的开始时间是每年1月5日，没有闭幕式，根据天气状况和活动安排，持续时间一个月左右。

哈尔滨国际冰雪节是中国历史上第一个以冰雪活动为内容的区域性节日，以"主题经济化、目标国际化、经营商业化、活动群众化"为原则，集冰灯游园会、大型焰火晚会、摄影比赛、图书博览会、经济技术协作洽谈会、经协信息发布洽谈会、物资交易大会、专利技术新产品交易会于一体。冰雪节不仅是中外游客旅游观光的热点，还是国内外客商开展经贸合作、进行友好交往的桥梁和纽带。

三、节事活动对旅游目的地的负面影响

(一) 社会方面

节事活动会对旅游目的地造成交通事故、治安事故、文化污染、文化淡化等负面影响。首先，旅游目的地举办节事活动会吸引大量游客，势必会对当地交通、住宿、餐饮、娱乐等服务行业造成接待压力，容易导致社会出现相对混乱现象。其次，依托当地民族文化、自然生态、遗产遗迹等举办的大型节事活动，如果当地居民的个人行为过度商业化，会淡化旅游者对节事活动的原生态印象，同时由于来自四面八方的游客涌入旅游目的地，当地居民会接触到异地文化，他们会盲目模仿跟风，使得一些不适合当地文化生活的方式出现。最后，常规化的节事活动会导致旅游目的地有大批外来游客或经销商，长此以往当地自身特色会被逐渐淡化，甚至消失。如圣诞节原本是基督教徒庆祝的节日，但随着时代的变迁，在多数年轻人的心中已失去了原本的宗教含义，只是一个朋友聚会交流的机会。

(二) 经济方面

节事活动会造成旅游目的地物价上涨，公关财政压力增大。节事活动会吸引大量游客形成旅游高峰，旅游目的地餐饮、住宿、娱乐、交通、购物等行业会做出调整，如改变或取消折扣、优惠，有的消费品甚至涨价，致使普通民众生活成本增加。我国的节事活动主办者仍以政府为主，举办节事活动的各种投入(包括公共安全保卫、环境卫生处理等工作)会给公共财政带来较大的压力，且节事活动结束后维护管理基础设施也会对公共财政带来负面影响。此外，节前投资过热过快，节后低谷效应长期显现，就连当地的房地产市场也会受到影响。例如，贵州雷山县举办首届苗年节时，政府拿出了百万余元，这对于财政收入仅千万元的县来说，压力是不言而喻的。

(三) 环境方面

节事活动的举办会破坏旅游目的地的生态环境，造成环境污染。为举办奥运会、世博会，建设了大量的体验馆和展览馆，而这些基础设施的建设容易破坏旅游目的地的生态环境，如海滨排球馆的建设被认为会破坏海边的环境。一些节事活动会对旅游目的地的街道、建筑产生一定的影响，节事活动产生的垃圾、噪声也容易造成环境污染和噪声污染。

第三节　旅游目的地节事活动现场管理

一、节事活动场地类型与布置

(一) 节事活动场地类型

1. 室内场地

一般节事活动选择在固定的建筑物内举办，如各类会议中心、大小会议室、展览中心或展览馆、体育中心或体育馆、音乐厅、剧院、宴会厅、活动室等。室内场地往往是永久性的、多功能的，经过装饰和布置一般可以举办不同的节事活动。

2. 临时搭建的凉棚式场地

一些节事活动在临时搭建的凉棚式场地举办，如啤酒节、美食节往往在具有一定范围的广场、草坪或其他较为平坦的开阔区域举办。

3. 露天场地

有些节事活动由于受活动性质的限制，需要在草坪、广场等露天场所或有规定路线的街道上举行，如草坪婚礼、花车大巡游、广场音乐会等。

(二) 节事活动场地布置

1. 节事活动场地布置模式

根据观众的参与程度，节事活动场地的布置可以分为两种模式，即流动式的线路布置模式和安排座位(固定或移动座位)的布置模式。

流动式的线路布置模式没有固定的观众席，不安排座位，观众位于节事活动周围、街道两侧或高处观看，通过街道或广场两侧的装饰来烘托气氛，如在西班牙的奔牛节上，观众站在街道两侧的楼上观看奔牛的壮观场面。安排座位的布置模式相对来说布置工作比较复杂，必须要考虑座位(是固定的还是可以移动的)、观众的数量和安全等因素，还要注意防火通道和安全门的设置、过道的位置和距离、残疾人通道等，下面重点讲解安排座位的布置模式。

(1) 剧院(礼堂)式布置(见图8-1)，通常最前面是主席台，根据会议需要在主席台上摆放若干个座椅，有正面面向主席台座位、左面面向主席台座位和右面面向主席台座位之分，中间留有较宽的过道，有的也有楼上座位。此种摆位形式只有椅子没有桌子，或是只有前几排有桌子，实现最大程度利用空间。一般情况下，剧院(礼堂)式布置模式场地设施系统完备，有先进的视听设备，甚至配有同声翻译设备。

图8-1　剧院(礼堂)式布置

(2) 教室式布置(见图8-2)，按照教室模式布置活动场地，最前面是投影屏幕或白板(或两者皆有)，接着是主席台，主席台下是观众桌椅，观众桌椅根据人数和场地大小在布置安排上有很多种设计方式，较常用的是按照"排"摆放或排成"V"形，留有1～3个通道，方便演员走进观众中间与大家交流，烘托场面气氛。

图8-2　教室式布置

(3) 宴会式布置，根据主办方的要求和场地大小进行设计，显得较为随意，多用于与酒会、饮食结合在一起的活动。此种布置模式有利于调动与会者的积极性，可以充分进行互动和交流。

(4) 体育馆式布置。大多数赛事采取体育馆式布置模式，在赛场四周设置若干座位，根据安全和方便的需要设计过道。这种场地布置有利于观众观看比赛，提高观众对比赛的参与度。

(5) "U"形布置模式(见图8-3)，将多张会议桌摆设成一面开口的U字形状，座椅围合于桌后，如需投影，投影机可以放在"U"形的开口处。这种场地布置可以把观众和表演者连在一起，拉近观众和表演者的位置距离。

图8-3　"U"形布置

(6) "T"形台式布置，即表演台呈"T"形，延伸向观众区，观众席三面环绕表演台。这种场地布置模式能拉近表演者和观众的距离，便于欣赏。

一般来说，节事活动规模较大、参与人数较多时，常采用剧院式、教室式、宴会式和体育馆式布置，节事活动规模较小、参与人数较少时常采用"U"形和"T"形台式布置。

2. 主席台或舞台布置

不管选择哪一种场地举办节事活动，主席台或舞台是必不可少的，用以区分表演者、展示区和观众的界线，其用途包括表演、演示和颁奖等。

主席台因用途不同，其布置形式也不尽相同，可根据节事活动需要决定是否摆放桌椅、鲜花或其他设施。如大型会议主席台需要放置桌椅、台式麦克风、文件和材料等；当主席台作为开幕式场地时，一般在主席台中央正前方摆设长条桌，桌后侧摆放椅子，桌子上面摆放桌签、鲜花、矿泉水等。

舞台安全性是第一位的，这是活动成功举办的前提，如舞台的构造、舞台入口处的畅通、舞台所需电源、后台布置等，均需要合理、安全。一般节事活动需要指定专门的舞台监督、技术监督和执行监督等人员，这些人员主要负责舞台的设计、布景和节目的流程安排等工作。

3. 观众席布置

根据节事活动情况，一般可以将观众席划分为贵宾或嘉宾席、普通观众席和记者席等。

(1) 贵宾或嘉宾席。为了表示对贵宾或嘉宾的尊重，贵宾或嘉宾席一般安排在观众席的前几排。根据活动需要，有的贵宾或嘉宾席还摆放桌子、桌签和茶水，设置指示牌；如果是国际性节事活动，贵宾席则用中英文标明。

(2) 观众席。观众席座椅要与节事活动基调相呼应。在摆放移动座位时，要注意排与排之间的距离，合理设置通道。

(3) 记者席。对于大型节事活动来说，要专门设立记者席。记者席的位置既要满足摄影和摄像工作的需要，又不能影响活动的正常举行和活动效果。如果有二楼座席，一般将记者席设在二楼的前几排。

布置观众席时要注意，如果观众席区域较大，可以考虑在后半场加装屏幕转播舞台画面；进行灯光设计时，要避免舞台灯光直射到嘉宾脸上；观众席区域尽量不走线，如果确实需要走线，则应使用黑黄色绝缘胶带或者压线槽。

4. 基本设施设备的布置

(1) 话筒。根据节事活动需要准备好话筒，常用的话筒有无线话筒、固定台式话筒、立式固定话筒、领夹式话筒和头戴式话筒等。

(2) 灯光音响设备和视频设备。灯光音响设备主要包括调音台、调灯台、话筒等，视频设备主要包括LED显示屏、投影机、录像机、视频特技机、幻灯机、摄像头等。在活动开始之前，一定要做好与播放设备、计算机的连接工作，保证放映效果清晰。有的大型节事活动还需要设置视频分配器、视频切换器、制式转换器、同声传播以及表决系统等辅助设备。

(3) 无线上网服务。目前无线上网服务已成为节事活动的基本服务项目。

(4) 休息室。活动现场为已经到达的名人、嘉宾等贵宾设置休息室，为场前休息所用，也有节事活动为观众和参与者提供专门的休息区域。休息室要尽量营造一种温馨、休闲的氛围，可以摆放一些花卉、简约的桌椅，不需过多装饰。

(5) 演员化妆室。化妆室条件的优劣是衡量一个演出场地档次的标尺。演员化妆室一般要有化妆台、化妆椅、化妆镜、试衣镜、活动式衣架、更衣间等设施。另外，演员化妆室内的装饰品、家具、服装道具等细节上要与节事活动主题相符。

(6) 储藏室。储藏室主要用来存放音响、放映等设备，也可储藏食物和饮料。

二、节事活动场地装饰管理

(一) 舞美设计

舞美设计即舞台美术设计。舞美设计具有时间艺术和空间艺术的性质，是四维时空交错的艺术，具有很强的技术性及对物质条件的依赖性。通过舞台设计、人物和景物造型设计、灯光及特效设计等，营造节事活动气氛，突出节事活动主题。

舞美设计首先是进行舞美构思，然后选择制作材料，最后通过色彩、线条、光线等舞台设计，营造出一个适合活动的演出意境。文化类节事活动的舞美设计，要体现一定历史背景下的地方色彩和民族特色，展现时代精神。例如，2021北京(国际)运河文化节的"运河文化时尚大赏""运河1935话剧"和"运河音乐会"等活动，通过声光电的完美结合，打造出沉浸式的活动体验，展现了国际运河沿线积淀深厚的文化基因，呈现多元交融的文化格局。

(二) 布景

布景是节事活动的重要组成部分，如何巧妙布景营造节事氛围，烘托节事活动主题，需要布景师在充分了解活动主题的基础上，考虑面向的观众，通过运用必要的气球、鲜花、彩布、灯光等设计元素来表现节事活动的主旨。随着时代的发展，布景越来越富有动感和时代性，但是在布景设计时切忌"贪大求全"，不能给人粗糙、庸俗的感觉，只有切合节事活动主题的设计才可能是成功的设计。

背景板和横幅是节事活动的标志物。背景板一般设置在主席台和活动入口显眼处，应设计简洁、色彩明快、主色调与活动主题协调。背景板一般呈现节事活动的标志、相关组织的徽章、活动的(中英文)名称及缩写、活动时间、举办地点、主办单位、承办单位等信息内容。横幅是较常见的一种宣传形式，通常由红布做成，如果采用中英文两种文字，中文在上，英文在下。横幅一般挂在主席台上方、大门上或活动举办场地周边。充气拱门、气球和彩旗也是常用的布景要素，这些要素上通常印有标识和预祝成功的祝福，有效地营造出活动的喜庆气氛，烘托活动效果。

(三) 灯光

一般节事活动的灯光主要有照明和增强艺术效果的作用，因此灯光的设计和使用往往更注重实用性、独特性和艺术性。在灯光色彩的设计中要注意设置一种基调色，各种颜色要服从基调色，同时正确处理"相似色"和"互补色"的运用，以烘托现场气氛、强化活动体验效果。灯光设计师应从实际出发，制定科学、合理、可行的设计方案，与美术设计师进行充分的交流，掌握场景的用料材质及反光率，使景与光相互依赖，相互增辉，产生最佳的艺术效果。

(四) 特技效果

节事活动运用特技效果可以吸引观众的注意力，营造激动人心的氛围，为活动现场带来与众不同的感觉，如高科技的声、光、电、烟火、气球、干冰等，这些特技效果有机组合不仅可以突出节事活动的主题，还可以丰富节事活动内容，为节事活动设定特定的基调，最重要的是可以营造完美的视觉效果，调动现场观众的情绪，给人留下深刻的印象。

三、节事活动现场接待服务管理

节事活动现场接待服务质量的好坏是衡量活动成功与否的重要标志之一。现场接待不仅要体现程序化和规范化的服务，还要体现个性化服务，满足各方人士的服务需求，提高服务满意度，增强节事活动的生命力。

(一) 接待服务礼仪

礼仪是文化的载体。由于不同国家、不同地区、不同民族文化背景的差异，礼仪的形式大不相同。节事活动的主办方和承办方应在深刻了解活动参与者的基础上，做好接待礼仪工作，尤其是要做好影响面比较大的开幕式、闭幕式和颁奖仪式的服务礼仪工作，借机宣传自身形象，引起社会广泛关注，扩大知名度。

1. 礼仪和仪式策划原则

(1) 开幕式、闭幕式与具体活动相结合的原则。开幕式和闭幕式是节事活动正式开始和结束具有象征性和标志性的仪式，种类繁多，形式繁简不一，承办单位应根据节事活动的具体内容和性质来策划安排相关接待礼仪工作。一般大型节事活动开幕式、闭幕式安排得隆重热烈，在开幕式之前可适当安排音乐、歌舞、体育表演等节目，以营造喜庆、欢乐的气氛。主持人和致辞人应具有一定的身份，致辞人身份一般应高于主持人，内容重要的致辞应事先交换稿件或通报致辞的大致内容。剪裁人应当是主办单位出席开幕式身份最高的领导，也可以安排上级领导、协作单位领导与主办单位领导共同剪裁，各个剪裁人的身份应大体相当。

(2) 国际惯例与民族风俗相结合的原则。"十里不同风，百里不同俗"，由于习俗不同、文化不同、背景不同，各国、各民族礼仪存在较大的差异。在国际交往中，许多礼宾活动都有固定的仪式、礼节，这些是必须要认真了解并遵守的。常见的礼宾次序有两大类：一类是参与者身份地位不同时，排列次序应按照地位高低、职务上下、年龄长幼等关系排列；另一类是关系对等时，通用的办法是按参与国国名的字母顺序(一般以英文字母排列居多)排列，或者是按通知代表团组成的日期先后顺序排列。如确定涉外位置、座次、安排会见合影时，遵守"以右为尊"的原则；举行谈判遵守"以右为尊"的原则；召开国际会议、举办国际博览会或国际体育比赛时，经常需要悬挂本国和有关国家的国旗，大都采用并排悬挂的方式，并按"以右为尊"的原则操作；前后排关系以"居前为上"，同一排关系以"居中为上"，而就同一排两侧的位置而言，以"居右为上"；涉外宴请时，摆放圆桌，通常以"面对正门"的方法进行具体定位。各国都有自己的风俗习惯和礼仪礼节，应学会灵活处理，在交往中遇到特殊情况要做相应的变通，以示尊重。

(3) 平等的原则。在节事活动举办过程中要认真贯彻平等原则，热情友好，彼此尊重，一视同仁，礼貌待人，不论是个人、企事业单位代表还是国家代表，不分大小、强弱、贫富，一律平等。树立良好的礼宾意识，既尊重国外的风俗习惯，又要自尊、自重、自爱和自信，根据具体情况、具体情境使用相应的服务礼仪。

(4) 诚实守信的原则。在节事活动接待服务中，要讲究信用、严守诺言、诚信无欺、表里如一。如有关时间和具体事宜方面的正式约定，一定要恪守承诺，如果由于不可抗的因素致使自己单方面失约或有约难行的，需要及时向有关各方进行情况通报，向对方致以歉意，按照规定和惯例主动承担责任，进行相关赔偿。

2. 礼仪策划程序

(1) 准备阶段。在这一阶段需要了解节事活动的主题、活动内容，明晰邀请的贵宾人数、国别、喜好等，了解国际惯例的礼仪和其传统民俗。

(2) 制定方案。根据前期了解的结果，确定节事活动接待礼仪的指导方针，制定实施方案，拟定接待经费。

(3) 邀请嘉宾。明确节事活动邀约嘉宾人员，一般邀请政府官员、业界知名人士作为嘉宾出席节事活动，邀请新闻媒体进行报道，邀请著名影星、歌星参加开幕式和闭幕式表演。节事活动组织者要事先拟定邀请名单，发送邀请函，确认到达人数、时间及联系方式。

(4) 组织实施。节事活动期间派专人负责实施接待和监督工作，做好安全保卫工作。

(二) 观众接待服务管理

节事活动期间会有大量的观众慕名而来，做好观众的接待服务管理工作尤为重要，具体可以从以下几方面开展接待工作：加强节事活动的宣传，营造节日气氛，做好观众的引导工作；加强公交路线的规划，加大公交运输能力，在机场、车站、购物场所、休闲娱乐街区设置醒目的指示标志；设计丰富多彩的节事活动吸引观众参与体验，展现举办地的组织魅力；在传统休闲、购物地区提供更多的美食、茶肆等餐饮服务，主办方适当地提供饮料和点心，为观众营造宾至如归的感觉；向观众赠送有保留价值的纪念品；加强环境优化，增加便利的停车场地，设置舒适的休息区域。

(三) 贵宾接待服务管理

大型节事活动要为贵宾(如演员、媒体记者、VIP客人)提供接送服务，事先规划缜密的交通方案，选派合适的车辆，保证交通服务的迅捷高效。对于贵宾的接送，可以根据实际需要向旅游汽车公司租用旅游巴士或轿车，配备事先培训过的驾驶员和优秀导游员，导游在途中向贵宾介绍节事活动举办地的发展概况、风土人情、旅游景区及其他信息。主办方对交通车辆进行协调和监控，提供专门的停车区域和办公、休息地点，保障服务质量，提升活动的知名度和美誉度。

(四) 特殊人士接待服务管理

在活动举行前要对宾客进行调查，掌握特殊人士的基本情况，以确定采用何种接待方式。一般情况下，应为特殊人士设置专用的坡道、盲道、洗手间等，划定专用的停车区域和观看域，并以醒目的标志标明。安排志愿者帮助特殊人士适应陌生的环境，如帮助使用轮椅者上下陡坡、为聋哑人配置手语翻译等。节事活动前需要对工作人员和志愿者进行接待培训，除了培训服务技能外，尤其要注重服务意识的培训，强调礼貌、耐心、周到地为特殊人士提供服务，不允许催促客人，随时了解客人的特殊需求，提供优质服务。

四、节事活动现场安保管理

安保管理不只是现场保安部门的责任，应该是所有参与者的责任。无论是哪种类型的节事活动，都应以"安全第一、预防为主"为安保工作原则，确保所有人的人身和财产安全，保持现场内外良好的治安秩序。现场安保管理中有许多防范措施，这里列出几点建议。

(1) 高度重视，全力投入，树立全局观念，增强节事活动安全保卫工作责任感。

(2) 领导组办公室成员要加强情报信息收集分析及处理工作，保证通信工具24小时畅通，严格请示制度。

(3) 各部门之间要加强协同配合，分工合作，发挥团队精神。

(4) 加强重要区域的安全保卫工作，建立紧急疏散系统。

(5) 当活动出现入场人数超员或其他一些情况时，管理人员可采取暂时控制入场或分时段入场等措施。

(6) 应接受消防部门的安全检查，物品存放、装饰性设施搭建须遵循消防部门的规定。

(7) 安保人员工作期间严禁吸烟喝酒，严禁擅自脱离岗位，注意礼节礼貌、文明执勤。

(8) 设置警示牌，如"禁止翻越""禁止吸烟"等，起到一定的提醒和警示作用。

(9) 为工作人员、媒体记者、嘉宾、演艺人员、VIP客人、志愿者制作出入证，有条件的还可以划分出专门的出入通道。

(10) 应在活动现场设立紧急医疗系统，配备必要的医护人员。

五、节事活动现场结束管理

节事活动现场结束管理指的是在现场活动结束后，节事活动项目负责人对活动现场的妥善处理。节事活动现场结束管理是节事活动的最后一个环节，快速、有效的现场管理是举办方操控能力的体现。

对于退场管理，要提前做好准备，要有预案、有专人负责。举办方和场地管理方须增派现场管理人员，对撤场和重点部位进行巡查；确保秩序正常、整体安全；观众快速、有序、安全退场后，所有工作人员马上。到自己的工作岗位，整理现场物品；所有工作人员要配合好场地管理方、服务商进行现场清理工作；保证回收的设施设备、物料清单准确无误；如果有贵重物品，要求准确、规范填写物品清理记录表，实行专门的出门管理与交接制度；参考物品清理记录表，逐一查实物品回收是否到位；对节事活动物品进行分类，可再次利用的物品要保管好；节事活动结束后，可以联系附近的垃圾回收站处理现场垃圾，确保不污染周边环境。

活动结束后，撰写活动报告，分析活动现场成功、失败的原因，进行工作经验总结，为后续节事活动现场服务管理积累经验。

本章小结

本章首先介绍了节事活动的概念、分类、特点及国际著名的节事活动；接着说明了节事活动对旅游目的地的优化作用，阐述了节事活动对旅游目的地产生的联动效应，同时指出节事活动给旅游目的地的社会、经济和环境等方面带来的负面影响；最后从节事活动场地类型和布置、节事活动场地装饰管理、节事活动现场接待服务管理、节事活动现场安保管理和节事活动现场结束管理5个方面介绍了旅游目的地节事活动现场服务管理。

🔵 复习思考题

1. 简述节事活动的类型及特点。

2. 节事活动对旅游目的地产生哪些影响？

3. 简述节事活动场地类型与布置。

4. 简述节事活动现场接待服务管理。

第九章 | 旅游目的地安全管理

学习目标

知识目标：熟悉旅游目的地安全管理的概念、类别及特征，了解旅游目的地安全的影响因素，掌握旅游目的地安全管理体系的构建、旅游目的地安全事故防控措施、旅游目的地安全事故的处理原则和一般程序。

能力目标：提高旅游安全意识，能预判旅游安全隐患，具备一定的旅游安全事故处理能力。

素质目标：树立"安全经营、人人有责"的观念，对旅游目的地安全管理具有一定的创新意识。

案例导入

一天两起游客坠落事故，旅游业要系好"安全带"

2022年7月22日14时许，一名游客在游玩九山顶自然景区"步步惊心"项目时突发身体不适导致昏迷，在工作人员救助过程中坠落，后经抢救无效死亡。同一天，湖北恩施地心谷景区也发生一起游客坠落事件。景区通报称：坠落游客为10岁儿童，经初步诊断，其腰椎、胸椎骨折，头皮裂伤，暂无生命危险。据媒体梳理发现，类似的主打"刺激"的高空游览项目，近些年在全国景区几乎遍地开花，相关安全事故也时有发生，安全警示非常重要。

思考：旅游景区如何避免上述事故发生？旅游者参加这类活动事先应做好哪些准备？

第一节　旅游目的地安全管理概述

随着社会进步和人民生活水平的提高，人们对美好生活的需求日益增长，旅游越来越受欢迎，但因旅游业综合性强、关联度高、辐射面广等特性，旅游安全问题备受关注。安全作为旅游的生命线，是旅行的前提，也是最重要的保障，安全问题随时都可能给旅游目的地发展带来致命的影响，因此了解和重视安全管理是确保旅游目的地持续稳定发展的重要一环。

一、基本概念的界定

(一) 旅游安全

安全，即平安、不受威胁。在旅游活动中，旅游者离开居住地到达一个陌生的环境，其人身、财产等安全问题需要得到保障。旅游安全(程金龙，2021)有广义和狭义之分，广义的旅游安全是指旅游活动中各相关主体的一切安全现象的总称，它既包括旅游活动各环节的相关现象，也包括旅游活动中涉及的人、设备、环境等相关主体的安全现象；既包括旅游活动中的安全观念、意识教育、思想建设与安全理论，也包括旅游活动中安全防控、保障管理等。狭义的旅游安全是指旅游者的安全，包括旅游者在旅游途中的人身、心理和财产安全。

旅游安全是旅游业的生命线，是旅游业发展的基础和保障，也是维护旅游声誉、提高服务质量、保证旅游活动正常开展的重要条件。

(二) 旅游目的地安全

旅游目的地作为旅游业的重要组成部分，是旅游者旅游的最终目的地和重要集散地，其安全管理是不容忽视的。旅游目的地安全(邹永广，2015)是指在一定时空区域范围内，目的地旅游系统在实际运行和组织发展过程中，在内部和外部因素及其相互作用和干扰下，所拥有一种有保证或有保障状态，或维持目的地旅游系统稳定的状态。其中"有保证或有保障状态"是强调目的地旅游系统安全，是一种肯定的、正面的状态。旅游者对旅游目的地安全的感知是其进行旅游决策的重要影响因素，建设一个安全的旅游目的地环境对正常开展旅游活动和传播旅游目的地声誉具有重要意义。

(三) 旅游目的地安全管理

旅游目的地的安全管理是指综合运用管理职能对旅游活动所涉及的安全现象进行管理，以保证旅游目的地系统稳定的状态。根据《中华人民共和国旅游法》，旅游者购买、接受旅游服务时，应当向旅游经营者如实告知与旅游活动相关的个人健康信息，遵守旅游活动中的安全警示规定，配合有关部门、机构或者旅游经营者采取的安全防范和应急处理措施。由此可见，旅游目的地安全管理不是单方面的事情和责任，而是旅游各方共同努力、相互配合的结果。

二、旅游目的地安全影响因素

(一) 内在影响因素

旅游目的地安全内在影响因素是指维持旅游目的地系统运行稳定和谐的内部结构性因素。内在影响因素主要包括旅游目的地的社会经济状况、旅游目的地应急管理和旅游者行为等。

旅游目的地社会经济状况是影响目的地旅游安全的重要因素，旅游目的地社会经济越发达，旅游安全投入越多，旅游安全设施也就越完善，旅游目的地的安全保障能力及风险抵抗能力则越强。旅游目的地应急管理主要由旅游安全管理制度、应急预案和应急机制的建设、应急救援能力等构成，应急管理水平的高低直接影响着突发事件对目的地造成的经济损失及社会各种反应的强弱。此外，旅游者的感受和认知对目的地旅游安全也会产生影响。有的旅游者刻意追求高风险旅游行为，增加了事故发生的可能性，同时也增加了旅游目的地安全管理的难度；有的旅游者由于安全意识不强，如随意扔弃烟头、误入泥泞沼泽地、进入有瘴气的山谷等，都可能会产生安全事故。

(二) 外在影响因素

旅游目的地安全稳定的外在影响因素是指外界的扰动对旅游目的安全造成威胁的风险因素。外在影响因素既包括可预见的因素，也包括不可预见的因素，主要体现在自然灾害、社会环境、公共卫生、重大事故等方面。自然灾害可分为骤发性自然灾害和长期自然灾害两大类。常见的骤发性自然灾害包括地震、台风、塌陷、山体滑坡、泥石流、海啸、沙尘暴等；长期自然灾害包括干旱、沙漠化、水土流失、大气污染等。这些自然灾害构成了旅游目的地的不安全状态，一旦发生就会给旅游目的地居民和游客的生命财产带来灾难性的影响。社会环境的不安全来源于社会与管理灾害，主要包括战争、恐怖主义、社会动乱、犯罪活动等引起的灾难或损害，这些是旅游目的地安全状况最直接的指标，直接影响着旅游目的地游客安全感。由于不同区域公共卫生状况不尽相同，进而不同的旅游目的地区域公共卫生安全保障存在差异，这也是一个重要的安全影响因素。重大事故的发生往往会对旅游目的地产生巨大冲击和损失，如目的地的重大交通事故、公共设施和设备事故等均会影响或危害旅游目的地居民和游客的人身及财产安全。

三、旅游目的地安全管理特征

(一) 安全管理的复杂性

旅游目的地是涵盖自然、经济和社会要素的复杂系统，旅游目的地安全系统既包括公共安全子要素，也包括旅游安全子要素，各项要素错综复杂、相互作用、相互影响，增加了旅游目的地安全管理的难度。此外，旅游目的地安全风险来源复杂多样，可来自人为活动、设施设备、自然灾害、卫生健康和社会安全等多方面，使旅游安全系统的稳定性难以保障。因此，旅游目的地安全管理不仅要防止人为事故，如防火、防盗、防诈骗，还要防止自然灾害，如防山洪、防台风、防暴雨暴雪。

(二) 安全管理的全面性

旅游目的地安全问题广泛地存在于旅游活动的各个环节，几乎所有环节都有可能存在安全隐患，任何类型的旅游者都可能面临旅游安全问题。此外，旅游安全与旅游目的地的从业人员、社区居民、旅游相关部门等息息相关，安全事故有多种表现形态，不同形态的安全事故造成的损失与影响各不相同。由此可见，旅游目的地安全管理范围广，管理难度大，需要各方共同努力来完成。

(三) 安全管理的应急性

旅游目的地的安全事故发生往往出乎意料，带有极强的突发性，容易发生连锁反应。很多旅游活动中出现的安全问题是在极短的时间内、毫无防备的情况下发生的，包括很多具有突发性的自然灾害。这就要求旅游安全管理相关部门、企业、从业人员在平时增加安全管理意识，重视事前控制，防止事故发生，同时做好各种应急准备，一旦突发旅游安全事故，也能临危不惧。此外，旅游者尽可能地培养自己的旅游安全意识，加强安全问题的防范，提升自我保护能力。

(四) 安全管理的科学性

虽然旅游目的地安全存在各种风险，但是旅游目的地安全是可量、可防、可控的。旅游目的地主体可以通过有效手段对不安全状态或存在安全隐患的区域进行监测，针对不同的安全风险监测结果制定不同的管理措施，防止安全事故的发生，对于已经发生的安全事故要采取科学的救援措施，将损失降到最低。

四、旅游目的地安全管理类别

从旅游业运行的环节和旅游活动特点来看，旅游目的地安全管理大致可以分为以下几种类别。

(一) 自然灾害

自然灾害是由不可控的自然原因引起的安全问题，不同旅游目的地面临的自然灾害不同，灾害发生的频率也不同。有的自然灾害是可以预测的，甚至是可以精准预测的，如台风、暴雪、暴风雨等气象灾害；有的自然灾害则无法预测，如地震等。不论能否精准预测灾害，旅游目的地应该对自然灾害加强防范，尤其是相关的管理部门，应建立健全管理机制，通过预报预警、防范设施、应急处理措施等方式，将灾害带来的损失降到最低。

(二) 设施设备

旅游目的地设施设备类型多样，任何细小环节都有可能导致安全问题。如旅游目的地的步行道、护栏、休闲设施、消防设施、水电设施等基础设施的设计、修建及维护是旅游目的地安全管理的微观环节，但相关事故发生频率却比较高。又如景区内的娱乐项目和器械的使用与管理决定了游客安全问题，并贯穿于旅游活动的始终，一旦出现安全问题，后果不堪设想。为了降低事故的发生率，旅游目的地要加强对基础设施的使用和维护管理，加强对旅游目的地娱乐项目和器械的检修及维护，加强对娱乐项目和器械使用者的管理，以保障旅游者的生命安全。

(三) 交通安全

旅游交通安全问题是旅游目的地安全管理的重要事项之一，也是旅游中最容易发生的安全事故。旅游目的地交通安全形态多种多样，如公路交通包括旅游大巴、公交车、特殊交通等；如景区内交通包括电瓶车、缆车、水上交通及步行道等。在游客密度较大的旅游地区，交通安全更应引起重视。

旅游目的地交通情况复杂多样，旅游目的地相关管理部门一定要充分考虑可能存在的各种安全隐患，加强预见性管理，及时将问题扼杀在摇篮之中。此外，旅游者出行前也要对可能发生的交通状况提前做好防范措施，以保障自身安全。

(四) 游览活动安全

游览活动安全问题是指旅游者在旅游活动过程中可能出现的安全问题。引起游览活动安全问题的原因除了前面介绍的自然灾害、设施设备、交通以外，还包括旅游目的地的地理条件、游客自身行为、客流量、日常管理等。由于游览活动涉及的部门多、参与的游客广、活动内容丰富，游览活动安全变得更加复杂。例如，2022年10月29日晚，韩国梨泰院发生了严重的踩踏事件，共有158人丧生，196人受伤。

游览活动安全管理非常重要，旅游目的地相关管理部门要贯彻"以人为本，关爱生命"的指导原则，加强安全防范，对旅游目的地进行全面安全检查，对游览活动进行合理化设计和安排。同时旅游者也要提高防范意识，规范自身的行为。

(五) 治安安全

旅游目的地既有旅游者，又有当地社区居民，旅游活动、商贸活动频繁，往往是治安问题的高发区域，如价格欺诈、强买强卖，要想减少或杜绝这些治安问题的发生，旅游目的地在公共场所应增设安保摄像头、设置巡逻点，加强旅游目的地治安工作，依法打击强买强卖、敲诈勒索、殴打辱骂旅游者等各类违法犯罪活动，同时也要加强对旅游者的安全教育和监督管理，防止旅游者破坏当地治安。

(六) 其他安全

在旅游目的地安全中，餐饮安全、住宿安全、娱乐安全等是目的地应该注意的重要安全问题。如2019年7月，15名中国游客在俄罗斯圣彼得堡一家酒店进餐后，集体食物中毒，因为在接收医院得到及时救治，仍完成了后续参观游览。鉴于此，旅游目的地应设立医疗点，配置医疗设备和医疗药物，防患于未然，同时定期进行餐饮卫生检查，进行旅游餐饮食品安全综合整治，规范住宿设施建设和安全设备留置，加强对娱乐项目的监管。

案例9-1

广东强化旅游安全能力提升

2023年，广东省旅游安全能力提升暨应急救援演练活动在江门举办。活动期间，广东省文化和旅游厅结合当前旅游安全工作特点，设置旅游包车事故应急处置、玻璃桥项目突发事件应急处置、缆车故障应急处置3个科目，开展了安全应急救援演练。

据了解，2023年广东旅游安全工作总重点是推动安全生产治理模式向事前预防转型，排查整治安全生产重大隐患，着力防控重大安全风险，坚决防范遏制较大以上涉旅安全事故，以高水平安全护航文旅高质量发展。

广东省文化和旅游厅要求全省各地文化和旅游部门牢固树立安全发展理念，更加精准有效加强安全监管执法，强化各方责任落实，牢牢守住安全生产底线；更加突出安全风险防范，做好节假日、暑假等重点节点的安全防范及防汛防台应对工作；更加重视行业安全管理，做好旅游包车安全管理工作，加强设施设备、文旅活动、团队旅游安全管理。加强部门协调联动，广泛开展调查研究，注重创新突破，强化能力建设，切实抓好各项安全防范措施落实，着力提高行业安全管理和应急处置能力。

(资料来源：张静.广东强化旅游安全能力提升[N].中国旅游报，2023-04-27.)

思考：结合案例，试说明事前防控的重要性。

第二节 旅游目的地安全管理体系构建

一、旅游目的地安全管理体系构建的必要性

旅游目的地安全管理是旅游活动能够顺利进行、旅游业得以发展的保障，是实现旅游目的地生态、经济和社会可持续发展的重要基础。

(一) 旅游目的地安全管理的内在要求

旅游目的地安全管理的复杂性和全面性要求旅游目的地构建安全管理体系。第一，旅游者需要安全的旅游环境，保障旅游活动顺利进行；第二，旅游业的健康发展需要稳定的社会环境；第三，旅游目的地有义务维持社会稳定，保障旅游活动安全有序地进行。因此，旅游目的地安全管理有着举足轻重的作用，研究旅游目的地安全管理的内容、任务与功能，构建旅游目的地安全管理体系，有效地解决旅游安全问题已非常必要。

(二) 旅游目的地可持续发展的基础

如果旅游目的地发生较大的安全事故，就会给旅游目的地带来巨大的负面影响，如旅游形象和声誉受损、旅游目的地经济发展受到影响，甚至副作用足以抵消全部正效应，就会出现"100-1=0"的效果。旅游安全作为游客的基本需求，也是旅游目的地可

持续发展的基础，不管在哪些方面出现安全问题，都会产生不良影响，甚至影响旅游目的地旅游业的发展，因此，要重视旅游目的地安全管理，保障旅游活动正常开展，保证旅游业可持续发展。

(三) 旅游经营者获取经济效益的保证

对于旅游经营者来说，安全是影响旅游者选择旅游目的地的重要因素之一，也是保证旅游活动顺利进行并获取良好经济效益的前提。一旦发生旅游事故，就会给旅游经营者带来不同程度的影响，最直接的影响就是经济损失。旅游目的地加强安全管理，建立安全保障体系，是保证旅游质量、提高游客满意度的重要举措，也是旅游经营者获取经济效益的有效保障。

二、旅游目的地安全管理体系的构成

近年来，随着旅游目的地游客量的不断增长，构建旅游目的地安全管理体系显得尤为重要。旅游目的地安全管理体系是由旅游者、旅游部门及社会环境共同组成的一个有机整体，它主要由控制机制系统、安全预警系统、应急救援系统和事故修复系统组成(见图9-1)。这些系统在旅游安全上相互作用、相互联系，共同发挥作用。

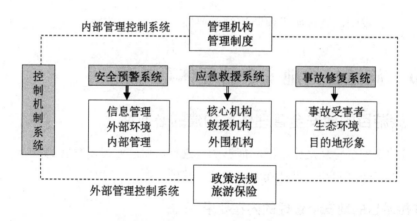

图9-1　旅游目的地安全管理体系

(一) 控制机制系统

控制机制系统是对旅游目的地整个安全管理系统进行控制的系统，可分为内部管理控制系统和外部管理控制系统，其中内部管理控制系统主要包括管理机构、管理制度等，外部管理控制系统主要包括政策法规、旅游保险等。

1. 设立旅游安全管理机构

旅游目的地要设立旅游安全管理机构，实施安全管理责任制，全面负责旅游安全工作。首先旅游目的地安全管理机构要配备高素质的管理人员，运用先进的管理理念和管理手段，对旅游目的地进行日常安全管理、安全防范、安全控制和安全指挥，切实做到认识到位、责任到位、协调到位、安全到位；其次，建立完善的安全管理责任制，明确每个岗位的职责；最后，实施安全管理人员培训制度，开展旅游安全管理宣传、教育工作。

2. 制定旅游安全管理制度

在国家相关法律法规指导下，结合旅游目的地实际情况，制定旅游安全管理制度、规章和条例，以保证旅游目的地旅游者、社区居民、旅游从业人员的人身安全和财产安全。安全管理制度应涉及旅游目的地安全管理的各个方面，包括安全知识的培训、考核、日常演练、岗位工作的监督等方面，实现制度化、程序化，健全的安全管理制度可以保障旅游目的地能够有章可循、有据可依、有序运营。

3. 构建安全政策法规体系

政策法规以其权威性和强制性来规范和控制旅游从业人员的行业行为，提高从业人员和旅游者的安全意识和防控意识，唤起广大社会公众对旅游安全问题的关注，为旅游目的地创建安全的旅游环境提供保障。旅游安全政策法规体系有三种表现形式：由全国一级政府颁发的全国性政策法规与标准；由地方政府、行业主管部门颁发的地方性、行业性法规、条例与标准；由企业和部门制定、实施的规章制度。三种形式的政策法规同时作用于旅游活动的各个环节，规范与指导旅游目的地的旅游安全工作。

4. 完善旅游保险体系

旅游保险是旅游活动各种保险项目的总称，是保障旅游活动中相关利益主体正当权益的重要途径。我国旅游保险体系基本形成拥有旅行社责任保险、旅游人身伤害险、旅游意外保险、旅游救助保险等险种的旅游保险运作体系，旅游目的地应结合实际情况，不断完善自身保险体系，使旅游者及相关人员的权益得到保障。

(二) 安全预警系统

安全预警系统是为了预防安全事故的发生而设置的系统，一方面，安全预警系统可以使旅游者远离危险；另一方面，安全预警系统可以保护旅游目的地重要资源不受外界的侵害。安全预警系统以信息管理为基础，主要监测外部环境与内部管理的信息。

1. 信息管理

由于旅游安全具有很强的不可预见性，加强信息管理显得极为重要，及时准确的预警信息将有利于降低事故的发生率，有利于保护人们的生命财产安全，减少旅游目的地的经济损失。旅游目的地安全管理体系中各项功能的实现都以信息为支撑，如构建旅游安全信息平台，对旅游安全信息进行收集、研判，制定科学合理的安全管理模式和安全管理方案。同时旅游目的地管理主体第一时间通过安全信息平台向外界发布风险预警信息。此外，构建跨地区跨部门组织的旅游安全预警信息共享机制，及时分享旅游安全预警信息，以便迅速做出应对策略。

2. 外部环境

为了全面掌握旅游目的地安全运行的外部情况，应加强外部环境预警工作，主要包括对自然灾害、环境污染、政策法规变化、政治稳定和军事态势等进行预警。外部环境预警能够防止或避免灾害的发生，规避动乱，减少对旅游者造成的伤害，最大限度控制损失，保护人们生命财产安全。

3. 内部管理

安全预警系统的内部管理主要是对内部管理的不良行为进行预警，重点是对景区超载、治安管理、健康预警、交通保障、安全设施等进行预警，对旅游目的地的环境容量、安全级别、食品卫生、大交通小交通、设施设备等进行重点管理。有效的内部管理可以减少事故的发生，降低损失，保护旅游目的地资源环境。

(三) 应急救援系统

应急救援系统是为了实施安全救援、迅速解决安全事故而设置的系统。当旅游目的地发生事故时启动应急救援系统，可以迅速展开救援工作，减少损失，挽救生命。一个高效完善的旅游安全应急救援系统应该由核心机构、救援机构、外围机构组成。

1. 核心机构

核心机构即旅游救援指挥中心，统管旅游救援工作，其核心地位体现为对整个旅游安全救援工作的统筹和协调。由旅游目的地政府牵头组织建立旅游救援指挥中心，充分利用目的地现有的旅游救援机构，对这些机构在可能的范围内进行整合，在合作的基础上利用其现有网络形成旅游救援中心。

2. 救援机构

救援机构根据旅游救援指挥中心的指令和要求开展救援行动，并及时向旅游救援指挥中心反馈实时救援情况，以利于旅游救援指挥中心更有效地指挥救援行动。旅游救援机构划分为医疗性救援机构和非医疗性救援机构。绝大多数的旅游救援都跟医疗有关，所以应增加医疗卫生部门的支援力度；非医疗性救援机构要从旅游活动的不同环节判断救援工作类型，确保旅游救援工作的顺利开展。

3. 外围机构

外围机构与旅游安全系统有着密切的联系，并与旅游安全问题的解决和旅游安全系统的建设有着直接的联系。外围机构一般包括旅游景区、旅游企业、社区、保险机构、新闻媒体、通信部门等。旅游目的地社会经济发展水平、医疗卫生状况影响着旅游安全救援工作的速度和质量。

(四) 事故修复系统

旅游目的地发生安全事故会使个别旅游者身体受到伤害甚至失去生命，使旅游者产生心理阴影，且旅游目的地也会受到不同程度的损坏，因此，旅游目的地需要采取积极的事故修复措施，以保证目的地旅游业平稳运营。

1. 安抚事故受害者

旅游者的生命财产安全是旅游业发展的生命线，是旅游者出行的基本需求。旅游目的地一旦发生安全事件，给目的地带来的负面影响将持续很长一段时间。因此，安全事故发生后，旅游目的地要向社会进行情况说明，第一时间安抚旅游者恐慌不安的情绪，协助有关部门做好抢救治疗工作，及时联系保险公司及相关部门补偿受伤害的旅游者，做好善后处理工作。

2. 修复生态环境

旅游安全事故的发生会对旅游目的地的生态环境造成一定影响，尤其是自然灾害对目的地生态环境的破坏性更大，因此事故发生后，需要及时对旅游目的地生态环境进行修复，如裂缝修补、塌陷坑充填平、陡荒坡地绿化、污染治理等，采取一系列措施进行综合整治，尽快恢复旅游目的地的生态环境。

3. 重塑旅游目的地形象

安全管理事故发生后，旅游目的地通过生态修复、设施设备修缮、技术整改等措施恢复重建。重建后的旅游目的地需要通过各种宣传手段向旅游者展示修复成果和新的旅游吸引力，及时将目的地旅游恢复计划和整改措施公布于众，并适当推出各种优惠政策，使旅游者对目的地旅游安全的顾虑，恢复对旅游目的地的信心。

第三节　旅游目的地安全事故管理

一、旅游目的地风险提示

根据2016年颁布的《旅游安全管理办法》，国家建立旅游目的地安全风险(以下简称风险)提示制度。根据可能对旅游者造成的危害程度、紧急程度和发展态势，风险提示级别分为一级(特别严重)、二级(严重)、三级(较重)和四级(一般)，分别用红色、橙色、黄色和蓝色标示。风险提

知识链接9-1

示信息应当包括风险类别、提示级别、可能影响的区域、起始时间、注意事项、应采取的措施和发布机关等内容。风险提示发布后，旅行社应当根据风险级别采取下列措施：对于四级风险，加强对旅游者的提示；对于三级风险，采取必要的安全防范措施；对于二级风险，停止组团或者带团前往风险区域，已在风险区域的，调整或者中止行程；对于一级风险，停止组团或者带团前往风险区域，组织已在风险区域的旅游者撤离。其他旅游经营者应当根据风险提示的级别，加强对旅游者的风险提示，采取相应的安全防范措施，妥善安置旅游者，并根据政府或者有关部门的要求，暂停或者关闭易受风险危害的旅游项目或者场所。风险提示发布后，旅游者应当关注相关风险，加强个人安全防范，并配合国家应对风险暂时限制旅游活动的措施，以及有关部门、机构或者旅游经营

者采取的安全防范和应急处置措施。

二、旅游目的地安全事故处理原则

(一) 迅速处理原则

旅游目的地发生安全事故后，报告单位应立即派人赶赴现场，组织抢救工作，采取合理、必要的措施救助受害旅游者，控制事态发展，防止损害扩大，并及时报告当地公安部门。

(二) 属地处理原则

旅游目的地安全事故发生后，原则上由所在地政府统一领导，协调有关部门、事故责任方及其主管部门负责处理，充分利用各方面的力量，运用综合的手段，快速有效地做好救援工作，防止次生、衍生事件。

(三) 善后处理原则

旅游目的地事故善后处理应将保护旅游者基本权利和利益放在第一位，尊重当事人本人及其所在国家和地区的风俗习惯，依法办事，妥善处理。首先，要查清事故原因，制定切实可行的整改措施；其次，采取批评教育的方法，辅之以经济或行政处罚手段，使事故责任单位和责任人得到教育并接受教训；最后，尽早对外公布事故的原因、情况及处理进展等信息，抑制不实谣言、传闻的扩散，稳定社会舆论。

三、旅游目的地安全事故处理一般程序

(一) 及时报告事故情况

旅游目的地安全事故发生后，旅游经营单位的现场人员应当立即向本单位负责人报告，单位负责人接到报告后，应当于1小时内向发生地县级旅游主管部门和相关部门报告。情况紧急或者发生重大、特别重大旅游突发事故时，现场有关人员可直接向发生地县级以上旅游主管部门和相关部门报告。旅游主管部门向上级主管部门报告旅游突发事故的内容应当包括下列信息：事故发生的时间、地点，伤亡人数、影响范围，事故涉及的旅游经营者、其他有关单位的名称，采取的应急措施及处置情况，需要的支持协助，报告人姓名、单位及联系电话。

(二) 保护隔离现场

当旅游安全事故发生后，首先是进行先期处理，防止事态进一步扩大化；其次，现场工作人员一定要配合公安机关或相关部门，严格保护事故发生地现场；最后，应对事故人员和事故地点进行隔离，在进行人员隔离的时候，要避免进一步加深事故的不良影响，事故地点应及时设置警示标语或警示牌等提示性信息，防止人员误入现场，同时维护现场周边的交通秩序正常运行。

(三) 协同抢救侦查

旅游目的地安全事故发生后，相关旅游经营单位和当地旅游行政管理部门的负责人应及时赶赴现场，迅速采取适当措施对旅游者进行紧急救援，采取积极有效的经济、法律、公关等行动，及时控制事态发展，稳定秩序，最大限度地消除旅游目的地安全事故带来的消极影响。相关部门和人员要积极配合公安、交通救护等部门，查清事故原因、人员伤亡及财产损失情况、事故的性质和责任等内容。

(四) 做好善后工作

确认伤亡人员情况，并做好统计工作，通知旅游组织者及伤亡者家属，如果涉及海外游客，需要通知所在国驻华使领馆，向伤残者或伤亡家属提供必要的证明文件，做好死者遗物的清理工作；依据有关法律、保险和管理办法商议理赔；提出防止类似事故再次发生的建议，提出对事故有关责任人的处理建议，检查事故的应急措施落实情况。

(五) 提升管理恢复重建

旅游目的地安全事故应对处理之后，针对事故产生的原因及后果，相关部门应认真总结分析，吸取经验教训，对存在的问题进行整改，同时恢复重建旅游目的地，提升产品和服务质量，向媒体展示旅游目的地的重建成果，努力恢复旅游目的地形象，促进当地旅游业发展。

四、旅游目的地安全事故防控措施

(一) 加强部门间的协同合作

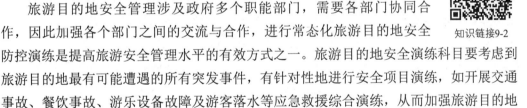

知识链接9-2

旅游目的地安全管理涉及政府多个职能部门，需要各部门协同合作，因此加强各个部门之间的交流与合作，进行常态化旅游目的地安全防控演练是提高旅游安全管理水平的有效方式之一。旅游目的地安全演练科目要考虑到旅游目的地最有可能遭遇的所有突发事件，有针对性地进行安全项目演练，如开展交通事故、餐饮事故、游乐设备故障及游客落水等应急救援综合演练，从而加强旅游目的地各部门之间的协调合作能力，提高安全事故应急救援效率。此外，应加强旅游目的地从业人员安全培训力度，增加相关人员的工作责任意识，促进旅游目的地安全健康发展。

(二) 加强安全技术的融合运用

伴随着5G通信技术、地理信息系统(GIS)、全球定位系统(GPS)、遥感系统(RS)的应用，以及物联网、云计算、大数据、人工智能(AI)、区块链、人脸识别、可视化和环境预测与模拟技术的进步，旅游目的地应将这些技术融合到安全管理和安全监测中，实现旅游目的地安全管理监控全覆盖，提高安全管理效果。此外，旅游目的地智慧管理平台应与政府相关部门建立信息共享机制，及时监控旅游情况，制定科学的旅游安全管理措施，以促进旅游目的地的可持续发展。

(三) 加强安全管理的精细化运作

旅游安全无小事，旅游目的地安全管理将逐渐向精细化管理方向发展，对内要细化安全管理的各个环节，对外要注意与相关部门联动及配合的默契性，对旅游者要细化安全服务，培养旅游者安全意识，听从管理人员的指挥。旅游目的地要加强标识系统的建设，增强安全警示标志的知识性、趣味性和关怀性，细化安全管理解说系统，提升安全管理的效率。运用互联网、微信小程序和OA系统等技术手段实现旅游目的地安全协同管理，提升旅游目的地安全问题的响应速度。

本章小结

本章首先介绍了旅游目的地安全管理的概念、旅游目的地安全影响因素、旅游目的地安全管理的特征及类别；接着阐述了旅游目的地安全管理体系构建的必要性和内容；最后介绍了旅游目的地安全事故处理的原则及一般程序，通过加强部门间的协同合作、加强安全技术的融合运用、加强安全管理的精细化运作等措施，提高旅游目的地安全管理的防控水平。

👤 **复习思考题**

1. 旅游目的地安全的影响因素有哪些？
2. 旅游目的地安全管理可以分为哪几种类型？
3. 试说明如何构建旅游目的地安全管理体系。
4. 请说明旅游目的地安全事故处理的一般程序。

第十章 旅游目的地环境资源管理

学习目标

知识目标： 认识旅游资源的概念与特征，理解旅游资源的分类，认识旅游资源保护的重要意义与原则，理解旅游资源保护的实现途径，熟悉环境容量的概念，了解环境容量的测算方法。

能力目标： 能够结合旅游业发展及旅游市场需求改进提高旅游目的地环境资源管理水平。

素质目标： 查阅国内外旅游资源保护的相关法律制度，对比分析国内外旅游资源保护法的区别与联系。

案例导入

"十四五"旅游业发展规划(节选)

坚持文化引领、生态优先，把文化内涵融入旅游业发展全过程。坚持"绿水青山就是金山银山"理念，通过发展旅游业促进人与自然和谐共生，稳步推进国家文化公园、国家公园建设，打造人文资源和自然资源保护利用高地。

1. 保护传承好人文资源

坚持保护优先，在保护中发展、发展中保护，以优秀人文资源为主干，深入挖掘和阐释其中的文化内涵，把历史文化与现代文明融入旅游业发展，提升旅游品位，在依法保护管理、确保文物安全的前提下，推动将更多的文物和文化资源纳入旅游线路、融入旅游景区景点，积极传播中华优秀传统文化、革命文化和社会主义先进文化。

深入推进中华文化资源普查工程，协同推进旅游资源普查工作。加强石窟寺保护展示，推进大遗址保护利用和国家考古遗址公园建设，合理配套旅游服务功能。推动革命文物集中连片保护利用和党史文物保护展示，提升重大事件遗迹、重要会议遗址、重要机构旧址、重要人物旧居保护展示水平。推动有条件的文博单位增强旅游服务功能，提高展陈水平。依托非遗馆、非遗传承体验中心(所、点)、非遗工坊等场所培育一批非遗旅游体验基地，推动非遗有机融入旅游产品和线路，实现更好传承传播。对代表社会主义建设成就重大工程项目进行合理旅游开发，深入挖掘其中蕴含的精神内涵。创新"四个共同"的中华民族历史观在旅游景区景点展陈方式，向游客讲好中华民族共同体故事。

2. 保护利用好自然资源

贯彻落实习近平生态文明思想，坚持生态保护第一，适度发展生态旅游，实现生态保护、绿色发展、民生改善相统一。充分考虑生态承载力、自然修复力，推进生态旅游可持续发展，推出一批生态旅游产品和线路，加强生态保护宣传教育，让游客在感悟大自然神奇魅力的同时，自觉增强生态保护意识，形成绿色消费和健康生活方式。积极运用技术手段做好预约调控、环境监测、流量疏导，将旅游活动对自然环境的影响降到最低。

3.创新资源保护利用模式

推进国家文化公园建设，生动呈现中华文化的独特创造、价值理念和鲜明特色，树立和突出各民族共享的中华文化符号和中华民族形象，探索新时代文物和文化资源保护传承利用新路径，把国家文化公园建设成为传承中华文明的历史文化走廊、中华民族共同精神家园、提升人民生活品质的文化和旅游体验空间。加快建设长城、大运河、长征、黄河等国家文化公园，整合具有突出意义、重要影响、重大主题的文物和文化资源，重点建设管控保护、主题展示、文旅融合、传统利用四类主体功能区，实施保护传承、研究发掘、环境配套、文旅融合、数字再现五大工程，突出"万里长城""千年运河""两万五千里长征""九曲黄河"整体辨识度。推进优质文化旅游资源一体化开发，科学规划、开发文化旅游产品和商品。推出参观游览联程联运经典线路，开展整体品牌塑造和营销推介。

推进以国家公园为主体的自然保护地体系建设，形成自然生态系统保护的新体制新模式。充分发挥国家公园教育、游憩等综合功能，在保护的前提下，对一些生态稳定性好、环境承载能力强的森林、草原、湖泊、湿地、沙漠等自然空间依法依规进行科学规划，开展森林康养、自然教育、生态体验、户外运动，构建高品质、多样化的生态产品体系。建立部门协同机制，在生态文明教育、自然生态保护和旅游开发利用方面，加强资源共享、产品研发、人才交流、宣传推介、监督执法等合作。

(资料来源：规划司."十四五"旅游业发展规划[EB/OL](2022-03-25)[2023-08-30]. https://www.ndrc.gov.cn/fggz/fzzlgh/gjjzxgh/202203/t20220325_1320209_ext.html.)

思考： 旅游资源保护对旅游目的地的意义。

第一节　旅游目的地资源保护

一、旅游资源的概念

旅游资源是旅游业发展的物质基础，是旅游开发的依据。在一定条件下，旅游资源的类型、规模、品质及其所处的区位条件是一个地区旅游业发展的关键，往往决定着地方旅游发展的方向、速度和规模。改革开放以来，随着旅游业的不断发展，学者们在实践中不断探讨旅游资源的内涵和外延，以便科学地进行旅游资源的评价、开发和管理，促进旅游资源价值的实现和可持续发展。20世纪80年代至今，学界对旅游资源的概念界定做了不懈的探索，主要观点如下：郭来喜(1982)认为凡是为旅游者提供观赏、知识乐趣、度假疗养、娱乐休息、探险猎奇、考察研究以及友好往来和消磨闲暇时间的客体和劳务，均可称为旅游资源。陈传康(1990)认为旅游资源是在现实条件下，能够吸引人们产生旅游动机并进行旅游活动的各种因素的总和，它是旅游业产生和发展的基础。李天元(1991)认为凡是能够造就对旅游者具有吸引力环境的自然因素、社会因素和其他任何因素，都可构成旅游资源。保继刚(1999)认为旅游资源是指对旅游者具有吸引力的自然存在和历史文化遗产，以及直接用于旅游目的地的人工创造物。王兴斌(2000)认为广义的旅游资源指凡是能为旅游活动提供支撑和保障的一切物质和非物质的资源，包括旅游景观资源、资金资源、设施资源、商品资源、人力资源、智力资源、信息资源和环境资源等；狭义的旅游资源仅指旅游景观和环境资源。国家旅游局(现为文化和旅游部)2003年2月24日颁布《旅游资源分类、调查与评价》(GB/T 18972—2003)中将旅游资源定义为自然界和人类社会中凡能对旅游者产生吸引力，可以为旅游业开发利用，并可产生经济效益、社会效益和环境效益的各种事物现象和因素。与中国不同的是，西方国家将旅游资源称为旅游吸引物，不仅包括旅游地的旅游资源，还包括接待设施和优良的服务因素，甚至还包括舒适快捷的交通条件。

二、旅游资源保护的原则

随着大众旅游时代的到来，人们越来越意识到，旅游能够净化心灵、满足人们生理及心理上的需求，使人感觉幸福，培养高尚的情操、自尊的情怀，优质的旅游资源能够满足我们对生活品质提高的需求。旅游资源是大自然的恩赐和传承，是先人们留给我们的宝贵遗产。我们需要保护旅游资源，使其更好地传承并可持续利用。

旅游资源开发与保护关系并非不可调和，为了保护旅游资源而阻止旅游开发活动并不是最佳选择，只有摒弃传统的发展观，在旅游资源开发与保护中寻求平衡点，在旅游开发经营的同时，重视旅游资源保护，才能实现资源开发与保护的双赢。旅游资源保护必须遵循以下原则。

(一) 最佳利益原则

任何旅游景点和旅游设施的开发都会占用旅游资源，在进行旅游项目开发之前，必须对旅游资源的不同用途可能带来的社会收益与社会成本进行比较和权衡，确保资源用途达到当地社会的最佳利益。

(二) 永续利用原则

永续利用原则是指通过权衡现实利益与未来利益，在保障旅游资源永续利用的前提下追求最佳利益。对旅游进行保护必须要有长期性和连续性，既能保持旅游资源原有的特色，又能在长期的发展中实现可持续性。第一，测算目的地最大承载量，避免因旅游活动过度导致旅游资源遭到不可逆转的破坏；第二，避免过度建设大型娱乐设施，应在不引起环境质量退化和诱发自然灾害的前提下，建设旅游基础设施与其他设施；第三，避免对旅游资源进行过度商业化的开发，最大限度地以旅游资源最本真的面貌吸引游客，尊重原真性；第四，旅游收入反哺旅游资源保护，逐步走上"以旅游养环保"的良性循环道路。

知识链接10-1

(三) 预警保护原则

预警保护原则要求旅游开发在没有进行相关科学论证并缺乏肯定性结论之前，不能擅自进行旅游开发、旅游设施建设和开展旅游活动，从而减少盲目的旅游开发。同时，对旅游资源进行实时监控，一旦出现旅游资源退化迹象，立即对其进行修复管理，必要时需对其进行"隔离"保护。

(四) 污染付费原则

污染付费原则要求"谁污染，谁负责"或"谁污染，谁治理"，将旅游资源保护落到实处。根据使用旅游资源的情况，旅游经营者和旅游者需对旅游资源承担相应保护责任，尤其是及时发现遭到破坏的旅游资源，及时有效地予以纠正和治理。

(五) 科技保护原则

采用现代科学新原理、新技术，调查、评价、开发、监测旅游资源，采取科学的方法对其进行保护、养护、修复和管理，将科学研究工作贯彻在旅游资源开发、保护管理的始终，从而提高旅游资源保护的成效。

三、旅游资源保护的主要措施

旅游资源保护工作应当以"防"为主，以"治"为辅，"防""治"结合，运用法律、行政、经济和技术等手段，加强对旅游资源的管理和保护。

(一) 杜绝人为破坏旅游资源

1.加强全民保护意识和知识的宣传教育

以政府为主导，制定适合本地的旅游资源保护机制，建立层层责任制，在各管理部门通力合作的基础上，利用市场运作、社会参与的开发保护模式，使各旅游区实现紧密合作、协调发展的目标，进而形成全民旅游的保护共识。同时，通过各种途径大力宣传旅游资源的价值和旅游资源保护的知识，提高全民素质，使宝贵的旅游资源免遭摧残。

2.重视旅游资源保护人才的引进与培养

对旅游资源的保护不仅要有良好的愿望，更应建立在科学的基础之上。近几年，随着旅游业的迅猛发展，旅游业开发人才和管理人才队伍迅速壮大，而旅游资源保护人才短缺。旅游部门前期可引进专业的旅游资源保护人才，后期通过"传帮带"培养壮大人才队伍，同时需加强对导游的培训，建立导游员星级评定制度和激励机制，优化队伍结构，强化素质培训，提升服务形象。

3. 健全旅游资源法治体系

1972年，联合国教科文组织通过了《保护世界文化和自然遗产公约》，强调了保护自然文化珍品对人类的重要性。自中华人民共和国成立以来，《中华人民共和国文物保护法》和《风景名胜区管理暂行条例》先后颁布，将保护旅游资源这一问题提到了法律的高度。为了能更好地保护旅游资源，我们既要有法，还要宣传法，更要严格执法，真正健全旅游资源法治管理体系。

(二) 恢复已被破坏的旅游资源

对于已遭破坏的旅游资源，视其破坏轻重程度和恢复的难易程度，采取一定程度的培修和重建措施。绝大多数旅游资源一旦遭到破坏就难以恢复，但有的历史古建筑的文化价值和旅游价值相当高，虽然已经衰败，甚至不复存在，但仍可以采用治理恢复措施重现其风采。对古建筑的修复应坚持真实性、整体性、可持续的原则，坚持"修旧如故、以存其真"。历史建筑出现破损、变色，可采用复原培修的办法，以原材料、原构件或现代构件进行加固，以保持原貌为准则；对具有很高的文化旅游价值但已消失的历史古建可进行仿古重修，重现古建筑的风貌。

🎫 案例10-1

保护黄河流域生态，助推文旅事业高质量发展
——习近平总书记考察山东引发热烈反响

中共中央总书记、国家主席、中央军委主席习近平2021年10月22日下午在山东省济南市主持召开深入推动黄河流域生态保护和高质量发展座谈会并发表重要讲话，他强调，要咬定目标、脚踏实地，埋头苦干、久久为功，为黄河永远造福中华民族而不懈奋斗。为开好这次座谈会，10月20日至21日，习近平总书记深入山东省东营市的黄河入海口、农业高新技术产业示范区、黄河原蓄滞洪区居民迁建社区等，实地了解黄河流域生态保护和高质量发展情况。连日来，习近平总书记的重要讲话精神，在山东文化和旅游系统广大干部职工中引发热烈反响。大家纷纷表示，一定牢记总书记深情嘱托，立足自身工作岗位，在推动黄河流域生态保护和高质量发展方面贡献文旅力量，挖掘黄河文化资源，凝聚发展合力，讲好新时代的黄河文化故事。

1. 坚持生态优先，统筹绿色发展

10月20日下午，习近平总书记来到黄河入海口，听取了黄河三角洲国家级自然保护区情况汇报，沿木栈道察看黄河三角洲湿地生态环境。他指出，黄河三角洲自然保护区生态地位十分重要，要抓紧谋划创建黄河口国家公园，科学论证、扎实推进。

近年来，东营市以规划建设黄河口国家公园为龙头，加大黄河三角洲生态保护和修

复力度，取得初步成效，生物多样性更加丰富。山东黄河三角洲国家级自然保护区党工委书记、管委会主任许明德介绍，黄河三角洲国家级自然保护区鸟类由1992年的187种增加到2021的371种，每年有600余万只鸟在这里繁殖、越冬和迁徙，有"鸟类国际机场"的美誉。为向游客更系统地介绍黄河口的鸟类品种，提升景区的研学价值，黄河口生态旅游区建设了黄河三角洲鸟类博物馆。馆内不仅通过图文展览的形式，展出了黄河口常见的鸟类，还通过数字体验等形式，让游客进一步感受黄河三角洲的宜人气候。

"良好的自然生态环境，不仅为当地群众带来宜居条件，也为发展生态旅游提供了千载难逢的机遇。"山东省文化和旅游厅党组书记、厅长王磊表示，习近平总书记关于推动黄河流域生态保护和高质量发展的重要讲话精神，为山东文旅系统今后讲好黄河故事提供了基本遵循。未来，山东将统筹生态保护与高质量发展，构筑黄河旅游绿水青山的生态廊道。

"总书记此次关于黄河的重要讲话精神，让我们备受鼓舞，我们对写好泉城文旅发展的黄河篇章信心更足了。"济南市文化和旅游局党组书记、局长郅良说，未来，济南将强化黄河南北两岸联动，聚焦古村落、温泉康养、湿地公园、田园综合体等特色资源，打造环城游憩带，推进乡村旅游提档升级，统筹南部山区生态、文化和旅游资源，打造集观光旅游、休闲养生功能于一体的国家级旅游度假区。

2. 传承红色基因，保护历史文脉

10月21日下午，习近平总书记来到位于东营市莱州湾的胜利油田莱113区块。2021年是胜利油田发现60周年。习近平总书记代表党中央向为我国能源事业作出贡献的石油工作者们表示崇高敬意，并叮嘱大家继承和发扬老一辈石油人的革命精神和优良传统，始终保持石油人的红色底蕴和战斗情怀，为社会主义现代化建设事业作出更大贡献。

"老一辈建设者的革命精神和优良传统，值得我们永远铭记和学习。习近平总书记高度重视红色文化的传承弘扬，让老区群众深受鼓舞。"临沂市文化和旅游局党组书记、局长钟呈春介绍，过去几年，沂蒙革命老区着力构建多层次、多样化红色基因传承服务网络体系，提升红色文化旅游综合服务能力。目前，临沂已成立市红色文旅发展办公室，统筹指导协调全市红色文旅发展、红色基因传承等相关工作，重在解决制度性、规范性问题，形成了推进工作的合力。

2021年1月1日起，《山东省红色文化保护传承条例》正式施行。此前，为给《山东省革命文物保护利用规划》的制定提供科学依据，山东省文化和旅游厅依托山东省古建筑保护研究院，于2019年至2020年开展了1949年以来全省最大规模的不可移动革命文物实地摸底调查；其间，还梳理研究了山东革命史、山东革命文物保护利用片区、重要革命线路、重点革命事件等。

与此同时，山东沿黄地区的文化遗产也被加以妥善保护。比如，作为起源于黄河三角洲的地方戏，吕剧是山东代表性的地方剧种。近年来，山东各地吕剧院团蓬勃发展，创作、演出的水平不断提升。

王磊表示，山东文旅系统将认真学习贯彻习近平总书记重要讲话精神，保护好沿黄地区的文化遗产，同时坚持创造性转化、创新性发展，将沿黄地区的文化资源，通过新的载体和平台进行传播，助力黄河文化传承。

(资料来源：中国文化和旅游报)

思考：黄河流域生态建设对文旅发展的推动意义。

第二节　旅游目的地环境容量管理

一、旅游环境容量的内涵

旅游环境容量又称旅游容量或旅游承载力，对实现旅游可持续发展具有重要意义。国家标准《旅游规划通则》将旅游环境容量定义为"在可持续发展前提下，旅游区在某一段时间内，其自然环境、人工环境和社会经济环境所能承受的旅游及其相关活动在规模和强度上极限值的最小值"。按照这个定义，旅游环境容量是一个空间描述范畴，其在对应的某个有限区域的物理空间时才是有效的，涉及资源的空间分配问题；旅游环境容量还是一个时间描述范畴，内涵于其中的发展观念是可持续发展观念，涉及资源的代际分配问题。旅游环境容量包含以下几部分内容。

(一) 旅游资源容量

旅游资源容量是指在保证旅游目的地旅游资源不受到破坏的前提下，所能容纳的旅游者的最大数量，也是旅游资源可持续利用的最大边界。

(二) 旅游心理容量

旅游心理容量是指旅游目的地、旅游景区满足旅游者获得最佳旅游效果前提下，所能容纳的旅游活动最大量，也称旅游感知容量。旅游心理容量的视角为旅游者的心理感知，即根据环境心理学原理，旅游者在旅游时对环绕在身体周围的空间有一定的要求，如果空间狭小、拥挤，会导致旅游者情绪不安和精神不愉快。旅游心理容量在不同人群、不同旅游地类型、不同旅游场景下差别较大。

(三) 旅游生态容量

旅游生态容量是在保证旅游目的地(旅游景区等)生态环境不受到破坏的情况下，所能容纳的旅游量(一般按游客规模计算)。通过测算旅游者所产生的污染物、环境自净能力和人工治理污染的能力，就可以大体测算出生态环境的容量。不同旅游地的生态容量是不同的，不同季节下旅游地的生态容量也是有变化的。

(四) 旅游经济容量

旅游经济容量是指一定时间和空间范围内，旅游地社会经济发展程度所能接纳的游客人数和旅游活动量的最大规模。如果旅游地接纳的规模超过这个限量，就会引起旅游地居民对旅游者的反感，并带来一系列社会经济问题，甚至出现旅游地居民与旅游者的对立和冲突等。旅游经济容量主要反映旅游地在交通接待能力、住宿接待能力、餐饮接待能力等方面。对旅游地经济容量的测算比较复杂，一般通过测算住宿能力或食品供应能力来反映。

(五) 旅游地域社会容量

旅游地域社会容量是指旅游目的地居民、旅游社区、地方文化可以接纳和容忍旅游者的数量。各个旅游地都存在地域社会容量，大多数旅游地的社会容量都远远超过旅游需求，因此对旅游产业的发展并无限制。在少数地区，旅游社会容量对旅游开发有消极的限制，如当地居民对旅游者的不友善态度等，但它不能成为发展旅游产业的关键限制因素，这是因为旅游产业带来的收益所产生的影响远远超过它对当地社会的负面冲击，而且地域社会容量的测量很困难，故一般不考虑地域社会容量的具体量值。

二、旅游环境容量的测定

(一) 基本空间标准

旅游环境容量测定的基点是同旅游地承受的旅游活动相对应的适当的基本空间标准，即单位利用者(通常是人或人群，也可以是游客使用的载体，如船、车等)所需占用的空间规模或设施量。基本空间标准值大都是长期经验积累或专项研究的结果。该指标通常用m²/人表示。各国、各民族、各生活环境的人对旅游环境容量的要求不一。我国古典园林游览的基本空间标准以20m²/人左右为宜(北京市园林局)；山岳型旅游胜地中的观景点的基本空间标准为8m²/人(湖南省南岳管理局)；还有人对中国海水浴场(分公共浴场和专用浴场)设施提出了基本空间标准建议值域(见表10-1)。

表10-1　海水浴场设施基本空间标准(中国)

各个空间	公共浴室(m²/千人)	专用浴场(m²/千人)
更衣室	20～40	150～100
保存室	10～20	包括在更衣室内
净身室	15～30	50～100
管理室	5～10	30～50
仓库	10～15	30～50
厕所	5～10	包括在净身室内
停车场	100～150	500～1000

(二) 旅游资源容量测定

仅就资源本身的容纳能力而言，极限值的取得较为简单，以资源的空间规模除以每人最低空间标准，即可得到资源的极限时点容量，再根据人均每次利用时间和资源每日的开放时间，就可得出资源的极限日容量，计算公式为

$$C = \frac{A}{A_0} \cdot \frac{T}{T_0}$$

式中，C为极限容量；A为资源的空间规模；A_0为每人最低空间标准；T为每日开放时间；T_0为人均每次利用时间。

举例来说，南岳衡山祝融峰景点的总面积为477m²，一天开放12h。每人游览时间取15min，人均最低空间标准取5m²，则祝融峰的极限时点容量为95.4人次，极限日容量约为4580人次。事实上，在每年7月至10月的旅游旺季，这里的日均游客已达4600人次。而已记录的高峰日游客达到3.1万人次，游览时人均占用空间约为0.73m²。景点的严重超载，导致了严重的环境后果。

(三) 旅游心理容量的测定

旅游者的心理容量一般要比旅游资源极限容量低得多，这有其深刻的环境心理原因。根据环境心理学原理，个人在从事某种活动时，对环绕在身体周围的空间有一定的要求，任何外人对该空间的不适当进入，都会使人感到受侵犯、压抑和拥挤，导致情绪不快，这种空间称之为个人空间。在我国的旅游规划实践中，旅游者平均满足程度最大时，旅游场所容纳旅游活动的能力被视为旅游资源的合理容量值。从这里可以看出，旅游资源合理容量事实上与旅游心理容量(旅游感知容量)为同一个数值。

影响旅游者个人空间的因素复杂多样，大多数情况下难以有一个使所有旅游者都满意的个人空间值，因此，旅游者平均满足程度达到最大的个人空间值，就被作为旅游资源合理容量或旅游心理容量计算时的基本空间标准。相应计算公式为

$$C_p = \frac{A}{\sigma} = KA$$

$$C_r = \frac{T}{T_0} C_p = K \frac{T}{T_0} A$$

式中，C_p为时点容量；C_r为日容量；A为资源的空间规模；σ为基本空间标准；K为单位空间合理容量；T为每日开放时间；T_0为人均每次利用时间。

仍以祝融峰为例，游览占用时间和每日开放时间分别为15min和12h，而基本空间标准取8m²/人，则祝融峰的资源合理容量或旅游的心理容量，即时点容量约为60人次，日容量为2862人次。

(四) 旅游生态容量的测定

旅游生态容量的大小(可容纳的旅游活动量为指标)取决于自然生态环境净化与吸收旅游污染物的能力，以及一定时间内每个游客所产生的污染物数量。生态容量的测定一般以旅游区为基本空间单元。有些旅游活动直接导致的对自然环境的消极影响可以通过严格管理措施而予以控制、限制或者基本可以杜绝，如践踏、采摘、折损等，在生态容量测定中一般不予考虑，而只考虑对污染物的吸收与净化。因此，一个旅游区生态容量的测定因子最主要的是确定每位游客一天所产生的各种污染物总量和自然环境净化与吸

收各种污染物的数量，这两个参数会随旅游活动的性质、旅游区所处的区域自然环境而有所差别。旅游区生态容量测定公式为

$$F_0 = \frac{\sum_{i=1}^{n} S_i T_i}{\sum_{i=1}^{n} P_i}$$

式中，F_0为生态容量(日容量)，即每日接待游客的最大允许量；P为每位旅游者1天内产生的第i种污染物量；S为自然生态环境净化吸收第i种污染物的数量(量/日)；T为第i种污染物的自然净化时间，一般取1天，对于非景区内污染物，可略大于1天，但累积的污染物至少应在1年内完全净化；n为旅游污染物种类数。

(五) 旅游经济容量的测定

影响旅游目的地经济发展的因素很多，主要体现在基础接待能力方面，具体可分为两个方面：其一是旅游内部经济因素，即指旅游设施；其二是旅游外部经济因素，即基础设施、支持性产业等。影响旅游需求的最基本的条件是食宿供给条件，其次是娱乐、购物设施的供给能力，这两者所决定的旅游经济发展容量的测定公式为

$$C_e = \frac{\sum_{i=1}^{m} D_i}{\sum_{i=1}^{m} E_i}$$

$$C_b = \sum_{j=1}^{l} B_j$$

式中，C_e为主副食供应能力所决定的旅游容量(日容量)，C_b为住宿床位决定的旅游容量(日容量)，D_i为第i种食物的日供应能力，E_i为每人每日对第i种食物的需求量，B_j为第j类住宿设施床位数，m为游客所耗食物的种类数，l为住宿设施的种类数。

三、环境容量在旅游目的地管理中的应用

热门旅游地，特别是那些知名度很高的旅游目的地，常常在旅游旺季出现游客众多、车辆拥堵的情况，造成旅游接待地的全面紧张，而有时又要面临淡季的闲置，对此主要可以采取以下措施。

(一) 统筹规划，适当分流

因为旅游需求的季节性不平衡，旅游目的地有淡旺季，所以我们应该有计划地从时间和空间两方面分散客流，较常用的方法有以下几种：利用价格杠杆(旅游旺季提高门票、食宿、交通等费用)，使部分旅游者改变流向，调整旅游淡旺季的差距；通过大众传媒，向潜在的旅游者陈述已发生的饱和超载现象及由此带给旅游者的诸多不便；有计划地安排可能导致客流重大变化的各种大型活动，在高峰可能出现超载情况的旅游目的

地实行机动车领取通行证的办法，对少数目的地实行限时错开，使旅游目的地终年保持较高的接待规模而不超载。

(二) 准确把握旅游营销时机和力度

在旅游条件尚不完善时，若盲目进行宣传和营销，往往弊大于利。当旅游者蜂拥而至，发现旅游资源开发粗放，接待设施、交通、供应等方面都不尽如人意后，难免有意无意地做反面宣传。故而，在旅游目的地一切准备妥当后，在旅游旺季到来前进行营销推广，可为旅游目的地创造可观的效益。

(三) 妥善解决旅游业和当地居民间的矛盾

旅游目的地旅游活动发生超载，旅游者会挤占当地居民的生活资源，给他们的生活带来不便，包括交通阻塞、物价上涨等。政府部门应该运用旅游容量理论，妥善解决旅游业和当地居民间的矛盾。

拓展知识10-1

丽江大研古城游客承载预警

广大来丽游客：

依据《景区承载量核定导则》和《世界文化遗产丽江古城保护规划》，丽江古城景区(大研古城)最大游客承载量为250 000人/日，最大瞬时承载量为80 850人。2019年2月7日，进入丽江古城的游客人数达到231 586人，已接近景区最大游客承载量，瞬时人数最高峰出现在21：45，达到89 389人，已超过景区最大瞬时承载量，是丽江古城景区有数据监测以来历史最高值。为保护世界文化遗产，保障游览安全，提升游览体验，建议广大游客合理安排游览时间，避开19：00—23：00旅游高峰期，服从景区工作人员线路引导和路导安排，共同营造安全有序的景区环境。

(资料来源：丽江网)

第三节 旅游卫生环境管理

一、旅游卫生环境概念

"卫"即卫护、维护；"生"即生命、生机；卫生即卫护人的生命、维护人的健康。旅游目的地卫生环境主要指旅游卫生状况，如旅游目的地干净整洁程度、垃圾处理情况，以及社区居民的健康状况。旅游卫生环境是目的地赖以生存的基础条件，是旅游目的地形象的重要组成部分，也是目的地可持续发展的重要保证。对旅游目的地而言，旅游者能够切身感受到的卫生环境主要来自旅游景区(旅游活动区)。由于卫生环境是整个旅游环境中的一个常变量，不像生态环境、设施环境那样稳定，需要进行常态化管理。

二、卫生环境管理的重要性

(一) 卫生状况是旅游环境质量的重要表现

我国《旅游景区质量等级的划分与评定》中对餐饮场所、文化娱乐场所、游泳场、垃圾箱、公共厕所的卫生都有明确要求。旅游者进入旅游目的地首先感受到的是卫生状况，而且卫生状况始终影响着游客的游览过程。清洁的路面、干净且分布有序的各种设施设备、服务人员的整洁仪表等，都能给旅游者以舒适美好的感受，同时还能增加其游览的兴趣，提高旅游者精神享受的体验。因此，卫生状况是旅游环境质量最直接的表现，直接影响到游客的消费体验和消费质量。

(二) 卫生状况反映了旅游景区的管理水平

中华人民共和国国家质量监督检验检疫总局(2018年更名为国家市场监督管理总局)于2003年2月发布的《旅游景区质量等级的划分与评定》(GB/T 17775—2003)，对卫生环境有具体说明。卫生状况不仅是旅游目的地管理水平的重要体现，也是旅游管理者和员工、旅游目的地整体形象的重要表现之一。

(三) 卫生状况直接影响着游客的游览质量

旅游卫生状况是环境质量重要的外在表现，直接影响着旅游者的游览质量，影响到游客对旅游目的地整体形象的认知。良好的卫生环境会给旅游者提供舒适的享受，优化旅游者的旅游体验感。

三、旅游卫生环境的管理内容

(一) 自然卫生环境的管理内容

1. 大气污染

旅游地的大气污染物的来源有自然(如森林火灾、火山爆发等)和人为(如工业废气、生活燃煤、汽车尾气等)两种，并且以后者为主要来源。大气污染的主要过程由污染源排放、大气传播、人与物受害这三个环节构成。旅游活动区外围的空气污染也可能导致旅游活动区空气质量下降，因此一般要求旅游地周边不能有污染性企业存在。空气质量的主要管理举措有以下几种：加强环境卫生知识的宣传，提高旅游者环境保护意识，引导和规范旅游者的行为；采用环保能源交通替代传统交通，有效控制交通工具的尾气排放量；减少易造成空气污染的燃料使用；加强植物绿化；采取高效的垃圾处理措施；合理规划布局旅游活动区周边的产业。

2. 水体卫生

水体包括旅游活动区的风景性水体和饮用性水体，无论是以水景为主的旅游景区(如九寨沟、西湖、漓江、黄果树等)，还是其他类型的旅游景区，水都扮演着重要的角色，水体卫生尤为重要。影响水体水质的因素主要有旅游经营活动造成的污染、旅游者造成的破坏、不合理开发对水体的破坏、旅游活动区外的污染等。水体卫生的管理举措与空气质量管理基本一致，只是管理内容不同。

3. 土壤卫生

土壤是旅游目的地环境构成的重要内容，旅游地土壤卫生管理主要是对固体废弃物污染的管理。旅游活动区随处可见的塑料袋、饭盒及其他垃圾，这些固体废物污染已经成为旅游地亟待解决的问题。土壤质量的主要管理举措有以下几个：一是及时收集和处理固体废弃物；二是加强对旅游者和旅游经营体的宣传教育；三是加强对污染物管理的设施建设。

4. 噪声污染

噪声污染与水污染、大气污染、废物污染被看成世界范围内4个主要环境问题。噪声是很容易被旅游地忽视的污染类型，噪声容易使游客产生烦躁、不安情绪。通常所说的噪声污染是指人为造成的。噪声主要来自在经营的旅游活动项目，例如交通工具、经营宣传、娱乐等。噪声不仅会对听力造成损伤，还能诱发多种疾病，也对人们的生活工作有所干扰。对噪声的控制应采取综合措施，制定声音分贝标准、控制声源、加强监控等防护措施。

除上述污染外，自然环境卫生管理还包括光污染、热污染、放射性污染、电磁污染、振动污染等。

(二) 游览环境卫生的管理内容

1. 游览场所卫生

游览场所的环境卫生管理应按照国家颁发的相应公共场所的卫生标准执行，包括场所的空间大小、大气质量、噪声干扰、墙壁的清洁、装饰材料的卫生标准、通风设备、地面的清洁、限制的客容量、使用消毒过的配备品、规范旅游者的行为等。旅游地、旅游景区在制定场所卫生制度时，可参照已颁发的《文化娱乐场所卫生标准》(GB 9664—1996)、《商场(店)、书店卫生标准》(GB 9670—1996)、《游泳场所卫生标准》(GB 9667—1996)等公共场所卫生标准，并结合景区实际情况。

2. 设施设备卫生

旅游设施设备按功能可分为旅游基础设施、旅游接待服务设施、娱乐游憩设施。旅游设施设备涉及的内容非常多，而且复杂。保持这些公共设施设备的清洁卫生，是旅游目的地环境卫生管理的重要内容。公共卫生管理主要指公共场所的卫生管理，包括景区门口、接待室、厅堂、通道、走廊、草坪、内庭花园等场所；卫生设施主要有公共厕所、垃圾桶、废弃物处理设施、公共盥洗室等，其中公厕和垃圾桶的卫生是管理重点。

(三) 工作人员卫生及餐饮卫生的管理内容

旅游地、旅游景区的全体服务人员应有较强的环境保护意识、卫生意识、服务意识，为旅游者起到示范效应。旅游餐饮应严格按照餐饮业的卫生管理要求实施，主要包括厨房的装饰材料、设施设备的配备及其卫生、食品原材料的采购、食品的运输、食品的贮存、食品的加工、服务流程卫生、服务人员个人素质及卫生、周边的环境等内容。

(四) 旅游者卫生行为的管理内容

旅游者在旅游活动区进行旅游活动时会给旅游环境质量、其他旅游者的旅游效果带来影响，旅游者的行为与旅游环境质量是互相促进的。对旅游者卫生行为的管理措施有以下几种：一是需要加强宣传引导，培养旅游者良好的旅游行为习惯；二是加强现场监督管理；三是对环境破坏者进行教育和处罚；四是强化提醒性和警示性标识、管理设施设备建设。

四、旅游卫生设施的建设与管理

在旅游目的地，特别是旅游景区，主要卫生设施包括厕所和垃圾箱。

(一) 厕所

旅游厕所是指建在旅游景区内的公共厕所。旅游厕所既有传统公共厕所的作用，也具有美观的作用。旅游厕所的选址应该做到"隐"性与"显"性相结合，即厕所建筑应该"隐"藏，但是厕所应该容易找到，厕所的外观一般需要跟所在旅游景区的风格相配套。根据使用环境的不同，有的厕所占地达200多平方米，有的只有几平方米。

旅游厕所基本上都属于生态环保厕所。我国对于旅游厕所的规划，极力推广免冲厕所，并采用"生态厕所""沼气化粪"等先进技术，以保证厕所外观整洁，内部干净，使用安全。

旅游厕所不仅仅是解决生理问题的地方，还具有人性化功能，也是商业、文化等多种功能融合的场所。厕所卫生与环境情况是旅游地居民生活质量的重要标志，是一个地方文明程度的表现。

(二) 垃圾箱

旅游垃圾是指伴随旅游活动产生的各种固体废弃物。旅游垃圾的成分较之于城市生活垃圾成分比较简单，以塑料、金属、玻璃和纸质的饮料和食品容器为主，可资源化利用程度较高。旅游地的垃圾从以下两方面来管理。

一方面，旅游垃圾收集。旅游垃圾箱的设置要有科学、合理的规划。在数量和摆放位置方面要根据游客数量在空间和时间上的分布来定。旅游旺季要适当增加垃圾箱，淡季则相应减少；在旅游者容易聚集的地方，如出入口、景点、餐馆、停车场、住宿点、商店摊位等处要多放一些垃圾箱；要选用有盖、不漏水、不生锈、结实耐用、便于清洗和收纳的垃圾箱；有条件的地方实行垃圾分类收集，采用不同颜色或不同形状的垃圾箱；依据客流量的分布适当增加收集频率，避免装满的垃圾箱无人处理，造成垃圾成堆的问题。

另一方面，旅游垃圾处理。市区内的景区垃圾纳入城市垃圾处理系统，但对于远郊或郊县的景区垃圾，则需要多种处理方式，按照无害化、减量化、资源化的原则进行处理。一般而言，旅游垃圾处理主要采取卫生填埋、焚烧、堆肥三种方法。卫生填埋相对简单易行，成本较低，但遗留的问题较多，如占地面积巨大，土地、水体污染严重，因此尽量少采用这种方法。对于经济条件较好的景区而言，可配备中小型的热解焚烧炉等设备进行垃圾处理，降低垃圾对景区环境的影响，实现垃圾的资源化利用，将垃圾焚烧产生的热能等直接或间接服务于景区。堆肥法利用微生物的降解作用将垃圾中的有机物转化为稳定的腐殖质，从而将其施于农田。

本章小结

旅游资源的保护是相对于旅游资源开发提出来的。它不仅包括旅游资源本身的保护，也涉及周围环境的保护。旅游资源的保护是旅游业持续发展的根本保证。旅游资源受破坏的原因多种多样，因此保护对策就要针对具体问题来制定，坚持可持续旅游发展思想，注重旅游环境容量、旅游环境管理以及环境资源合理利用，通过合理规划、有限开发、科学管理、全民教育等途径来最终实现旅游业的可持续发展。

复习思考题

1. 在预防和控制旅游的负面影响方面，你认为应采取哪些措施？
2. 为什么说旅游环境管理是可持续旅游发展的关键？
3. 旅游卫生环境管理的内容包括哪些？

第十一章 | 智慧旅游目的地服务与管理

学习目标

知识目标：认知智慧旅游的产生与发展，掌握智慧旅游的概念和内涵，了解智慧旅游目的地建设应用，熟悉旅游目的地智慧服务、智慧管理、智慧营销内容。

能力目标：能够结合旅游目的地服务与管理的内容，提高智慧旅游在旅游目的地管理中的应用水平。

素质目标：通过查找大量理论基础研究和案例分析，研究智慧旅游目的地的发展现状和发展趋势。

案例导入

贵州智慧旅游建设取得突破性进展

"一码游贵州"全域智慧旅游平台的建设与运营充分践行新发展理念，充分运用互联网思维，充分构建共建共享机制，形成智慧旅游"政府引导、企业投资、市场运作、多方共赢"贵州模式，即平台建设由贵州省文化和旅游厅牵头推动、中国联通公司全资投入建设、平台公司自主运营、平台数据汇集归政府部门所有，政府部门"不花钱"或少投入即能推动智慧旅游提速提质，为行业治理、公共服务、统计监测、产品供给、服务提质、企业营销提供强大技术支撑。

"一码游贵州"以游客为中心、以"一码"为平台、以企业为主体、以政府为支撑，具有三个优势：一是"轻"，即载体轻型，以轻量化微信小程序为入口，为游客省去下载App占用内存、流量和时间的烦恼，只需扫描微信二维码即可快捷登录平台主页面，实现"慧游贵州、扫码即达"；二是"全"，即功能全面，依托"互联网+旅游"，建立全要素全方位全流程贵州文化旅游信息资源库，覆盖游客在贵州的游前、游中、游后各项需求，基本实现现有涉旅数据全覆盖，可为游客提供智慧型多样化一站式服务；三是"便"，即操作便捷，使用门槛低，可以自动识别游客扫码时所处的位置，提供个性化推荐和订阅内容，精准推送目的地旅游的相关信息和服务，让游客感受"一码千景、千景千面"。

(资料来源：贵州省文化和旅游厅)

思考：智慧旅游如何应用于旅游目的地管理？

第一节 智慧旅游的产生与发展

2013年11月，国家旅游局(现为文化和旅游部)发布了《关于印发2014中国旅游主题年宣传主题及宣传口号的通知》，"美丽中国之旅——2014智慧旅游年"成为2014年旅游宣传主题。近年来，随着科学技术的进步与发展，信息化已经渗透到人们生活的方方面面。旅游业作为人们现代生活的一部分，在信息化浪潮的推动下，也展现新的生机，旅游目的地智慧化正是旅游信息化的一个显著表现。在此大环境中，智慧旅游发展成为新的旅游方式，并以其人性化、智能化的服务，受到越来越多旅游者的喜爱。

一、智慧旅游

(一) 智慧旅游的定义

智慧旅游，也称智能旅游，是利用云计算、物联网等新技术，通过互联网及移动互联网，借助便携的终端上网设备，主动感知旅游资源、旅游经济、旅游活动、旅游者等方面的信息，及时发布相关信息，让人们能够第一时间了解这些信息，合理安排和调整工作与旅游计划，从而达到对各类旅游信息的智能感知、方便利用的效果。智慧旅游的建设与发展最终将体现在旅游服务、旅游管理和旅游营销三个层面。

(1) 旅游服务的智慧。智慧旅游从游客出发，通过信息技术提升旅游体验和旅游品质。游客在旅游信息获取、旅游计划决策、旅游产品预订支付、享受旅游和回顾评价旅游质量的整个过程中，都能感受到智慧旅游带来的全新服务体验。

(2) 旅游管理的智慧。智慧旅游将实现传统旅游管理方式向现代管理方式的转变。通过新一代信息技术，及时准确地掌握游客的旅游活动信息和旅游企业的经营信息，实现旅游行业监管从传统的被动处理、事后管理向过程管理和实时管理转变。

(3) 旅游营销的智慧。智慧旅游通过旅游舆情监控和数据分析，挖掘旅游热点和游客兴趣点，引导旅游企业策划对应的旅游产品，制定对应的营销主题，从而推动旅游行业的产品创新和营销创新。通过量化分析和判断营销渠道，筛选效果明显、可以长期合作的营销渠道。

(二) 智慧旅游的内涵

智慧旅游归根结底就是将旅游智慧化，即通过一定的信息技术应用使得旅游管理工作更加系统有序、旅游经营活动更加准确高效、旅游体验行为更加舒适便捷。与传统旅游相比，智慧旅游的旅游服务覆盖面更广，在旅游目的地管理方面起到的作用更大，所能产生的经济效益更多，更能满足旅游需要。智慧旅游基于现实社会基础，运用一定的现代信息技术，将旅游管理与科技进行有机融合，使旅游目的地、旅游者、旅游企业和社区等都获得最大利益，实现多赢。

(三) 全域智慧旅游

进入全域旅游时代后，资源整合的重要性愈发重要。政策和市场都在驱动智慧旅游的进一步发展。有人指出：智慧旅游未来的发展趋势必然是实现全域智慧旅游。那么，全域智慧旅游是什么？我们可以把它看作在全域旅游的大格局下，对智慧旅游的创新与升级。全域智慧旅游通过深度整合物联网、云计算、人工智能等技术，跨区域打通所有智能设备和信息平台的数据链路，整合信息资源，利用旅游大数据，全面创新旅游服务、营销和管理各个环节，从而推动景区、旅游集团、行政区域乃至整个国家的旅游产业高度智慧化。由此一来，旅游发展又将迈向新的高度。

🔖 拓展知识11-1

"十四五"时期文化和旅游部将突出"五个智慧"措施推动智慧旅游

现代科技在旅游领域的创新和应用，不断催生出一系列旅游新产品、新业态，以数字化、网络化、智能化为典型特征的智慧旅游已经成为旅游业高质量发展的新动能。"十四五"时期，立足新发展阶段和新发展格局，推进智慧旅游，是推动旅游业高质量发展、完善现代旅游业体系的重要支撑。

在智慧旅游方面，概括起来有"五个智慧"：一是推进智慧建设，加强互联网、大数据、人工智能等新技术与旅游深度融合，加强旅游信息基础设施建设，落实十部委《关于深化"互联网+旅游"推动旅游业高质量发展的意见》，印发《智慧旅游景区建设指南》，加强标准引领，打造一批智慧旅游目的地，培育一批智慧旅游创新企业和示范项目；二是打造智慧产品，通过鼓励定制、智能、互动等消费新模式的发展，打造沉浸式旅游体验新场景，引导开发数字化体验产品，让旅游资源借助数字技术"活起来"，同时引导线上用户转化为线下消费，积极培育"网络体验+消费"发展新模式；三是加强智慧管理，通过大数据、云计算、物联网等技术的普及应用，切实提升旅游管理水平，特别是推进旅游景区限量、预约、错峰常态化，通过多渠道、分时段，完善预约机制，通过流量监测和数据分析加强预警提示，切实提高管理效能；四是提升智慧服务，推动各类旅游区域5G网络覆盖，加强标识系统的数字化智能化升级改造，推进数字导览服务，推动智慧旅游公共服务模式创新，切实提升便利度，有效改善服务体验；五是加强智慧营销，通过互联网有效整合线上线下资源，创新营销方式，促进各类旅游市场主体加强与互联网平台的合作，建设网上旗舰店和便捷的营销网络，利用大数据等手段，切实提高旅游营销传播的针对性和有效性。

(资料来源：文化和旅游部)

二、智慧旅游产生的背景

(一) 国家政策背景

2009年12月1日，《国务院关于加快旅游业发展的若干意见》提出了要把旅游业培育成国民经济战略性支柱产业和人民群众更加满意的现代服务业。加快推进旅游业与信息产业的融合发展，充分利用信息技术的新成果来引导旅游消费、提升旅游产业的素质，成为把旅游业培育成现代服务业的关键。

2010年，江苏省镇江市创造性地提出了"智慧旅游"概念，并率先开展"智慧旅游"建设，开辟"感知镇江、智慧旅游"新时空。

2011年7月15日，时任国家旅游局局长邵琪伟正式提出：旅游业要落实国务院关于加快发展旅游业的战略部署，走在我国现代服务业信息化进程的前沿，争取用10年时间，在我国初步实现"智慧旅游"。

2014年，中国的旅游宣传主题正式被定为"智慧旅游年"。同年8月，国务院颁布《国务院关于促进旅游业改革发展的若干意见》，明确提出加快旅游基础设施建设，包括加快智慧景区、智慧旅游企业建设，制定旅游信息标准化等内容。随后，全国发起智慧旅游建设热潮，信息化渗透到旅游产业各个层面的趋势明显。

2015年初，原国家旅游局发布《关于促进智慧旅游发展的指导意见》，提出到2020年，我国智慧旅游服务能力要明显提升，智慧管理能力持续增强，大数据挖掘和智慧营销能力明显提高，移动电子商务、旅游大数据系统分析、人工智能技术等在旅游业应用更加广泛，培育若干实力雄厚的以智慧旅游为主营业务的企业，形成系统化的智慧旅游价值链网络。

2020年11月发布的《关于深化互联网+旅游推动旅游业高质量发展的意见》提出，着重技术赋能，推动5G、大数据、云计算、物联网、人工智能、虚拟现实、增强现实、区块链等信息技术应用普及，到2022年，建成一批智慧旅游景区、度假村城镇和城市。

2021年4月，《"十四五"旅游业发展规划》指出，要积极发展智慧旅游；加强旅游信息基础设施建设，加快推进以数字化、智能化、网络化为特征的智慧旅游发展；加强智慧旅游相关标准建设，打造一批智慧旅游目的地，培育一批智慧旅游创新企业和重点项目；推进预约、错峰、限量常态化，建设景区监测设施和大数据平台。

(二) 时代背景

智慧旅游的起源与旅游信息化的发展密不可分，它是信息技术与旅游业深度融合后的产物，也受到网络时代旅游者信息需求的驱动，更是受智慧地球、智慧城市发展的启示。

云计算、物联网、移动通信是智慧旅游的必要条件，而这些条件已经具备，智慧旅游进入建设阶段。智能手机和平板电脑的发展，为智慧旅游提供了强劲硬件支撑。移动互联网的发展，也促进了智能移动终端蓬勃发展，其中智能手机和平板电脑将是下阶段的生力军。同时，支撑智慧旅游的技术逐渐成熟和完善，有关政策环境日益优化，打造智慧旅游的时机已经到来。

📇 案例11-1

升级智慧旅游"游中""游后"服务，打造新疆旅游靓丽名片

2022年7月，"游新疆"智慧旅游服务平台升级并上线，截至2023年5月，平台已完成全疆3.4万余条涉旅信息的收集和录入工作，涵盖了景区、酒店、民宿、娱乐场所、旅游攻略等内容，已覆盖全疆96.3%的3A级及以上旅游景区。

下一步，平台还将进一步聚合全疆优质文旅资源，立足平台，联合打造周边游、体验游、环线游、季节游等主题活动，全面提升新疆旅游管理、营销、服务水平，满足多种需求。一是智慧旅游需要满足游客游前获取更多丰富资讯、游中随时能便捷获取各类准确消费渠道和内容、游后通过权威平台能及时反馈意见等需求；二是智慧旅游要避免成为"信息孤岛"，各地在建设智慧景区、智慧目的地等工作中，要加强对"大新疆"智慧旅游的顶层设计。在平台建设工作中，只要着眼当前、兼顾长远，坚持面向未来的导向，围绕高质量发展，充分把握前沿技术应用，新疆的智慧旅游发展前景会更加广阔。

(资料来源：新疆维吾尔自治区文化和旅游厅)

思考： 如何打造智慧旅游项目？如何促进旅游目的地智慧升级？

三、智慧旅游场景

为深入贯彻《中华人民共和国国民经济和社会发展第十四个五年规划和2035年远景目标纲要》提出的"深入发展大众旅游、智慧旅游，创新旅游产品体系，改善旅游消费体验"要求，推动《"十四五"旅游业发展规划》提出的"拓展智慧旅游场景应用"落实落地，更好满足人民群众对旅游美好生活的需要，2022年9月文化和旅游部印发《智慧旅游场景应用指南(试行)》，旨在发挥旅游业丰富应用场景优势，助力加速推进智慧旅游发展。

《智慧旅游场景应用指南(试行)》明确提出，智慧旅游场景是指5G、大数据、云计算、物联网、人工智能、虚拟现实、增强现实等现代信息技术，在旅游服务、旅游管理、旅游营销、旅游产品等领域的综合集成应用成果，是智慧旅游体系建设的基本单元和重要构成。《智慧旅游场景应用指南(试行)》重点选取了智慧信息发布、智慧预约预订、智慧交通调度、智慧旅游停车、智慧游客分流、智慧导览讲解、沉浸式体验、智慧酒店入住、智慧旅游营销、智慧安全监管等具有普遍适用性的智慧旅游典型场景。

1.智慧信息发布

运用5G、大数据、云计算、生物识别、图像采集、红外热成像、数字媒体等技术，获取与旅游环境和游客体验相关的流量、气象、交通等信息，通过门户网站、公众号、小程序、微博、短视频、云直播等渠道即时发布信息。该场景可向游客提供实时旅

游资讯服务，帮助游客了解旅游目的地综合信息，科学制订出行或游览计划。

2. 智慧预约预订

运用5G、大数据、云计算、人工智能等技术，在公众号、小程序、移动App、门户网站等多种渠道建设票务分时预约预订模块，通过后台票务数据管理平台集中管理预订信息，实现多票种分时段预约和销售功能，动态调配游客流量。该场景可以实现线上票务预约预订服务，精准控制游客规模，统筹分时分区游览，科学分配服务资源，避免游客游览时间集中和空间集聚。

3. 智慧交通调度

运用物联网、5G、大数据、云计算、地理信息系统(GIS)、卫星定位等技术，在旅游道路沿线安装感知、互联和控制等信息设备，实时监测和分析道路及交通工具的通行状况、分布位置等信息，科学合理调动分配旅游区域内的道路交通资源，实现旅游交通的智慧调度。该场景可优化旅游区域内的交通运输环境，提升通行效率，提升游览舒适度和安全性。

4. 智慧旅游停车

运用图像识别、卫星定位、地理信息系统(GIS)、红外热成像、传感等技术，在停车场出入口处、车道、车位等安装监控、引导、检测、收费等设备，实时监测采集车位预约、使用等信息，通过后台数据分析和对客服务端信息推送，便利游客查询、预订、导航、停车、交费等，实现停车场优化利用。该场景可为游客停车提供精准化便捷化服务，提升停车场管理能力和使用效率。

5. 智慧游客分流

运用5G、大数据、物联网、地理信息系统(GIS)、生物识别等技术，通过视频监控、传感设备等获取特定区域即时人流密度和流向流速等数据，依托游客流量大数据平台，自动比对区域游客最大承载量，动态预测拥堵区域和时段，实时发布游客流量预警信息，及时告知游客调整游览线路，科学疏导分流。该场景可实时监控游客流量，有效疏导拥堵，提高游览舒适度和安全性。

6. 智慧导览讲解

运用5G、大数据、人工智能、虚拟现实、蓝牙、基于位置服务(LBS)等技术，通过自动定位、景观识别、近距离感知、人机交互、多媒体展示等功能，采取语音、文字、图片、视频等形式，为游客提供基于位置的个性化路线推荐、导览和讲解等服务，为旅游活动提供形式多样的信息提示。该场景有助于创新导览讲解方式，丰富讲解内容，帮助游客合理安排游览线路，充分了解游览内容，满足游客的个性化和多样化游览需求。

7. 沉浸式体验

运用AR、VR、MR、裸眼3D、全息投影等技术，结合环绕式音响、多通道同步视频、高清立体显示等设备，通过交互式空间营造，创新内容表达形式，打造虚拟场景、多维展陈等新型消费业态，丰富数字旅游产品的优质供给。该应用场景有利于增强代入感和互动性，提升游客的感官体验和认知体验。

8. 智慧酒店入住

运用5G、大数据、物联网、传感、生物识别等技术，采用非接触式等快捷自助服务设备，为游客提供身份证扫描、人证对比、核对订单、确认入住、票据打印、自助续住、房卡发放回收、一键退房等服务，实现酒店管理系统、公安登记系统、门禁系统、在线预订平台等多个系统的数据协同。该场景可帮助游客在酒店实现快速入住，提升游客入住体验。

9. 智慧旅游营销

运用5G、大数据、人工智能、云计算、融媒体等技术，收集游客受众分类、规模数量、结构特征、兴趣爱好、消费习惯等数据，通过游客画像分析确定市场开发方向、锁定消费客群，并采取线上线下相结合的营销方式，向目标市场和目标客群精准推送相关旅游产品信息。该场景有利于把握旅游消费趋势，细分客源市场，制定针对性的宣传方案，实现精准高效营销。

10. 智慧安全监管

运用5G、大数据、云计算、物联网、人工智能、图像识别、地理信息系统(GIS)、智能视频监控等技术，在出入口、集散地、重要游览点、休憩服务场所、交通枢纽地带、事故易发地、环境保护地等处安置视频监控和物联传感设备，建立实时监测、通话与定位、自动处置、SOS救援等系统；或通过无人机技术丰富立体安全防控网络，通过无人机自主巡检弥补固定位摄像头视野盲区，实现视频监控、重点喊话、关键人追踪、探索环境智能监测等功能，打造立体化、全覆盖、智能化安全防控网络。该场景能够实现早期安全预警，及时发现和有效处置各类安全隐患，保障游客人身安全和旅游环境安全。

👤 案例11-2

"一部手机游云南"平台已服务游客超2.1亿人次

近年来，云南省积极探索"互联网+旅游"实践，持续推动旅游产业与数字经济融合发展，推出"一部手机游云南"智慧旅游平台，提升公共服务效率、便捷游客体验。截至2022年7月，平台已服务游客超2.1亿人次，接入酒店、景区等文旅资源超5万项。

2017年来，云南省组织开展了以"整治乱象、智慧旅游、品质提升"为标志的"旅游革命三部曲"，开展"一部手机游云南"项目，在全国开创性地推出"一机游"模式并打造"一部手机游云南"全域旅游智慧平台，利用数字化技术改善和提高了公共服务的流程及效率。

2022年，云南继续遵循全域旅游发展理念和"高端化、国际化、特色化、智慧化"发展方向，继续纵深推进智慧旅游的创新发展。一是总结前期智慧旅游的成功经验，着眼于未来旅游高质量发展和"数字云南"建设的需要，加快推进全省文旅大数据资源的全面整合、开发和利用，深入研究文旅融合大数据应用理论和算法模型，研发人工智能辅助数据分析的新方法和应用系统，开展各类文旅数据资源的开放共享流通，全面提升文化和旅游行业监测、经济运行分析、决策支持、公共服务水平和政府治理能力，建成在全国具有领先水平和引领示范作用的文旅行业大数据中心，力争在智慧旅游领域再树全国标杆；二是继续布局建设一批智慧化景区、度假区、小镇、乡村、酒店、厕所和交通设施，打造全国智慧旅游景区样板；三是大力发展线上数字化体验场景，扶持云旅游、云演艺、云娱乐、云阅读、云直播、云展览等新业态有序发展，开发沉浸式体验型文旅消费模式，充分利用增强现实、云计算等技术实现数字展品鉴赏、线上博物馆、展品辅助讲解、展品复原等，推动文物活化利用。

(资料来源：云南省文化和旅游厅)

思考： 运用智慧旅游相关知识谈谈智慧旅游对旅游目的地发展的影响。

第二节　智慧旅游目的地建设

一、智慧旅游目的地

所谓智慧旅游目的地，就是要求旅游目的地的旅游活动能使政府、企业、游客、社区居民相互之间有感知，使旅游目的地各类信息系统的数据相互之间可以无缝对接和流转，数据成为旅游目的地旅游活动的生产力，政府通过旅游目的地旅游管控平台对所有旅游活动实现可视化，包括景区、乡村旅游点，形成旅游目的地旅游数据、信息、知识能智慧流转的生态系统。

二、智慧旅游目的地架构及应用

(一) 智慧旅游目的地架构

《"十四五"旅游业发展规划》明确提出，到2025年旅游创新能力显著提升，智慧旅游特征明显，产业链现代化水平明显提高，市场主体活力显著增强。智慧旅游管理体系旨在建立面向游客和企业的智慧目的地一站式旅游服务平台，以及面向管理机构的目的地监管系统。

1. 一站式旅游服务平台

基于游客在行前、行中、行后不同的需求，旅游目的地需要与技术类企业合作，建立PC端和移动端的一站式旅游服务体系。智慧目的地一站式旅游服务平台包括基于移动互联技术和AR技术建立在线票务系统、电子地图系统、内容发布系统、旅游社交平台、导游导览系统、AR游戏系统、创客管理系统、共享交易平台、GPS定位系统、AR导航系统等。

在这个架构中，旅游目的地应理顺投融资渠道，寻找合适的技术提供方和搭建方，增加节点建设，加大服务人员投入，实现商家串联，在全域范围内形成智慧化体系。技术提供方应充分理解游客的多元化需求，针对不同旅游目的地的区位、自然资源、文化特征，研发出因地制宜的技术工具，完成旅游目的地票务系统、智能导览系统、大数据系统的建立和后台服务的优化，建立起属于当地、服务当地、服务游客的一站式旅游服务平台。

2. 目的地监管系统

目的地监管系统基于GIS、LBS等技术，实现监控、门禁、网络、LED、车辆识别、车辆调度、操作控制、信息发布、统计分析、呼叫接警中心等监管工作，包括营销推广系统、客流监控系统、大数据挖掘系统、停车管理系统、环境监测系统、安全监控系统、统计分析系统、呼叫调度系统、物联网平台、权限管理系统等。

为了实现智慧旅游体系的构建，旅游目的地要实现Wi-Fi的全覆盖，在客流集中区、环境敏感区、旅游危险设施区设立视频监控、人流监控、位置监控、环境监测，并建立基于互联网门户、WAP门户和手机客户端的智慧系统和大数据中心，最终形成旅游新智慧体系。

目前，我国智慧旅游产业的发展仍存在信息孤岛、技术滞后、数据缺失、产品体验度不可控、合作端口众多导致流程繁复的问题。基于这些痛点，以"全链整合、共创共赢"为理念，以"目的地平台化运作+产业链经营"为模式，创新性地开发目的地O2O运营平台解决方案，通过平台的建设将政府、目的地、服务商、游客链接为有机的整体，旨在实现资源、产品、要素在全域空间内的充分流动与优化配置，拉动目的地综合消费潜力。

目的地智慧运营平台综合应用大数据、云计算技术，构建了标准统一的旅游数据共享交换平台，实现了信息共享，消除了信息孤岛；通过完善数据接口，实现了智慧城市的互联互通，提升智慧旅游建设的深度和广度，并可纵向贯通国家、省、县各级数据内容，为目的地旅游管理、服务、运营、体验及产业融合提供全方位的数据支撑；通过形成信息齐全、现实性强、覆盖全域的旅游资源数据库，目的地智慧运营平台有效链接了大众旅游和智慧旅游，辅助政府实现高效精准的目的地和旅游行业管理，为景区、创客、涉旅企业提供全方位的数据支撑和运营。

案例11-3

以游App推动"四岛"建设，助力智慧旅游迭代升级

以游App是国内一家专注于智慧旅游的服务平台，自成立以来，以游始终坚持从游客出发，通过信息技术提升旅游体验和旅游品质。站在用户的角度上，以游App不断完善旅游平台相关功能，从导航、导游、导览和导购这4个方面，让用户感受到智慧旅游带来的全新服务体验。

(1) 导航。以游正在建设全新的导航系统，成立专业研发团队打破技术桎梏，致力于将导航和互联网整合在一个界面上，地图来源于互联网，而不是存储在终端上。位置信息将实时通过互联网主动弹出，目前这一功能已在停车领域取得成功，用户可通过平台实时获取附近停车场信息。未来，在交通拥堵状况、交通管制、交通事故等方面也将逐一实现实时信息发布。

(2) 导游。在确定了位置的同时，平台会在网页和地图上主动显示周边旅游信息，包括景点、酒店、餐馆、娱乐、车站等。未来，平台将接入更多互联网信息，如景点的级别、主要描述；酒店的星级、价格范围和剩余房间数；等等。

(3) 导览。导览是以游App重要突破的模块，因为它可以给游客的旅游体验带来颠覆性的改变。导览相当于一个导游员，而智慧旅游像是一个自助导游员，它比导游员有更多的信息来源，比如文字、图片、视频和3D虚拟现实，戴上耳机就能让手机或平板电脑替代数字导览设备。而且，以游还将建设一个虚拟旅行模块，只要提交起点和终点的位置，即可获得最佳路线建议，推荐景点和酒店，提供沿途主要的景点、酒店、餐馆、娱乐、车站和活动等资料。

(4) 导购。以游积极与三方金融机构建立深度合作，并不断提升自身研发实力，来提高移动互联网支付系统的实效性和安全性。另外，游客可随时随地改变和制定下一步的旅游行程，不浪费时间和精力，也不会错过一些精彩的景点和活动，甚至能够在某地邂逅特别的人，如久未见面的老朋友。

智慧旅游建设是一项复杂的系统工程，平台要具备强大的技术研发实力和资源整合能力，才能实现规模效应和产业联动。以游致力于不断提升平台的数字化水平，紧跟时代潮流，在信息化方面不断探索，来提高游客服务的智能化水平，推动智慧旅游产业的迭代升级。

思考：智慧旅游服务平台如何助力智慧旅游迭代升级？

(二) 智慧旅游在旅游目的地建设中的应用

为落实中共中央办公厅、国务院办公厅《关于推进实施国家文化数字化战略的意见》精神，2022年10月文化和旅游部发布2022年文化和旅游数字化创新实践案例。《基于5G和北斗卫星导航技术的公园景区游船智慧管理平台》等案例入选2022年文化和旅游数字化创新实践十佳案例，具体案例见表11-1；《黄山风景区实践"数智化转型"大数据精细化运营监管新探索》等案例入选2022年文化和旅游数字化创新实践优秀案例，具体案例见表11-2。各个案例以突显数字化创新实践对文化和旅游行业带来的引领、赋能作用，切实发挥案例在文化和旅游行业的示范、带动效应。下面结合"四川省'智游天府'文化和旅游公共服务平台""庐山智慧旅游建设和运营""丽江古城智慧小镇"的案例对智慧旅游目的地建设进行说明。

表11-1 文化和旅游数字化创新实践十佳案例名单

序号	案例名称	申报单位
1	基于5G和北斗卫星导航技术的公园景区游船智慧管理平台	北京市公园管理中心
2	"一键借阅"公共图书馆线上服务新模式	杭州图书馆
3	以无感借还为核心体验的智慧图书馆建设	江西省图书馆
4	新一代AI+大众应用型音乐创作平台	广州欢城文化传媒有限公司
5	全国旅游市场景气监测与政策仿真平台	中国旅游研究院(文化和旅游部数据中心)
6	以游戏为载体的文化传播和旅游宣传推广模式探索	上海米哈游天命科技有限公司
7	"数智江博"综合管理服务体系建设	江西省博物馆
8	数字化助力西安城墙文物保护和文化遗产传承	西安城墙管理委员会
9	阿勒泰地区旅游市场大数据智能监测及数字决策辅助平台	阿勒泰地区文化体育广播电视和旅游局
10	景区视频智能分析与综合监测平台	中电万维信息技术有限责任公司

表11-2 文化和旅游数字化创新实践优秀案例名单

序号	案例名称	申报单位
1	黄山风景区实践"数智化转型"大数据精细化运营监管新探索	黄山风景区管委会
2	武汉市江汉路步行街5G+智慧商街创新应用	中国联合网络通信有限公司湖北省分公司
3	四川省"智游天府"文化和旅游公共服务平台	四川省文化和旅游信息中心
4	沉浸式实时互动与全3D虚拟技术创新文旅应用	上海兆言网络科技有限公司(声网)
5	宜兴全域旅游总入口	宜兴市文体广电和旅游局
6	浙江全民艺术普及特色应用"指尖艺术导师"	浙江省文化馆
7	庐山智慧旅游建设和运营	庐山智慧旅游发展服务中心
8	龙门石窟智慧文旅数字孪生平台项目	龙门石窟世界文化遗产园区旅游局
9	8K+AR+5G科技助力全球博物馆珍藏云端智慧传播	中国国家博物馆
10	"文旅云"基于SaaS架构的智慧旅游景区云平台	峨眉山旅游股份有限公司
11	"中老铁路游"小程序和"游泰东北"小程序	云南腾云信息产业有限公司
12	上海数字文旅中心"文旅通"智能中枢	上海市文化和旅游局
13	社保卡文旅一卡通融合改造工程	江苏省文化和旅游厅
14	"宁艺通"——南京社会艺术水平考级线上监管与服务平台	南京市文化和旅游局
15	文旅助企惠民"云闪兑"	衢州市文化广电旅游局
16	AR沉浸式轨道船体验项目《致远 致远》	华强方特文化科技集团股份有限公司
17	丽江古城智慧小镇	世界文化遗产丽江古城保护管理局
18	"纹"以载道——故宫腾讯沉浸式数字体验展	故宫博物院
19	数字赋能"智"旅分销平台	上海市春秋旅行社有限公司
20	智慧甘图综合管理平台	甘肃省图书馆

随着科学技术的发展和互联网的普及，智慧旅游越来越多地出现在大众的视野中，国内智慧旅游平台建设面临诸多挑战。

1. 庐山智慧旅游建设及运营

随着5G、云计算、大数据、物联网及人工智能等新兴技术发展，人们的旅行方式发生了很多变化，智慧旅游服务的完善已逐渐成为旅游景区提升品牌、构建核心竞争力的重要手段。为进一步打造"庐山天下悠"品牌，全面推动庐山全域文旅产业的高质量发展，庐山风景名胜区于2020年投资6000余万元，实施了景区智慧旅游服务建设和提升工程。

"智慧庐山"建设采用5G、云计算、人工智能等新技术，融入了精细化管理、智慧化服务、精准化营销等新模式理念，着眼全域文旅产业可持续发展，建成了"两云一中心+四类应用"为核心的"智慧庐山"新格局；其中，"两云一中心"包括公有云、私有云及大数据中心，用于采集及存储全网信息数据，并对数据进行计算分析和图形化呈现，为相关应用提供数据支撑；"四类应用"包括智慧管理、智慧服务、智慧营销及智慧体验等应用。

在智慧管理方面，庐山景区开发完善应急管理、景区巡防、智能监控、车辆管理、票务管理、舆情监测等应用，配套进行指挥中心、协同办公、投诉反馈、智能广播、车辆识别计数、环境监测、一脸通行等系统建设。基于庐山全域2.5D实景数字地图，庐山景区开发了智慧庐山一体化管控平台，实现了应急管理和景区管控一体化、可视化。庐山景区还开发了移动端应用程序，通过手机查阅信息并进行相关操作，实现了"一部手机管庐山"。

在智慧服务方面，庐山景区设立统一官方门户平台，重点打造"一部手机游庐山"，通过PC端、移动端等渠道向游客提供"分时预约、预订、停车、导览、智能客服、紧急求助、虚拟旅游、5G直播"等交互服务，并根据地理位置及游客画像推送服务信息。

在智慧营销方面，庐山景区开发了"全域旅游电子商务系统、旅游分销及全民营销平台"等应用程序，支持票务、食宿、导游及文创产品等全业态产品的预订预约和全网分销，形成了营销、预订、支付、核销、结算的业务闭环。

在智慧体验方面，庐山景区建设了智慧庐山体验中心，建成"飞越庐山VR体验、翼装飞行体感游戏及AR互动拍照"等有趣的互动体验项目，提升了景区旅游的趣味性。

此外，庐山景区在游客中心、观光车、索道轿厢及官方门户平台中展示"一部手机游庐山"的应用程序二维码，引导游客访问；运用AR打卡、电子消费券、趣味答题等智慧营销工具，定制主题旅游产品，在传播内容中植入产品二维码，促进营销转化；依托大数据及自媒体平台，精准推送相关营销信息。

自2021年5月"智慧庐山"上线以来，通过"一体化管控平台"进行客流超限、雷雨冰雪灾害等风险预警，及时应急处置12次，协助寻找走失游客3名，找回丢失物品3件，制止游客进入危险区域5次，协助破获损毁旅游设施案1件。截至2022年10月，"一部手机游庐山"共服务游客近200万人次，注册用户达36万人，实现经济效益1000余万元。

2. 丽江古城智慧小镇

丽江古城是集遗产地属性、景区属性与社区属性于一身的城镇型、24小时开放的景区，这就对管理和服务提出了更高的要求。为此，丽江古城保护管理局利用信息化、数字化、智慧化，从"管理端"和"游客端"两个维度深入研究分析，构建了一套智慧化的管理体系，以管理的精细化助推服务的精致化，优化游客旅游体验，紧密将数字与体验结合、数字与应用结合、数字与文化结合、数字与管理结合、数字与经济结合。

(1) 聚焦管理端，助推监管效能新提升。在管理端，结合古城保护和管理需求，深化大数据、物联网等技术的应用，整合丽江古城智慧小镇系统资源，提升综合指挥调度和业务流程信息化运行体系，实现古城的态势感知和运行监测，保障系统安全、运行稳定、发挥作用。在公共安全管理方面，以疫情防控、游客流量管控、消防安全为着力点，让游客游得更安全、更安心。在智慧管理方面，注重游客的咨询、投诉、经营户的动态管理和第三方平台的监管，实时掌握游客最需要什么、最关心什么，最不需要什么，以此来改进管理和提升服务，让游客更有获得感和幸福感。

(2) 聚焦游客端，助推游客服务新体验。在游客端，围绕旅游行业全要素，按照有用、管用、好用、常用的原则和市场化发展方向，加快智慧旅游应用的推广使用，提高知晓率和使用率，将智慧小镇建设成果更好地服务于游客、应用于市场，为游客提供精细化、智能化、个性化的旅游服务，让游客"吃"得更放心、"住"得更安心、"行"得更省心、"游"得更舒心、"购"得更顺心、"娱"得更开心。

丽江古城综合管理指挥中心工作人员可以通过移动端查询丽江古城实时人流量、酒吧声音监控、投诉咨询受理等数据，通过平台开展综合执法检查、投诉咨询处置、市场管理、经营户普查、民居修缮管理等业务，实现信息交互共享、快速反应决策。

(3) 聚焦遗产保护，助推监测与保护数字化治理。为保护丽江古城文化遗产的真实性和完整性，运用科技手段对遗产要素进行科学监测和保护；通过对古建筑院落的信息采集，实现建筑物三维、二维信息集成，为遗产保护、监测和维修提供科学的数据支撑；建成智慧消防管理系统，以整合"人防"和"技防"为手段，通过前端感知设备，实现对古城消防栓压力、电线温度、电流、漏电、消防力量配备等情况进行实时监测，形成了隐患可见、火情可控的立体化全域感知防控体系，力保"早发现、早处置、降损失、保平安"。

(4) 聚焦智慧创新，助推科技与文化有机结合。利用3D、AR等技术，开发沉浸式体验产品，丰富文化展示形式，实现传统文化现代表达，增强游客体验感和吸引力，弘扬丽江古城传统文化、红色文化，提升文化魅力；深化5G应用，成功应用5G无人扫地车、无人巡逻车、无人驾驶观光车让现代科技和历史古城深度融合，相互赋能。

在智慧小镇建设过程中，坚持问题导向、需求导向，整合系统资源，深化数据应用,推动资源数字化、数字产业化和产业数字化,促进数字经济与实体经济深度融合,以科技创新赋能八百年历史古城转型升级。

3.四川"智游天府"文化和旅游公共服务平台

"智游天府"平台为公众提供景区、酒店、文博展览、文艺演出、志愿者服务等"一键通"服务。作为四川文旅服务总入口,该平台自2020年9月25日上线以来,注册用户数已近100万,为超过3200万人次提供了文旅公共服务,形成了全省文旅产业"一张网"。

(1) 加速互联网与文旅融合。"智游天府"公共服务平台依托"互联网+文旅服务",以"云+中台+应用"技术框架,充分保障平台的后期建设及运营生态的打造;以"政务云+公有云+边缘云"相结合的云网体系,及时保障平台的计算支持、系统稳定及快速响应;以"一体两翼"的数据架构支撑,有效保障平台数据安全、信息安全及数据所有者利益。"智游天府"平台涵盖文旅大数据中心和综合管理、宣传推广、公众服务等"一中心、三板块",全面聚集了文旅信息、文旅产品、精品线路、特色美食、周边特色等文旅要素。该平台以移动终端(手机)为载体,通过App、小程序、微信公众号为公众提供旅游、文化、公共服务三大类16项服务。

(2) 文化旅游生活更加方便快捷。游客通过"智游天府"平台可完成文旅活动预约、产品预订、消费交易,实现"一键订单""一码畅行""一键投诉"。"智游天府"平台全面覆盖游客在四川的游前、游中、游后的"吃、住、行、游、购、娱"全过程全方位全景式服务。出游前,游客可在手机上远程看景点24小时实时直播;到达景区时,游客可在手机上扫码购票、刷脸快速入园;游玩时,则能通过AI识景来增长知识。除了上述功能,"智游天府"还可以帮助游客规划行程、查找厕所、智能订车位。旅途中,游客的合法权益受损,遇到困难和危险,可以一键投诉与求助,并实时查看反馈结果。

(3) 持续优化升级助推全域旅游发展。根据试运行期间的反馈情况,对项目内容进行优化升级,逐步实现省市县和文旅单位数据资源共享、媒体资源联动、文旅市场共管。全面推动和号召更多的企业入驻平台,提升全域旅游发展水平,努力将"智游天府"公共服务平台打造成"国内一流的文旅融合示范平台""全省政务云的重要内容""四川文旅数字经济生态新引擎",实现"资源情况底数清、市场监管无盲区、公共服务一键通、宣传推广精准达",为游客提供优质服务。

经过两年的建设与运营完善,"智游天府"平台对四川省智慧文旅生态体系的创新发展发挥了至关重要的作用,数字化赋能效益充分彰显。数据显示,目前平台汇集全省提供文旅服务的企事业单位共计23 352家,公共厕所、停车场等公共服务类场所近1.2万个;共计发布文旅服务信息超8.1万条;汇聚六大类文化资源数据310.2万条,旅游八大类资源数据26.85万条,资源照片约550万张,视频约2.6万部;完成了全省814家A级旅游景区与平台的数据接入;接入博物馆263家、图书馆206家、文化馆206家;注册志愿者117909个。该平台初步实现了全省文旅行业的智慧监管、公共服务的在线供给、机关办公的在线运转、行业数据的归集共享，建立了保障运维机制，满足了文旅行业智慧化管理服务的基本要求。

此外，基于"云+中台+应用"技术架构，"智游天府"平台构建了省级统管、产业协同、公众参与的一站式开放服务平台，初步实现了省级文旅数据资源汇聚、智慧管理、公众服务、新媒体矩阵等文旅数字化应用落地，成果众多且具备复制推广价值。为此，下一步，"智游天府"平台还将从更有针对性的简政惠企便民应用场景出发，进一步夯实网络基础，深化系统应用，发挥数据价值，实现智慧文旅发展规模、质量、效益的有机统一。

第三节　智慧旅游目的地发展

"十四五"规划与2035年远景目标纲要中明确提出，要深入发展大众旅游、智慧旅游，改善旅游消费体验。智慧旅游目的地随着区域旅游一体化和智慧旅游的发展应运而生。随着国家政策不断完善，以及互联网技术的升级，智慧旅游服务平台也在规范引导下持续进行升级，助力智慧旅游目的地建设发展。旅游目的地智慧旅游管理是一种新的管理举措，不仅能够带动旅游目的地发展智慧旅游，还可以促进旅游产业结构优化和转型升级。智慧旅游目的地的发展主要体现在智慧服务、智慧管理、智慧营销和智慧景区管理四个方面。

一、旅游目的地智慧服务

(一) 实现旅游服务的智慧

从技术层面上来讲，旅游业的发展经历了从传统旅游到数字旅游，再到现在的智慧旅游，这个过程是从低级到高级的不断演进。但是旅游业无论怎样发展，向什么样的方向发展，它的本质还是以服务游客为中心。传统旅游服务注重游客的观赏经历，智慧旅游则实现了旅游服务全程化、全面化、简单化。智慧旅游就好比一张巨大无比的网格，将与旅游行业有关的一切人和事全都连接起来，实现对游客服务最大化。智慧旅游服务更加人性化、全面化、无缝化，更加注重游客在整个旅游过程中的体验感。

(二) 智慧旅游信息服务平台的应用

从服务层面上来看，智慧旅游包括旅游信息服务提供商提供的各种信息服务以及提供这些信息服务的公共服务机构。服务是智慧旅游的核心业务，如满足游客对旅游六大要素"食、住、行、游、购、娱"等方面的信息需求，智慧的服务使游客在旅游前、旅游中、旅游后能够随时随地获取信息，以便做出科学决策，提高旅游服务价值，提升游客体验。智慧旅游信息服务平台包括旅游基本信息查询、旅游增值信息查询、旅游行程规划、旅游智能导航娱乐四个板块，以实现游客、旅游企业、旅游媒体、旅游管理结构之间的良性互动。

案例11-4

"一部手机游延庆"区域旅游目的地智慧服务系统解决方案

"一部手机游延庆"是北京市延庆区文化和旅游局与腾讯公司合作建设的"区域旅游目的地"智慧服务系统。该项目于2018年4月启动建设，现已完成"一中心四平台"建设，建成延庆旅游大数据中心、游客服务平台、政府管理平台、企业运营平台、智慧物联平台，整合全区特色旅游资源，为游客提供一站式旅游服务，保障北京世园会圆满召开，展示了北京延庆的全新旅游形象。

其中，作为游客服务平台的"美丽延庆"小程序涵盖了全域导览、世园专区、门票预订、精品路线、AI识花草、旅游攻略、智慧找厕所等功能板块，为游客提供"吃、住、行、游、购、娱、厕"全程智慧化服务，为游客更好地体验延庆自然风光、精品民宿客栈、特色美食、文化娱乐等旅游资源提供便利。

(资料来源：中国旅游报)

思考：举例说明智慧旅游在旅游目的地建设中的应用。

二、旅游目的地智慧管理

(一) 实现旅游管理的智慧

一直以来，旅游相关部门都在推进旅游管理信息化，旅游主管部门、旅游目的地等都有自己的旅游业务管理系统。但是这些管理系统缺乏统一的数据支撑，之间的兼容性较差，有碍于现代旅游发展。旅游管理需要智慧，在快速发展的信息化社会中，旅游业对数据信息的依赖越来越强，旅游业的发展需要依托信息技术，积极主动地获取游客信息，形成游客信息数据库，全面了解游客的需求变化，帮助旅游管理者对旅游市场进行全面的分析与预测，从而有针对性地制定相应方针和政策。智慧旅游管理能够有效地利用信息技术，及时掌握游客的旅游活动信息，实现由传统旅游管理模式向现代管理模式的转变，在行业管理、环境监测、门票预订、酒店预订等方面大量运用旅游管理技术。

1. 数据采集及时化

传统的旅游监管技术条件非常有限，影响了旅游目的地服务质量。在此背景下，实现旅游数据采集的自动化，继而根据采集到的结果进行分析是当代旅游管理的迫切希望，特别是在国庆等旅游黄金时间，运用有关系统，能精确地统计到每日游客数量，这些数据通过有效的端口直接反映到上级管理系统中，管理机构可以通过开放这些数据，让游客及时有效地了解相关信息，给游客安排自己的旅游行程提供支撑。2022年，云南省在旅游治乱管理中，通过关键点的旅游信息采集与实时监控，达到了较好的管理效果。

2. 管理系统化

传统的旅游管理相对滞后，在突发事件发生后，各个部门协调处理事件比较缓慢，这是因为各个部门之间缺乏良好的沟通。而旅游智慧化管理就是要自上而下或自下而上地将旅游行业的各个部门连接起来，形成一个闭合化、协调化的管理体系，实现对旅游业的宏观调控和微观管理。

3. 信息公开化

在高速发展的信息化世界里，信息的公开化已经成为一种发展趋势，对旅游目的地进行管理就是为了能够更好地服务旅游者、地方居民和旅游企业，让他们能够在第一时间掌握相关的旅游信息，以便为个人和企业提供信息支撑，使其最后做出正确的决策。所以，智慧旅游要想得以实现与发展必须要实现旅游信息的公开化。

(二) 智慧旅游管理系统的应用

智慧管理包括旅游活动中各项管理业务，是运用智能化的技术对旅游企业、游客等旅游资源进行信息整合的过程。旅游相关企业通过游客的信息需求和游客位置信息，向游客提供引导性信息服务，对游客信息进行统计分析，为其日后的营销提供数据支持。

智慧管理系统包含诚信监控系统、公开发布系统、信息管理系统。该系统的建立，有利于实现旅游政策法规发布、旅游决策分析与支持和企业、个人诚信评价等功能。此外，智慧管理还包括旅游行业管理监督，也就是政府监督和服务系统，它是政府主管部门对旅游行业进行有效监管，是保证旅游行业正常、有序、健康发展的具体体现。

三、旅游目的地智慧营销

(一) 实现智慧旅游的营销

在互联网大背景下，人们获取旅游信息的渠道不断增加，这就需要新的旅游营销模式来运作，智慧旅游通过对技术、渠道、方法、方式等进行创新，全面提升旅游营销的效率和效果，从而更好地推动旅游产品的销售。一是运用新技术，实现旅游营销创新化，提高旅游营销针对性与效果；二是扩宽旅游营销渠道，实现旅游营销多元化；三是获取新方法，打破旅游营销的被动性；四是创新的供给关系和买卖方式，较好地完成旅游查询、购买等行为。营销智慧化主要表现为各种营销要素和商务手段的智慧化，智慧旅游借助各种传播方式和渠道，将目的地景区相关信息和旅游企业的产品、服务等信息，通过图片、视频、文字等多种方式传递给潜在的消费者，并且通过智慧化的手段开展电子商务、移动商务等活动，从而实现整个营销环节的智慧化。

(二) 智慧旅游营销系统的应用

智慧旅游营销系统是一种旅游智能化应用系统，其以互联网为基础平台，结合了数据库技术、多媒体技术和虚拟现实技术等，开展旅游资源网络推广和交易活动。智慧旅游营销系统面向政府旅游管理部门、旅游企业、旅游媒体和游客。旅游管理部门是平台运行的主体机构，通过平台促进游客、旅游企业、旅游媒体之间的良性互动；旅游企业是旅游目的地营销平台信息的主要提供者，接受游客信息查询与业务预订等功能；旅游媒体则通过收集整合目的地景区和旅游产品促销信息，实施宣传；游客可通过平台了解目的地信息，进行促销信息查询，以及同旅游企业进行互动交流。根据旅游活动发生的过程，即计划、信息收集、预订、出游、旅游结束，将目的地营销系统分为发布推广子系统、旅游信息咨询子系统、虚拟旅游体验子系统、旅游电子商务子系统、线下旅游服务子系统和互动交流子系统6个模块。

四、智慧景区管理

旅游目的地的服务与管理必须做出智慧化改变，以满足社会经济的整体需求。旅游目的地智慧化管理符合社会发展趋势。当然，智慧景区仍然是旅游目的地智慧化管理的核心表现。

广义的智慧景区是指将现代信息技术与旅游管理有机集成一体，实现人与自然和谐发展，更有效地保护景区的资源环境，为游客提供更优质服务的智能化景区。狭义的智慧景区是指通过信息技术的植入，实现可视化管理和智能化运营，对旅游景区生态环境、旅游者行为、旅游服务、旅游基础设施、旅游经济行为进行深入的感知，并形成智能化管理体系的景区。

智慧景区管理是旅游目的地智慧化管理的重点，景区通过旅游智慧技术的应用，可以实现更加高效的服务与管理，无论是景区的管理深度，还是管理广度、管理速度，都能得到有效提升。

智慧景区是从旅游产品出发，以服务旅游者为导向，最终实现市场效益最大化，通过新的信息技术提升旅游体验和旅游品质，让游客能够感受到智慧旅游带来的全新体验。

(1) 通过信息技术，可以及时准确地掌握游客的旅游活动信息和旅游运营企业的经营信息，实现旅游行业监管从传统的被动处理、事后管理向过程管理和实时管理转变，如景区门票系统的应用。

(2) 通过与公安、交通、工商、卫生、质检等部门形成信息共享和协作联动机制，结合旅游信息数据构建旅游预测、预警机制，提高应急管理能力，保障游客的旅游安全，实现对旅游投诉以及旅游质量问题的有效处理，维护旅游市场的秩序，如旅行社分销系统的应用。

(3) 智慧旅游依托信息技术，主动获取游客信息，形成游客数据积累和分析体系，全面了解游客的需求变化、意见建议以及旅游运营企业的相关信息，实现科学决策和科学管理。

(4) 智慧旅游还鼓励和支持旅游运营企业广泛运用信息技术，改善经营流程，提高管理水平，提升产品和服务竞争力，增强游客、旅游资源、旅游企业和旅游主管部门之间的互动，高效整合旅游资源，推动旅游产业整体发展。

本章小结

　　本章首先介绍了智慧旅游的定义、内涵、产生背景和应用场景；然后阐述了智慧旅游目的地的定义、架构和应用，结合"四川省'智游天府'文化和旅游公共服务平台""庐山智慧旅游建设和运营""丽江古城智慧小镇"的案例对智慧旅游目的地建设进行说明；最后介绍了旅游目的地智慧化管理的内涵，并从旅游目的地智慧服务、旅游目的地智慧管理、旅游目的地智慧营销、智慧景区管理4个方面介绍了旅游目的地智慧化管理。

复习思考题

　　1.简述智慧旅游的定义和内涵。

　　2.简述智慧旅游目的地的定义。

　　3.简述智慧旅游目的地架构。

　　4.举例说明智慧旅游在旅游目的地建设中的应用。

　　5.简述旅游目的地智慧化管理的三个方面。

第十二章 | 新时代的旅游目的地管理

知识目标：掌握新时代的旅游目的地的管理特征，熟悉大众旅游目的地发展策略，了解文旅融合下旅游目的地建设应对措施，掌握全域化旅游目的地的概念、特征及策略。

能力目标：分析"互联网+旅游"的发展现状与趋势，能够结合旅游业发展及旅游市场需求，提升新时代的旅游目的地管理水平。

素质目标：通过全域化旅游发展与建设的相关案例和理论研究，结合相关旅游时政热点，掌握新时代背景下打造全域旅游目的地的路径。

案例导入

四川推进世界重要旅游目的地建设

四川省政府印发《四川省建设世界重要旅游目的地规划(2023—2035年)》，构建以大九寨、大峨眉、大贡嘎、大香格里拉、大遗址五大优势重点区域为支撑，大熊猫生态旅游风景道、藏羌彝文化旅游风景道、蜀道三国文化旅游风景道等7条世界级风景廊道串联的世界重要旅游目的地发展格局。

一是打造精品项目。四川省以成都建设世界旅游名城为引领，梯次培育一批国际旅游城市，打造一批具有国际影响力的天府旅游名县、名镇，创建一批世界最佳旅游乡村；推动九寨沟、三星堆遗址等九大旅游景区争创世界级旅游景区，大熊猫栖息地、贡嘎山等六大度假区争创世界级旅游度假区；串联大峨眉、大香格里拉等五大区域世界遗产、世界级文化旅游产品，支撑长征、黄河、长江国家文化公园四川段和大熊猫国家公园等高质量建设，推出7条国际精品旅游线路；建设一批四川特色世界级旅游风景道，发展一批研学旅游、中医药健康旅游、乡村度假旅游等符合国际旅游需求的新业态。

二是强化基础设施。优化航空航线，推动成都天府国际机场、双流国际机场"两场一体"高效协同运营，以成都天府机场为试点，打造世界十佳机场；推进九寨黄龙机场如期建成国际航空口岸，南充、泸州、宜宾等地按照国家开放口岸标准改(扩)建机场，加快建设乐山、阆中机场，逐步开通康定机场至长三角、珠三角、京津冀等地区航线；优化连通成都、乐山、南充、宜宾、泸州等地与京津冀、长三角、粤港澳大湾区以及西安、重庆等周边省会城市高铁开行班次，围绕旅游交通主干道、旅游风景道、重点旅游景区连接公路等，完善自驾游设施和服务体系。

三是提升服务品质。四川省加快推动城市高端星级酒店建设，引入打造一批国际品牌酒店、中高端轻奢酒店、国际精品民宿；加快川菜标准体系建设，整合四川美食旅游资源，打造名菜、名厨、名店"三名"品牌和具有天府特色的国际美食集聚区；引导川字号企业布局国际文旅特色商品，围绕川菜、川酒、川竹、川茶、川灯、川剧、川盐等开发系列文创产品，在国际市场叫响"川字号"特色品牌；支持成都市争创市内免税店试点城市，支持和推进跨境贸易项目建设；提升智慧旅游服务水平，提供国际标准旅游服务，构建安全有序活跃开放的旅游发展环境。

（资料来源：四川省文化和旅游厅）

思考：新时代背景下旅游目的地如何创造性发展？

第一节　旅游目的地管理进入新时代

习近平同志指出："经过长期努力，中国特色社会主义进入了新时代，这是我国发展新的历史方位。"这一重大政治判断，赋予党的奋斗主题、目标任务、价值追求、历史使命和世界担当以新的时代内涵，为推进"四个伟大"提供了时代坐标和科学依据。旅游业作为人民的幸福产业，其发展是与人民的精神需求息息相关的，更是人民美好生活需要的一个重要组成部分，而这个变化就为引领新时代下的旅游革命起到了纲领性的作用。除了中国特色社会主义进入新时代外，中国旅游业的发展、旅游目的地管理也进入了新时代，主要涉及旅游市场、科技进步、新经济发展和旅游高质量发展等问题。

一、高速交通时代

近几年，国内旅游的兴起和各个旅游目的地的崛起，说明高铁时代的到来对旅游目的地和旅游集散地的旅游流量和流向都产生了巨大的影响。交通方式决定旅游方式，这是旅游发展过程中的重要规律。中国的"高速时代"正在到来，交通格局已经发生了巨大的改变，深刻影响着中国经济、政治、文化、社会等各个领域，也影响着中国旅游业的格局，改变着中国旅游业的面貌。高铁让旅游"朝发夕至""夕出朝归""双城生活"成为可能，高铁旅游产品为闲暇时间较短的人群提供了多样化的选择，丰富了国内游客"小长假"的旅游行程，使省市周边游和跨省跨地域旅游成为可能。旅游目的地应顺应高速交通时代要求，重点打造休闲度假、文化旅游、观光旅游、研学旅游和亲子游等产品，满足多个细分市场需要。

二、自驾游时代

随着经济发展阶段的演进和国民收入水平的提高，我国已经进入汽车生产和消费的规模化时代。自驾出行、自助旅游、自主选择、个人独行、骑车漫游、主题旅游等正成为旅游时尚，中国旅游市场正在全面进入自驾游时代。自驾游时代的到来，对旅游目的地开发与管理来说是挑战，也是机遇。一方面，自驾游时代的到来，意味着旅游者的旅游需求被进一步激发，游客行为展现更明显的自主性，这为旅游小微企业、在线旅游企业提供了发展机遇；另一方面，自驾游时代的个体化行为因其分散性而更加难以监管，对旅游公共服务供给、适应个性化发展方面提出更大挑战，对生态旅游产品的追逐可能给脆弱的环境带来负面影响。旅游目的地应该从规划、管理、服务等方面作出努力，加强房车营地、旅游公共产品体系建设，加快智慧目的地打造，加强全域旅游目的地建设，科学合理地进行游客管理、服务，构建多维、全域旅游供给体系。

三、"旅游+"时代

"旅游+"是新的生产力，不仅能够更好发挥旅游业的拉动力、整合力和提升力，为相关行业和领域发展提供旅游平台，催生新业态，提升相关行业和领域的发展水平与综合价值，还可以拓展旅游业发展的视野和空间，提高旅游业发展的品质和效益。长期以来，人们对旅游的认识还停留在简单的消费层面，把旅游看成孤立的行业。实际上，旅游对国民经济的贡献不仅仅是消费，还覆盖消费、投资、出口三大领域；"旅游+"是开启旅游强国大门的钥匙，具有"搭建平台、提升价值、促进共享、提高效率"的功能。"旅游+"时代下，旅游业的边界扩大，传统旅游产业与其他产业的融合逐渐深化、扩展，使产业价值得以重构。"旅游+"时代要求旅游业与工业、农业、文化等产业实现深度融合，再造旅游产业价值链，优化旅游产业发展空间，延长旅游生命线，满足不同人群对旅游的需求。

四、乡村旅游时代

度假目的地经历了从乡村到城市，再回到乡村的演变。在乡村振兴的大背景下，一系列"乡村+"的优秀目的地诞生，如黄河宿集、计家墩理想村等。2022年携程数据显示，乡村酒店的订单量较2021年春节期间增长1倍以上，预订用户以"80后""70后"为主。过去的乡村度假，承载的是乡村的好山好水好风光，是对乡村的"消耗"；如今的乡村度假，则是底层设计和运营共同作用于可持续的有机商业，实现新的发展，吸引更多更高净值的游客。游客置身于浓厚的历史文化氛围和诗情画意的自然风光中，体验新奇、震撼、怀旧、悠闲、舒适的生活。乡村旅游正在成为继城市游、国外游、景区游、展馆游之后的强劲增长点，越来越多的注重品质的游客喜欢上代表个性、自由、回归的乡村旅游，越来越多的家庭开着私家车带孩子来到乡村体验田园生活、感受大自然的富饶多姿，越来越多的老年人开始到乡村寻找童年的记忆、休闲养生。

五、后工业时代

在后工业时代中，社会发展的主要力量和主要动能已经不是传统的产业，而是新经济体系。而旅游业在作为一个新经济体系以后，必然也会产生巨大变化。工业旅游作为全新的旅游项目，可以丰富旅游产品的种类，进一步完善旅游产品结构，带动地区旅游经济的发展。工业旅游不仅能增加目的地客源，延长游客停留时间，还在一定程度上缓解了个别地区旅游资源不足的压力。工业旅游目的地开发必须尽可能地避免同质或重叠，打造自己的特色，推进区域旅游的特色发展，达到"创意为先、融入规划、指导实践、差异发展"的目的。例如，大部分的博物馆都是以陈列展示物品供游客参观，互动性和趣味性较少，而在布莱克博物馆的前期策划中，将其定位于"让游客认识布莱克的人民与工业"，以工业体验性为主题打造旅游项目，主要展示18世纪初期以来的布莱克历史。布莱克区的古建筑经过巧妙的规划，营造出一个真实生动的村庄与工业社区，游客从中能够体验出布莱克区制造工艺在英国工业革命时期的作用，在创意中不断强调"用一切手段向游客诠释历史"，充分满足了布莱克博物馆市场游客的需求。

六、"互联网+"时代

21世纪是一个数字化、网络化和知识经济的社会，信息产业将成为国力竞争的焦点，也是国家的战略性支柱产业，直接影响着国家在新世纪的生存和发展。以数字化和网络化为基础的电子商务将改变传统的贸易形态，为经济发展提供原动力，成为各国国民经济发展的一个重要增长点。"互联网+"时代对旅游业的信息化和智慧化程度要求更高，同时也为培育新业态、塑造新商业模式、拓展发展空间带来契机。"互联网+"时代要求旅游行业全面智慧化升级，提升旅游产业品质及智慧化程度，特别是智慧旅游的发展、智慧城市的建设都是在"互联网+"时代背景下发展起来的。有调查显示，近一半的中国游客在计划旅行时，考虑自助游、小团游、定制游，这也成为加速智慧景区建设步伐的一个推动力。游客通过景区的线上平台和旅游小程序，可以提前了解旅游目的地、规划路线、预订景点门票、线上购买纪念品等，满足游客在游前、游中、游后的各项需求，在降低营销成本的同时也能增强景区吸引力。

七、科技旅游时代

5G时代，催生出旅游行业无限的想象力，以数字科技为核心的消费模式将带动在线旅游行业实现新一轮高速增长。随着云计算、物联网、大数据和人工智能等新技术的出现，数字科技正在全面融入旅游产业，同时改变了旅游供给和旅游消费方式，促进了旅游商业模式的改变，推动我国旅游业高质量发展。由于人工智能和数字技术的进步，游客能够更好地掌握旅游信息，越来越多的游客将先通过科学技术了解目的地和周边环境，然后才会出门开始旅行。此前，宋城、上海迪士尼和华侨城都宣布与VR/AR(增强现实技术)"联姻"。这种"身临其境"的互动体验新技术在旅游业中有着广泛的应用前景，贴近旅游市场，满足了游客需求。游客只要下载一个App，就相当于拥有了一个覆盖旅游生活全要素的万能"百宝箱"。智慧旅游发展迅速，给游客带来实实在在的便利。某些旅游目的地建设"旅游产业运行监测与应急指挥中心"后，在线预订、智能导游、分享评价等智能化旅游服务得到普遍应用。

八、共享经济时代

共享经济就是大家如果有闲置的资源，可以通过互联网的形式让有需求的人使用，把闲置的资源与需求结合，实现了经济价值和社会价值。旅游业也在共享经济的影响下出现了诸如住宿共享模式、交通共享模式、个人服务共享模式和共享休闲农庄等旅游共享经济的新模式、新业态，为未来旅游业的改革和创新提供了新的机遇和挑战。共享经济时代通过互联网实现交通工具、住宿、餐饮等的共享，从线上到线下，实现闲置资源的再利用。国内的滴滴、高德打车、花小猪打车等平台，从吃、住、行等旅游要素出发，实现了新模式的进一步发展。共享旅行依托互联网、大数据、云计算等现代技术，实现旅游资源和信息的共享，激活并释放闲置资源，带来消费观念和旅行方式的根本变革。租赁短期民宿、共享出游攻略、拼团友、拼租车等一系列新形式都在响应着共享时代的号召。随着人们度假消费升级和度假需求变化，旅游产业也随着市场的变化，从传统的、单一型模式转变为多层次、复合型模式。在共享经济的影响下，旅游产业正从一对多的单向经营迈向共享化的升级之路。

拓展知识12-1

吉林省中国一汽工业文化旅游基地

2022年11月，文化和旅游部官网发布关于推出北京市751园区等53个国家工业旅游示范基地的公示。其中，吉林省中国一汽工业文化旅游基地入围，这也是吉林省唯一入围单位。吉林长春，一汽的故乡，这里诞生了新中国第一个汽车制造厂和第一辆汽车，被赞誉为中国汽车产业的摇篮。

1.一汽历史文化街区

2015年，住房和城乡建设部、国家文物局公布第一批中国历史文化街区名单，第一汽车制造厂历史文化街区(见图12-1)入选。

图12-1　一汽历史文化街区

步入东风大街，一幢幢枣红色"大屋檐"楼房映入眼帘，翘檐斗拱出椽、红砖绿檐灰瓦相映，吸引着游人寻访历史的印记。除了街区的民居建筑，一汽厂房同样也保留了年代记忆(见图12-2)。漫步在宽阔整洁的厂路间，高大的老厂房在两侧绵延，斑驳却不失雄伟。几十年的风雨洗礼，使中国一汽厂区成为了解中国汽车发展历史、体验现代化汽车生产过程、感受汽车文化的新兴工业旅游区。

图12-2 一汽厂房

2. 中国一汽红旗文化展馆

中国一汽红旗文化展馆(见图12-3)真实地再现了红旗品牌的创业故事,是中国汽车工业和中国一汽发展历程的一个缩影。展馆坐落于一汽奔腾轿车有限公司,是中国第一家以汽车品牌命名,展示产品发展、企业沿革及人文精神的文化展馆。展馆内陈列着"红旗"品牌自创始以来,各个阶段所生产的代表车型、不同时期的检阅车,以及大量珍贵的史料文件。

图12-3 中国一汽红旗文化展馆

3. 中国(长春)国际汽车博览会

长春不仅仅是有情怀的"汽车城",更是一座充满机遇的"长春国际汽车城"。长春每年都会举办盛大的中国(长春)国际汽车博览会(以下简称长春汽博会)等各类汽车产业相关的交流活动,吸引着全国乃至世界车迷的目光。长春汽博会见证了中国汽车工业的欣欣向荣和中国汽车市场的迅猛发展,成为中国汽车产业不断发展的缩影。长春汽博会不仅仅是一个单纯的行业展会,更是一场文化盛宴,延续着汽车城的城市历史文脉,坚持着传承与创新,为长春特有的汽车文化注入新鲜血液。

4. 红旗创新大厦

红旗创新大厦(见图12-4)是"全球首个智能化全场景应用数字展馆",是"5G覆盖、智能能源、共享办公的地标性智慧楼宇"。红旗创新大厦用虚实融合的手法展示红旗品牌的理念、崭新技术和首创产品,努力构建创新、创造、创业的平台,成为吉林乃至东北地区智慧型创新的标志场所。

图12-4　红旗创新大厦

中国一汽工业文化旅游基地入围国家工业旅游示范基地，标志着吉林省工业旅游设施与服务等工作提质创优取得新进展，工业旅游发展示范引领作用进一步增强。吉林省作为中国汽车工业的摇篮，应借此契机大力推进旅游与汽车产业深度融合，完善工业旅游相关产业发展机制，发扬大国工匠精神，讲好吉林工业故事，打造吉林省旅游高质量发展新名片、中国工业旅游发展新标杆。

(资料来源：吉林省文化和旅游厅)

第二节　大众旅游下旅游目的地管理

一、大众旅游概述

(一) 大众旅游的产生

旅行源于迁徙活动。迁徙是指为了生活或生存，从一个地方迁移到另一个地方；旅行是指人们在空间上从一个地方到另一个地方的行进过程。"享乐旅行"的出现标志着旅游的诞生，享乐旅行是指出自消遣娱乐和享受人生价值的需要而进行的非功利性的旅行活动。虽然旅游古已有之，但绝非有了人类就有旅游。旅游是人类进化和社会、经济、文化发展到一定阶段的产物，并伴随着人类历史的演变而不断发展变化的。旅游的产生源于人类意识的发展、精神需求的提高和经济条件的成熟。

大众旅游的产生有两个前提：一是经济增长，人们收入增加。国际资料统计表明："当一个国家人均GDP达到300美元时，居民将产生国内旅游动机；达到500～800美元时，国内旅游急剧扩张；达到1000美元时，将产生洲内旅游动机；若超过3000美元，将产生洲际旅游动机。"二是闲暇时间增多。随着社会生产力的发展，在大大降低人们的劳动强度、缩短劳动时间的同时，人们的闲暇时间增多。

2016年12月，国务院印发《"十三五"旅游业发展规划》，给市场注入了巨大政策动能。2019年出现了国内旅游市场的第二个高峰，旅游业成为国民经济支柱产业，我国步入大众旅游时代。2021年12月，国务院印发《"十四五"旅游业发展规划》，我国开始全面进入大众旅游时代，文化强国成为旅游发展新方向。

(二) 大众旅游的特征

《"十四五"旅游业发展规划》指出，我国将全面进入大众旅游时代，旅游业发展处于重要战略机遇期。大众旅游者的群体在逐渐扩大，由以往少数人的旅游扩展到普通大众，自助游群体也在不断增长。大众旅游的特征表现为以下几个。

1. 消费大众化

旅游已成为人们日常生活的重要组成部分，微旅游成为主要出游方式。旅游承载着人们对美好生活的向往。一是旅游经济快速发展，产业规模不断扩大。2012年以来，我国旅游收入年均增长10.6%。2019年，旅游总收入达到6.63万亿元，旅游及相关产业增加值4.5万亿元，占GDP的比重为4.56%左右。二是旅游产品供给不断提升优化，业态更加丰富。从2012年到2022年，全国A级旅游景区数量由6042家增加到14 196家，5A级旅游景区数量由147家增加到318家，中高等级景区比例大幅提升。

2. 需求品质化

市场对旅游产品的特色化、品质化和中高端化要求越来越高。随着近些年人们收入和消费水平的提高，对品质生活的需求日益升级，旅游市场步入快速增长时代。传统观光旅游模式加速消退，休闲度假旅游、主题品质旅游、专项定制旅游等市场快速发展。人民群众对旅游消费的需求经历了从"有没有"向"好不好"转变，从低层次向高品质、多样化转变，从注重观光向兼顾观光与休闲度假转变。

3. 精神享受化

旅游者已经不满足于物质享受，不少旅游者以追求精神享受为目的，文旅产业发展迅速。文化正为旅游产业带来不可忽视的影响。随着年轻人对中华文化日益热衷，越来越多以文化为基底的文旅产品得以诞生，并颇受追捧。文创产业、非遗打造、民俗国潮等慢慢成为文旅产业的精神动力支撑。旅游业集食、住、行、游、购、娱于一体，这些构成要素环环相扣、紧密性不断增强，旅游目的地精品路线致力于将所有文化旅游资源整合到一起，打造沉浸式、一体式的文化旅游路线。

4. 形式多元化

我国全面进入大众旅游时代，旅游已经成为人们重要的休闲生活方式。"十三五"期间，我国人均出游超过4次。人民群众通过旅游饱览祖国秀美山河、感受灿烂文化魅力，有力提升了获得感、幸福感、安全感。伴随着对不同群体旅游消费需求的深度发掘和"旅游+"的深度融合，旅游产品越来越丰富，旅游形式也越来越多元，如农业旅游、工业旅游、红色旅游、航天旅游等，未来旅游的形式还会更加多元。

5. 空间扩大化

随着科技的进步和交通工具的发展，旅游业与农林水、文教体和健康医疗等产业深度融合，从"景点旅游"向"全域旅游"加速转变。人们的旅游空间范围在日益扩大，如青甘大环线、大滇西环线、西北大环线等旅行线路，旅游空间正在不断扩大。

二、大众旅游下旅游目的地管理策略

(一) 改变发展模式

旅游发展模式由"驿站式"向"港湾式"转变。"驿站式"是指旅游者到达目的地观赏性明确，停留时间过短；"港湾式"是指能引得来客，留得住人。目前旅游行业的总体格局是观光旅游在持续，休闲度假游寻求升级，文化旅游走向独特，乡村旅游做好原生态。所以，单一的观光游向多重型的生态、休闲、文化游转变是必由之路。例如，黄河岛风景区距北京2.5小时车程，离天津滨海新区1小时行程，正处于黄河三角洲高效生态经济区、山东半岛蓝色经济区和环渤海蓝色经济圈三大经济区的叠加地带，可谓"齐鲁要塞，冀鲁枢纽"。每逢周末，景区更是游客聚集，可达200人/天，多数为自驾游客。黄河岛风景区也正是在原生态的基础上，逐步融合休闲设施、农家乐、文化教育等，转向集观光、住宿、美食、休闲服务于一体的度假目的地。

(二) 注重要素独立

进入新发展阶段，全国范围内的主题酒店、精品酒店、民宿等一批新兴旅游业态的兴起，以及一大批度假区、露营地、风景道的建设，便是度假旅游兴起后，促使"住"的要素独立化发展的结果。全国范围内旅游文化演艺、旅游节事、赛事的兴起，以及休闲街区、文化街区的建设，便是休闲旅游兴起所带来的"食"和"娱"要素独立化发展的结果。可以说，旅游要素独立化发展是新旅游的一个重要特征，也是我国旅游未来发展基本方向。因此，变局中的新型旅游目的地就是要以旅游要素独立化来构建旅游产业体系和空间体系。旅游不仅是看风景，更是一种体验。比如通过夜晚演出将一日游转变为两日游，通过夜游一条街留住游客，通过极具特色的住宿环境延迟游客的停留时间，这都是通过要素独立化达到产业链延伸的典范。

(三) 突出旅游主题

旅游目的地的持续发展需要进行主题策划，突出目的地的旅游主线。鲜明的主题是旅游目的地的旗帜和形象，是目的地内涵的具体化，也是旅游目的地策划的核心。因此，旅游目的地通过主题策划，使与"主题"相关的各种资源在有限的空间里高度聚集，形成一个整体，积聚吸引力，实现区域旅游经济的快速发展。例如，江苏盐城重点突出黄海湿地世界自然遗产主题，创塑城市旅游特色品牌，打造旅游目的地城市，坚定不移把黄海湿地世界自然遗产作为旅游名片，联动西部湖荡湿地、黄海森林公园、串场河、范公堤等城市资源，精心开发产品，科学设置线路，丰富旅游业态，打造全域旅游新格局。

(四) 实现扩容升级

在大众旅游时代，旅游成为大多数人日常生活的重要内容，但是大多数旅游目的地的旅游接待工作并不完善，比如停车场地紧缺、景区交通不便、配套的餐饮住宿不多，因此，应打造大容量的景区，致力于旅游目的地的扩容升级。近年来，烟台市以乡村振兴战略为引领，实施乡村旅游精品工程，立足村庄实际，充分挖掘特色，完善旅游配套，推出了一批文旅发展质量高、示范带动能力强的旅游村，为市民和游客提供了更多选择。烟台乡村旅游目的地的知名度和影响力不断提高，实现了乡村旅游提档升级。

(五) 净化旅游环境

整顿市场中的违法违规、不文明行为，同时加强文明旅游、安全旅游宣传，让公开透明的旅游市场环境成为净化旅游市场的力量。例如，青海省立足高原特有资源禀赋，积极培育新兴产业，加快建设世界级盐湖产业基地，打造国家清洁能源产业高地、国际生态旅游目的地、绿色有机农畜产品输出地。又如，山东省文化和旅游厅对检查严重不达标或存在严重问题的东营龙居黄河森林旅游区、威海大乳山滨海旅游度假区进行了取消旅游景区质量等级的处理。

(六) 注入文化灵魂

对于旅游者来说，旅游是特定场景下的体验，是主题和文化。旅游如果失去文化的灵魂，就缺乏内涵，没有生命力。因此，要让更多的文化体验融入旅游项目中去，把文化融入旅游过程。例如，来到广西壮族自治区融水苗族自治县，当地人大多会建议你到双龙沟和梦呜苗寨走一走。双龙沟原始森林有着融水风光最美的绿水青山，梦呜苗寨则藏着最原生态的苗族民族风情。双龙沟和梦呜苗寨的发展走出一条民族文化旅游融合发展助力脱贫攻坚的新路子。梦呜苗寨民族特色街区有民族手工艺品、特色餐饮、芦笙制作体验等项目，有民宿13家、商铺21家，打造了"吃、住、行、游、购、娱"的一站式旅游体验，成为旅游者打卡苗族文化的"网红"景点。

(七) 完善交通体系

旅游目的地交通科学规划，能够引导目的地道路交通设施建设，改善目的地交通环境，促进旅游经济发展。通过完善城市旅游干线交通设施，优化和改善与枢纽节点的便捷连接，完善景区内部公共交通系统，建设旅游观光巴士体系、旅游交通标识体系，注重慢行交通系统，完善景区道路交通网络，适当供给景区停车位，建立集旅游换乘、公交枢纽、旅游信息服务中心于一体的旅游集散中心等措施，创造舒适便利的观光环境，提升景区观光性和舒适度，满足日益增长和复杂的旅游需求。

(八) 利用科技手段

科技赋能推出高品质产品，增强旅游公共服务体系的供给。旅游者在旅游活动中的体验越来越好，足以证明科技创新对旅游活动的影响巨大。旅游者在旅游活动每一个环节的所见、所闻、所感都影响旅游体验效果。科技创新和旅游业的不断融合，使旅游产品和服务不断升级，旅游目的地必须从行、游、住、食、购、娱6个层面满足旅游者的高层次需求。例如，山东省着眼满足游客品质化、个性化的新需求，加快智慧景区建设，借助全息投影、夜间灯光秀、5G、AR、VR等现代技术，不断升级智能化运营能力，创新推出文化主题型、休闲度假型、沉浸体验型高品质产品。

第三节 全域旅游下旅游目的地管理

一、全域旅游概述

(一) 全域旅游的概念

"全域旅游"的概念最早出现于2015年，为了改革新常态下中国旅游产业，全国旅游工作研讨会提出了该概念。在2016年，全域旅游作为未来35年国家旅游产业发展战略被提出，它的含义也随之明晰：全域旅游是指在一定区域内，以旅游业为优势产业，通过对区域内经济社会资源尤其是旅游资源、相关产业、生态环境、公共服务、体制机制、政策法规、文明素质等进行全方位、系统化的优化提升，实现区域资源有机整合、产业融合发展、社会共建共享，以旅游业带动和促进经济社会协调发展的一种新的区域协调发展理念和模式。

全域旅游是"十三五"期间我国旅游业发展的主线，也是旅游业供给侧结构性改革的着力点。2018年，国务院办公厅发布的《关于促进全域旅游发展的指导意见》指出，以旅游业为主导，大力发展全域旅游；为了更好满足旅游消费需求，应统一布局、加强管理、优化服务，不断提升旅游业现代化、集约化、品质化、国际化水平。因此，在这一背景下，旅游发展由传统模式向全域旅游发展模式转型，进一步拓展了区域旅游合作的内涵和外延。传统旅游与全域旅游比较如表12-1所示。

表12-1　传统旅游与全域旅游比较

维度	传统旅游	全域旅游
发展模式	围绕既有资源打造景点、景区；景区间缺乏联系，孤立分散发展	深入挖掘资源潜力，品牌特色突出；产品结构体系完善；以旅游资源为核心的区域综合开发；区域整体发展观念强
产业支撑	门票；基本旅游要素	"旅游+"业态创新；产业融合发展下的综合贡献
供需结构	具有明显的季节性；需求类型单一；可选择性较少	满足旅游者多元化和个性化的休闲体验需求；供给侧结构性改革力度加大
建设主体	旅游企业单打独斗	社会共建共享
空间规划	"景区内外两重天"；配套设施规划被动、孤立	"产城融合"的新型辐射带动机制；共享式的城乡设施配套体系
管理体制	旅游管理部门为管理主体	各部门联动综合治理机制；"1+3+N"管理体制创新
产业效率	粗放、低效、竞争	精细、高效、合作、共享
效益影响	以经济效益为主	具有经济、社会、文化、生态等综合效益

(二) 全域旅游的基本内涵

(1) 从全域观光为主到全域休闲主导，针对休闲时代来临和度假需求旺盛的市场特点，推动全域旅游由全域旅游化(景观化)向全域休闲化转型，由观光旅游为主向休闲度假主导升级。

(2) 从旅游高速增长到优质高效发展，把握新时代旅游发展的阶段特点，以高质量发展为主题，不断提升旅游环境、旅游设施、旅游产品、旅游服务、旅游管理和产业发展质量，推动全域旅游由高速度增长向高质量发展转变。

(3) 从文化旅游结合到文旅深度融合，以文化提升旅游内涵，以旅游促进文化传播，推动文化和旅游由一般性结合走向深度融合，实现文化旅游性与旅游文化性的统一，促进文旅产业互补提升和价值创新。

(4) 从传统产业模式到现代产业升级，推动传统旅游产业加快转型升级，使其向高附加值、高技术含量环节延伸拓展，逐步健全全域旅游现代产业体系。

(5) 从投资需求拉动到全面创新驱动，在依靠旅游投资和消费需求拉动全域旅游发展的基础上，更多地依靠体制机制、旅游政策、旅游供给、消费需求、营销推广、旅游科技、管理服务等方面的创新，促进全域旅游高质量发展。

(6) 从旅游共建共享到全民幸福生活，在提升全社会推动全域旅游发展的自觉性和参与度、健全旅游共建共享机制的同时，更加突出人民的中心地位，以满足人民的美好生活需求为核心，聚焦高品质生活和共同富裕，让人民群众在全域旅游发展中有更多的获得感和幸福感。

拓展知识12-2

文化和旅游部开展了首批国家全域旅游示范区验收认定工作，决定将北京市延庆区等71家单位认定为国家全域旅游示范区，如表12-2所示。

表12-2　首批国家全域旅游示范区名单

地区	全域旅游示范区
北京市	延庆区、怀柔区、平谷区
天津市	蓟州区
河北省	秦皇岛市北戴河区、邯郸市涉县、保定市易县
山西省	临汾市洪洞县、晋城市阳城县、晋中市平遥县
内蒙古自治区	满洲里市
辽宁省	本溪市桓仁满族自治县
吉林省	长白山保护开发区管委会池北区、延边朝鲜族自治州敦化市
黑龙江省	大兴安岭地区漠河市、黑河市五大连池市
上海市	黄浦区、松江区
江苏省	南京市秦淮区、南京市江宁区、徐州市贾汪区
浙江省	湖州市安吉县、衢州市江山市、宁波市宁海县
安徽省	黄山市黟县、六安市霍山县

(续表)

地区	全域旅游示范区
福建省	福州市永泰县、南平市武夷山市、龙岩市武平县
江西省	吉安市井冈山市、上饶市婺源县、抚州市资溪县
山东省	潍坊市青州市、青岛市崂山区、济宁市曲阜市
河南省	焦作市修武县、信阳市新县、济源市
湖北省	武汉市黄陂区、恩施土家族苗族自治州恩施市、宜昌市夷陵区
湖南省	衡阳市南岳区、湘潭市韶山市、张家界市武陵源区
广东省	广州市番禺区、江门市台山市
广西壮族自治区	桂林市阳朔县、来宾市金秀瑶族自治县
海南省	三亚市吉阳区、保亭黎族苗族自治县
重庆市	巫山县、武隆区
四川省	成都市都江堰市、峨眉山、广元市青川县
贵州省	贵阳市花溪区、遵义市赤水市、六盘水市盘州市
云南省	保山市腾冲市、昆明市石林彝族自治县
西藏自治区	拉萨市城关区、林芝市鲁朗景区管理委员会
陕西省	西安市临潼区、渭南市华阴市
甘肃省	酒泉市敦煌市
青海省	海北藏族自治州祁连县
宁夏回族自治区	银川市西夏区、中卫市沙坡头区
新疆维吾尔自治区	伊犁哈萨克自治州昭苏县、巴音郭楞蒙古自治州博湖县
新疆生产建设兵团	第十师185团

二、全域旅游下旅游目的地管理策略

(一) 聚焦高标准服务，完善旅游供给体系

1. 优化旅游公共服务

完善综合交通运输体系，推进"快进慢游"交通工程，强化通景旅游公路和绿道系统建设，完善旅游交通休闲设施，构建快捷畅达的全域旅游交通网络；继续深入推进"厕所革命"，重点改造提升乡村旅游厕所，提高城乡公厕管理维护水平；进一步规范旅游引导标识系统，完善旅游集散服务和旅游咨询服务体系；优化旅游安全服务系统，加强旅游信息化建设，提升智慧旅游发展水平。

2. 丰富优质旅游供给

重点开发建设和优化提升一批富有文化特色的高质量旅游景区、旅游度假区、旅游休闲城市与休闲街区，推动生态旅游、文化旅游、乡村旅游、红色旅游、旅游演艺、休闲度假、康养旅游、体育旅游、研学旅行、邮轮游艇、自驾车房车旅游、低空旅游、数字娱乐、夜间旅游等创新发展；进一步提升旅游产品的文化内涵、科技水平和绿色含量，打造精细化、差异化、个性化、特色化的旅游产品，培育旅游消费新热点和消费新

需求，优化旅游供给结构，改善旅游供给质量。

3. 推动产品转型升级

把握休闲时代的市场特点和需求趋势，推动旅游产品由观光向休闲度假转型升级，重点建设一批城市与乡村休闲区和旅游度假区，打造一批高质量的国民休闲基地，开发生态休闲、文化休闲、美食休闲、购物休闲、娱乐休闲、运动休闲、康养休闲、夜间休闲、线上休闲、教育休闲等系列产品，提升休闲度假产品的文化品位，完善休闲度假产品功能和服务体系。

(二) 聚焦高质量品牌，创新市场营销模式

1. 完善旅游营销体系

树立系统营销和全面营销理念，按照"政府机构塑造形象、行业部门拓展渠道、旅游企业推广产品"的总体思路，建立政府、行业、媒体、企业等共同参与的全域旅游营销体系和整体推广机制；制定旅游营销规划和市场推广计划，设立旅游营销专项资金，建立旅游市场激励和奖励机制，实施全方位宣传促销，构筑营销合作推广平台，拓展旅游营销渠道，丰富旅游营销内容，形成上下结合、横向联动、多方参与的全域旅游营销格局。

2. 塑造推广品牌形象

结合地方自然与文化特色资源和旅游市场特点，着力策划、设计和塑造旅游目的地形象，打造主题突出、特色鲜明、辨识度高、传播广泛的旅游品牌，建立多层次、全产业链的品牌体系，运用多种载体、渠道和方式加强旅游品牌宣传推广，提高旅游品牌知名度和影响力，引导旅游绿色消费，发展低碳旅游，促进全域旅游绿色、可持续发展。

3. 创新旅游营销方式

把握旅游市场需求和消费趋势，以创新驱动和高质量供给引领旅游新需求，创造旅游营销新模式；加强信息技术在旅游市场营销中的推广和应用，借助大数据分析加强市场调研，开发适销对路的旅游产品，充分运用现代新媒体、新技术和新手段，提高旅游营销的精准度，增强旅游市场感召力，促进旅游市场规模的持续扩大和游客数量的稳定增长。

(三) 聚焦高品质生活，共建共享幸福产业

1. 创造美好旅游生活

旅游是集物质消费与精神享受于一体，事关人民群众生活水平提高的"幸福产业"，要坚持美好生活导向，贯彻"全域即旅游，旅游即生活"的理念，通过深入践行"两山"理念，营造优美的旅游环境，让人民享受和谐共生的高品质绿色生活；通过完善旅游设施与公共服务，实施旅游富民增收和惠民便民行动，让人民享受舒适富裕的高

品质物质生活；通过深化文旅融合，丰富旅游产品和文化活动，让人民享受健康充实的高品质精神生活；通过增加旅游就业机会，加强市场监管和完善旅游现代治理体系，让人民享受安全友好的高品质社会生活，为实现共同富裕作出积极的贡献。

2. 推动旅游共建共享

发展全域旅游的根本目的是让旅游业发展成果更多惠及百姓。一方面，要健全全民共建机制，统筹协调，整合资源，上下一心，部门联动，全民参与，共谋全域旅游蓝图，共抓全域旅游创建，共铸全域旅游品牌，共建全域监管网络，共推全域旅游发展；另一方面，要完善主客共享机制，提升公共旅游设施及其服务功能，开展旅游惠民便民服务，推动旅游创新创业，增加旅游就业机会，实施旅游富民工程，让人民群众在共建共享的旅游发展中有更多的获得感、幸福感和安全感。

3. 扩大创新示范效应

发展全域旅游应因地制宜，结合各地全域旅游示范区的创建实践，着力突破旅游发展瓶颈，力求在发展理念、体制机制、扶持政策、产品业态、公共服务、科技应用、服务管理、环境保护、富民惠民、营销推广及发展模式等方面大胆创新，突出地方特色，探索不同类型的涵式、特色化全域旅游发展道路，形成具有创新突破和示范价值的全域旅游发展模式与经验，树立全域旅游发展典型和标杆，并通过在全国借鉴和推广，扩大创新引领作用和旅游示范效应，推动全域旅游示范区建设水平再上新台阶，提升全域旅游的整体发展质量。

案例12-1

湖南着力打造全域旅游"五张名片"

这十年，湖南充分发挥资源禀赋优势，守正创新抓好文化繁荣发展，大力推进全域旅游，大力实施全域旅游战略，着力打造"五张名片"，即以张家界为代表的奇秀山水名片、以韶山为代表的经典红色名片、以长沙为代表的都市休闲名片、以城头山古文化遗址为代表的农耕文化名片、以南岳衡山为代表的历史文化名片，旅游服务品质化、旅游治理现代化、旅游效益最大化成效明显。

为进一步加快打造世界知名旅游目的地，省政府决定从2022年起每年举办一届旅游发展大会，集中整合项目、资金、政策等要素，推动承办地基础设施建设、整体环境优化、产业融合发展、经济社会发展"四个提速"，着力实现"办一次会、兴一座城"。

(资料来源：高慧. 湖南着力打造全域旅游"五张名片" [N]. 中国旅游报，2022-08-08. 有删减)

思考：全域旅游对旅游目的地发展的影响。

第四节　文旅融合下旅游目的地管理

一、文旅融合概述

(一) 文旅融合的提出

2009年8月31日，原文化部、原国家旅游局在《关于促进文化与旅游结合发展的指导意见》中首次提出：通过打造文化旅游品牌等十项措施推进文化与旅游结合发展，文旅融合拉开序幕。2016年12月，国务院印发的《"十三五"旅游业发展规划》指出，要"促进旅游与文化融合发展"。2018年3月，文化部和国家旅游局合并组建文化和旅游部，标志着文化产业和旅游产业的融合进入一个新的发展阶段。

文旅融合不单单是文化、旅游产业的简单融合，而是从国家层面上提出的一种顶层设计，是将文化产业虚体向旅游产业实体转化的过程，也是将旅游产业实体向更深层次实体发展的过程，是实现中华民族伟大复兴中国梦的重要途径。文旅融合的特色在于满足游客精神方面的需求，游客从生活习俗、饮食文化、社会历史等方面感受不同地区的文化特色，在文化旅游中寻找祖辈的记忆，使人民感受文化魅力，体味文化内涵，自觉传播文化，感受生活的无限乐趣，找寻失去的最原始的梦的过程，在此期间，形成对国家的集体认同感和归属感。文旅融合在于深度挖掘文化内涵，重视物质文化遗产的保护，非物质文化遗产的传承，以消费需求促使更多文化创意产品的出现，在旅游中增加对中国的了解，对文化的感悟，潜移默化地提高国民的综合素质，提高国家文化软实力。

拓展知识12-3

中国文化和旅游部正式挂牌

2018年4月8日上午，文化和旅游部正式挂牌。网友所说的"诗和远方"，终于正式走到了一起。根据《深化党和国家机构改革方案》，文化部、国家旅游局进行了职责整合，新组建文化和旅游部。作为国务院组成部门，文化和旅游部将统筹文化事业、文化产业发展和旅游资源开发，提高国家文化软实力和中华文化影响力。文化和旅游部主要职责是贯彻落实党的文化工作方针政策，研究拟订文化和旅游工作政策措施，统筹规划文化事业、文化产业、旅游业发展，深入实施文化惠民工程，组织实施文化资源普查、挖掘和保护工作，维护各类文化市场包括旅游市场秩序，加强对外文化交流，推动中华文化走出去等。

(资料来源：王莹. 文化和旅游部今日正式挂牌[EB/OL](2018-04-08)[2023-08-30]. http://www.xinhuanet.com/politics/2018-04/08/c_129845542.htm.)

(二) 文旅融合的特征

1. 关注"文化概念"

改革开放以来，我国实现了从旅游短缺型国家到旅游大国的历史性跨越，旅游已经成为公众节假日重要的消费方式。"十三五"期间，旅游业全面融入国家战略体系，成为国民经济战略性支柱产业。随着全面建成小康社会持续推进，旅游已经成为人民群众日常生活的重要组成部分。在旅游活动中，公众对"文化概念"较为关注；在旅游模式上，公众偏好"闲适的乡村民俗之旅"；在旅游的意义方面，偏好"探索新鲜，提升见识"和"暂别'烟火'，享受文艺"。人们旅游不仅仅是为了放松心情，对文化的体验和感受也逐渐成为旅游的主流。

2. 文化旅游成为趋势

在人们的生活水平越来越高、消费能力越来越强、生活节奏不断加快、国民整体知识水平不断提升的背景下，人们对于文化的需求日益呈现多层次、多样化、多方面的特点。旅游作为文化最大的消费市场，文化与旅游相互融合、相互促进成为未来的必然趋势。在文化消费活动中，"看电影文艺演出"是公众最普遍的文化消费习惯，"看展览逛博物馆""参加主题活动"以及"聚会与旅游"也有较多的人选择。公众的文化消费中涵盖了很多旅游要素，旅游成为文化消费的重要载体。

3. 文化旅游产品受到追捧

旅游是文化性很强的经济事业，又是经济性很强的文化事业，文旅融合的加速发展能更好地满足人民日益增长的美好生活需要，全面提高国家文化软实力和中华文化影响力。文化旅游产品强调旅游者在旅游过程中通过景观、服务、设施等方面形成的整体上的地域文化体验，以地域文化的整体环境和具体的文化景观及渗透在设施、服务中的文化审美情趣来吸引旅游者。

4. 旅游需求多样化

随着国民收入的增长，人们对旅游有更多的期待，过去单一、静态的旅游文化资源已经难以满足人民日益增长的美好生活需要，依赖某种自然资源和历史文化资源为主的休闲旅游正在向主题旅游过渡。在需求的驱动下，人们对旅游有更多的期望，旅游也逐渐朝着以内容、故事、场景性消费为主的方向发展。

5. "内容创意"尤其重要

文旅融合的长远持续发展在于如何运用创新理念引领融合。发展文化旅游的首要内容是"内容创意"，其次是"商业模式"和"资本运作"。文化产品和旅游产品的融合不是两者简单叠加，要正确处理好文化旅游市场需求、生产消费等方面的关系，通过挖掘区域文化的特色与亮点，创新文化展现形式，使文旅产品更受人们的欢迎。除此之外，新商业模式能够有效地促进行业的转型升级，通过商业模式的创新，能够优化产品传播渠道、整合先进技术与资源、实现服务质量与效率的提升。

案例12-2

弘扬长城精神，深化文旅融合

近年来，嘉峪关市突出长城文化主题，以大漠风光、绿洲田园和边关风情为依托，以关城、长城第一墩、悬壁长城构成的军事防御体系为主体景观，将嘉峪关长城文化带打造为文旅融合发展经济带。嘉峪关依托长城文化和旅游资源，大力发展夜间经济，取得明显成效。2021年5月，嘉峪关·关城里景区被评为国家级夜间文化和旅游消费集聚区。

2021年，嘉峪关市依托长城国家文化公园建设，围绕"关城""钢城"两大IP，推出以"我到嘉峪关修长城""钢铁是这样炼成的"为主题的研学产品，打造以传承长城文化为主要内容的研学基地，打造"露天长城博物馆"。结合长城主题，市政府推出了"保护长城 从我做起——放飞梦想"实践教育等活动，向广大青少年讲授长城历史文化。同时，市政府积极开展线上展览、文物欣赏及流动展览"四进"活动，展示长城军事、建筑等价值，弘扬长城精神。

为促进文旅融合，嘉峪关·关城里景区将首部边塞史诗剧《天下雄关》搬进景区。《天下雄关》史诗剧是长城文化与丝绸之路文化保护、传承、创新的一次有益尝试，填补了嘉峪关市大型文化和旅游驻场演艺的空白。此外，嘉峪关市文化和旅游局与嘉峪关文化和旅游集团合作，推出了"嘉物传承""峪见礼""你好！嘉峪关"三大系列17个主题200余款文创商品，备受市民游客青睐。

嘉峪关市立足长城资源优势和重要影响，围绕做好长城价值挖掘、文化遗产保护传承和长城精神弘扬，加快长城国家文化公园(嘉峪关段)建设，构建百亿级文旅融合创新产业链，积极推进嘉峪关市长城精神重要传承地、长城学研究主阵地和长城文化国际旅游目的地建设。

(资料来源：张陇堂．弘扬长城精神，深化文旅融合——回访甘肃省嘉峪关市[N]．中国旅游报，2022-09-22．有删减)

思考：文旅融合难在哪里？如何推进？

二、文旅融合下旅游目的地管理策略

(一) 探索文旅融合新途径

1．深化文旅融合

坚持以文塑旅、以旅彰文的原则，创造独具魅力的中华文化旅游体验，要着力创新文旅融合新政策，采取文旅融合新举措，开发文旅融合新产品，举办文旅融合新活动，丰富文旅融合新载体，通过文旅高水平融合，推进全域旅游高质量发展。例如，非物质文化遗产体验(特色演艺、节庆活动)、物质文化遗产活化(历史建筑在博物馆利用的基础上以餐饮、酒店等形式改造)、IP主题游、"圣地巡礼"等将旅游和人文体验完美融合在一起，旅游者可以深入探索和体验当地特色活动和文化。

2. 培育融合新业态

培育文旅消费新热点，拓展文旅融合新空间，衍生文旅融合新业态，打造文旅融合新品牌，以"旅游+"和"+旅游"方式推进产业融合，推动农业、林业、工业、水利、交通、自然资源、文化、体育、教育、医疗等领域与旅游融合发展，不断催生新业态、延伸产业链、创造新价值，壮大"生态+旅游""文化+旅游""农业+旅游""工业+旅游""体育+旅游""教育+旅游""医养+旅游"等融合发展业态，构建大旅游产业格局，激发产业叠加效应与倍增效应。

3. 深挖文化内涵

在全域旅游背景下，文化和旅游的融合性和渗透性日益增强，形象鲜明、主题深刻的文化旅游品牌是旅游目的地占领市场制高点的关键。作为吸引游客的文旅资源，文化旅游品牌必须有文化内涵，形成差异化吸引力。同时，各类旅游设施和服务也都承载着特定的文化因素，需要体现文化特色和个性化人文关怀。围绕旅游演艺、主题公园、历史文化名村名镇和历史文化街区、文化创意产业园、博物馆、文化旅游节庆活动、旅游文创产品夜间旅游等重点领域建设加以推进。

(二) 聚焦文旅产业转型升级

1. 以创意推动融合

文化旅游品牌建设是文旅融合集聚资源、人才、技术，实现消费价值最有利的市场竞争工具，通过创意转化、展示和演绎，并借助一定的技术手段，能够以独特的文化元素、文化符号展示文旅融合效果、文旅关联领域新场景，增强旅游产业的文化附加值，也使文化得以传承和交流，是助推文旅深度融合的"加速器"；通过发展创意经济，创新旅游体验方式和营销手段，打造创意性的旅游吸引物，促进全产业链增值，实现产业和目的地双转型双升级。

2. 提升市场竞争力

文化产业对其他产业具有很强的渗透力和辐射力，在产业价值链中占据高端位置，并能产生巨大的经济效益。因此，文旅产业要实现健康发展，必须要在保留旅游目的地已有的文化资源基础上，创新文化的发展理念，改变传统的利用方式，采用现代化的技术，满足游客对旅游产品个性化、体验化、情感化、休闲化的需求，提升市场竞争力，如通过大数据、虚拟现实、增强现实、人工智能、区块链等新技术，创新内容表达方式和展览展示手段，尽力融入全球文化和旅游产业价值链。

3. 促进产业升级

一是大力推动旅游与科技融合发展，加强旅游互联网基础设施、信息互动终端和旅游物联网设施建设，推动5G、人工智能、物联网宙等"新基建"和新技术在旅游领域应用，运用虚拟现实VR、增强现实AR、混合现实MR等信息科技手段丰富游客体验；二是促进产业链和创新链精准对接，提升旅游产业链供应链现代化水平，积极培育云旅游、云娱乐、云展览、沉浸式旅游等新消费、新业态和新模式，不断壮大"互联网+旅游"数字平台旅游新经济。

(三) 提升文化旅游服务品质

1. 优化升级产品体系

在当前旅游需求多样化的背景下，文旅产业要不断加强对旅游需求、旅游资源、投资环境的调研，识别和挖掘文旅融合产品的最佳交汇点，打造涵盖食、住、行、游、购、娱要素的文化旅游品牌，构建多元立体的旅游产品体系，开发设计高端休闲度假文化产品。同时，为提高市场竞争力，提升旅游产业的文化内涵，在保护原有文化不变的基础上，将文化创意和数字化、人工智能等高科技元素应用在传统旅游产品的表现形式和服务中，并引起不同利益群体的文化认同，推进文旅深度融合。如北京故宫博物院通过技术手段、文化创意和营销创新，将自身具有的历史文化元素注入美观和实用的文创产品中，使传统文化融入潮流生活，让大众在吃穿住行中了解历史，既弘扬了中国传统文化，使文化得以传承和发展，同时"网红"综艺、"网红"纪录片也带动了故宫成为新的旅游"网红"打卡地。

2. 促进业态提质增效

从文化和旅游业态融合来看，近年来，为推动文旅融合，各级政府创新推出了一批文旅融合的基地、示范区、试验区、园区、工程等，极大推动了文化和旅游产业的融合发展。但文旅新业态内容的丰富并不能吸引大量的消费者，只有对所有业态进行合理布局、优化组合，才能充分满足旅游者的需求，才能实现文旅深度融合。随着互联网信息时代旅游者消费结构和消费行为的改变，文旅融合要进一步增强业态之间的融合，最大限度地为消费者提供一站式便利服务。因此，各旅游企业或旅游目的地要充分借助自身优势，依托产业链重构、优化和整合的优势，不断创新，提升旅游者的满意度。

本章小结

本章首先介绍了新时代旅游目的地管理特征，接下来主要介绍了新时代下旅游目的地管理的新发展，主要包含大众旅游、全域旅游和文旅融合。每种类型的旅游新发展分别从内涵、背景、特征和策略方面展开介绍，其中重点阐述了每种类型旅游新发展背景下的旅游目的地管理策略。

复习思考题

1. 简述新时代旅游目的地管理特征。

2. 简述大众旅游背景下的旅游目的地管理策略。

3. 简述全域旅游的概念和内涵。

4. 简述文旅融合的特征。

5. 试述旅游高质量发展的路径和模式。

参考文献

[1] 北京巅峰智业旅游文化创意股份有限公司课题组. 图解全域旅游理论与实践[M]. 北京：旅游教育出版社，2018.

[2] 程金龙，王淑曼. 旅游目的地管理[M]. 2版. 北京：中国旅游出版社，2021.

[3] 陈玲玲，汤澍，邝玉春，等. 旅游目的地管理[M]. 长沙：湖南师范大学出版社，2021.

[4] 黄安民. 旅游目的地管理[M]. 2版. 武汉：华中科技大学出版社，2021.

[5] 黄安民. 旅游目的地管理[M]. 武汉：华中科技大学出版社，2016.

[6] 胡艳荣. 节事活动策划管理实务[M]. 长春：吉林文史出版社，2017.

[7] 纪花，卢竹. 景区服务与管理[M]. 长沙：湖南师范大学出版社，2015.

[8] 李雪松. 旅游目的地管理[M]. 北京：中国旅游出版社，2017.

[9] 卢晓. 节事活动策划与管理[M]. 上海：上海人民出版社，2016.

[10] 李应军，唐慧，杨结，等. 旅游服务质量管理[M]. 武汉：华中科技大学出版社，2019.

[11] 罗伊玲. 节事活动策划与管理[M]. 武汉：华中科技大学出版社，2016.

[12] 陆均良，宋夫华. 智慧旅游新业态的探索与实践[M]. 杭州：浙江大学出版社，2017.

[13] 李晓琴，朱创业. 旅游规划与开发[M]. 2版. 北京：高等教育出版社，2021.

[14] 凌常荣，刘庆. 旅游目的地开发与管理[M]. 北京：经济管理出版社，2013.

[15] 马勇，李玺. 旅游规划与开发[M]. 4版. 北京：高等教育出版社，2018.

[16] 王昕，张海龙. 旅游目的地管理[M]. 北京：中国旅游出版社，2019.

[17] 徐红罡. 事件旅游及旅游目的地建设管理[M]. 北京：中国旅游出版社，2005.

[18] 徐虹，路科. 旅游目的地管理[M]. 天津：南开大学出版社，2015.

[19] 杨瑞. 节事活动管理实务[M]. 北京：机械工业出版社，2013.

[20] 邹统钎. 旅游目的地开发与管理[M]. 天津：南开大学出版社，2015.

[21] 庄志民. 旅游经济发展的文化空间[M]. 上海：学林出版社，2002.

[22] 张朝枝，陈钢华. 旅游目的地管理[M]. 重庆：重庆大学出版社，2021.

[23] 张文建. 旅游服务管理[M]. 广州：广东旅游出版社，2001.

[24] Curran C S. The anticipation of converging industries:A concept applied to Nutraceuticals and functional foods[M]. London: Springer-Verlag, 2013.

[25] Getz D. Festivals, Special Events and Tourism[M]. New York: Van Nostr and Reinhold, 1991.

[26] Morrison A M. Marketing and managing tourism destinations[M]. London: Routledge, 2013.

[27] 陈秀琼，黄福才. 基于社会网络理论的旅游系统空间结构优化研究[J]. 地理与地理信息科学，2006，5.

[28] 程晓丽，胡文海. 皖南国际旅游文化示范区文化旅游资源整合开发模式[J]. 地理研究，2012，1.

[29] 丁雨莲，赵媛. 旅游产业融合的动因、路径与主体探析——以深圳华强集团融合发展旅游主题公园为例[J]. 人文地理，2013，28(4).

[30] 付业勤，曹娜，李勇. 海南旅游新业态类型、分布与发展策略研究[J]. 海南广播电视大学学报，2015，16(3).

[31] 方永恒，周家羽. 体育旅游产业与文化创意产业融合发展模式研究[J]. 体育文化导刊，2018，2.

[32] 傅才武. 论文化和旅游融合的内在逻辑[J]. 武汉大学学报(哲学社会科学版)，2020，2.

[33] 丰晓旭，夏杰长. 中国全域旅游发展水平评价及其空间特征[J]. 经济地理，2018，38(4).

[34] 高丽敏，程伟，史彦军. 旅游新业态的产生发展规律研究[J]. 中国商贸，2012，12.

[35] 高凌江，夏杰长. 中国旅游产业融合的动力机制、路径及政策选择[J]. 首都经济贸易大学学报，2012，14(2).

[36] 郭旸，沈涵. 基于生态内生化的旅游新业态的体系构建与规制研究[J]. 生态经济，2011，4.

[37] 郭晓勋，李响. 文旅融合背景下黑龙江旅游特色小镇建设路径[J]. 学术交流，2020，11.

[38] 顾宇. 从新兴产业到新型产业——从中外比较的视角看我国旅游业态的创新与发展[J]. 淮海工学院学报(社会科学版)，2011，9(20).

[39] 黄先开. 新时代文化和旅游融合发展的动力、策略与路径[J]. 北京工商大学学报(社会科学版)，2021，36(4).

[40] 黄蕊，侯丹. 东北三省文化与旅游产业融合的动力机制与发展路径[J]. 当代经济研究，2017，10.

[41] 黄芳芳，王芳. 文旅如何相互赋能[J]. 经济，2018，9.

[42] 黄震方，陆林，肖飞，等. "双循环"新格局与旅游高质量发展：理论思考与创新实践[J]. 中国名城，2021，35(2).

[43] 黄秀琳. 韩国文化旅游的发展经验及对我国的启示[J]. 经济问题探索，2011(3).

[44] 胡抚生. 新时代的目的地形象提升要以优质旅游发展为支撑[J]. 旅游学刊，2018，33(4).

[45] 矫孟瑶. 大型节事旅游对旅游目的地影响分析——以锦州世园会为例[J]. 现代商贸工业，2013，22.

[46] 厉无畏，王慧敏. 国际产业发展的三大趋势分析[J]. 上海社会科学院学术季刊，2002，2.

[47] 雷鹏. 旅游新业态类型及其形成驱动机制研究[J]. 旅游纵览(下半月)，2014，2.

[48] 李在军. 冰雪产业与旅游产业融合发展的动力机制与实现路径探析[J]. 中国体育科技，2019(7).

[49] 李莘，刘苏，赵义娟，等. 简析新媒体对旅游目的地营销的影响[J]. 现代营销(学苑版)，2021，12.

[50] 李志元. 旅游目的地新媒体营销研究综述[J]. 辽宁经济，2020，12.

[51] 李炳义，城市旅游服务体系的构建[J]. 城市发展研究，2013，1.

[52] 李雪丽，陶婷芳，张振国. 新业态：旅游业可持续发展的战略选择[J]. 江苏商论，2011，12.

[53] 李志刚. 特色小(城)镇建设中的文旅融合[J]. 人民论坛·学术前沿，2019，6.

[54] 李志飞. 全域旅游时代的变与不变[J]. 旅游学刊，2016，31(9).

[55] 李春莹，林彩斌，林明水，等. 县域全域旅游竞争力评价研究——以福建省为例[J]. 福建师范大学学报(自然科学版)，2020，36(4).

[56] 刘婷，梁千雨. "乡村振兴+文旅融合"协同发展模式研究[J]. 南方农机，2022，53(1).

[57] 廖雪晴，史红月. 文旅融合下全域旅游的高质量发展路径研究——以连云港市连云区为例[J]. 江苏商论，2022，5.

[58] 兰苑，陈艳珍. 文化产业与旅游产业融合的机制与路径——以山西省文化旅游业发展为例[J]. 经济问题，2014，9.

[59] 林岚，杨蕾蕾，戴学军，等. 旅游目的地系统空间结构耦合与优化研究——以福建省为例[J]. 人文地理，2011，4.

[60] 梁东，谭学英. 营销组合理论演变轨迹综述[J]. 科技进步与对策，2003，20(5).

[61] 马健. 产业融合识别的理论探讨[J]. 社会科学辑刊. 2005，3.

[62] 麻学锋，张世兵，龙茂兴. 旅游产业融合路径分析[J]. 经济地理，2010，30(4).

[63] 聂子龙，李浩. 产业融合中的企业战略思考[J]. 软科学，2003，17(2).

[64] 潘祖凡. 基于4P、4C、4R市场营销组合理论的企业营销策略研究[J]. 现代企业教育，2014，10.

[65] 彭夏岁. 全域旅游目的地形象"投射-感知"比较实证分析——以厦门市为例[J]. 西南师范大学学报(自然科学版)，2020，45(9).

[66] 宋立中. 国外非物质文化遗产旅游研究综述与启示——基于近20年ATR、TM文献的考察[J]. 世界地理研究，2014，4.

[67] 山西省社会科学院课题组，高春平. 山西省黄河文化保护传承与文旅融合路径研究[J]. 经济问题，2020，7.

[68] 王莹. 旅游区服务产品特性分析及管理策略[J]. 旅游学刊，2002，4.

[69] 王人龙，董亚娟. 旅游新业态的驱动机制研究[J]. 特区经济，2017(3).

[70] 王兴贵. 甘孜州旅游业态创新发展研究[J]. 四川民族学院学报，2012，21(6).

[71] 汪燕，李东和. 旅游新业态的类型及其形成机制研究[J]. 科技和产业，2011，11(6).

[72] 吴海莉，嵇仙峰. 市场营销组合策略理论演进的综合分析[J]. 现代商业，2010，32.

[73] 魏玮. 新媒体环境下城市旅游目的地整合营销研究[J]. 商业经济研究，2021，4.

[74] 邬江. 数字化视域下文旅融合推动智慧旅游创新研究[J]. 经济问题，2022，5.

[75] 杨彬. 发展全域旅游共享美好生活[J]. 旅游学刊，2020，35(2).

[76] 杨振之. 全域旅游的内涵及其发展阶段[J]. 旅游学刊，2016，31(12).

[77] 杨玲玲，魏小安. 旅游新业态的"新"意探析[J]. 资源与产业，2009，6.

[78] 杨强. 体育旅游产业融合发展的动力与路径机制[J]. 体育学刊，2016，23(4).

[79] 杨彦锋. 互联网技术成为旅游产业融合与新业态的主要驱动因素[J]. 旅游学刊，2012，27(9).

[80] 姚延波，侯平平. 老年友好型旅游目的地服务体系研究[J]. 北华大学学报(社会科学版)，2019，20(3).

[81] 严伟. 产业链协同视角下旅游产业融合模式及机理分析[J]. 商业经济研究，2016，10.

[82] 张香荣. 节庆活动对旅游地的影响及思考[J]. 安徽农学通报，2007，8.

[83] 张艳. 创新旅游业态推进河南省旅游产业转型升级[J]. 旅游纵览(行业版)，2011，3.

[84] 张文建. 当代旅游业态理论及创新问题探析[J]. 商业经济与管理，2010，4.

[85] 张文建. 市场变化格局下的旅游业态转型与创新[J]. 社会科学，2011，10.

[86] 植草益. 信息通讯业的产业融合[J]. 中国工业经济，2001，2.

[87] 周振华. 产业融合：新产业革命的历史性标志[J]. 产业经济研究，2003，1.

[88] 张海燕，王忠云. 旅游产业与文化产业融合运作模式研究[J]. 山东社会科学，2013，1.

[89] 郑向敏，卢昌崇. 论我国旅游安全保障体系的构建[J]. 东北财经大学学报，2003(6).

[90] 赵敏. 社会转型时期传统音乐文化与旅游产业深度融合发展研究——以"六安茶谷"建设为例[J]. 安徽师范大学学报(人文社会科学版)，2020，2.

[91] 朱曼. 文旅融合视野下"唐诗之路"开发的现状与思考[J]. 中国文化馆，2021，1.

[92] 朱玲. 国内旅游目的地品牌传播途径与方式研究[J]. 现代商贸工业，2018，39(8).

[93] Blackman C R. Convergence between telecommunications and other media:how shouldregulation adapt[J]. Telecommunications Policy, 1998, 22(3).

[94] Choi D, Valikangas L. Patterns of strategy innovation[J]. European Management Journal, 2001, 19(4).

[95] Fotiadis A K, Vassilisdis C A. Service quality at theme parks[J]. Journal Of Quality Assurance In Hospitality&Tourism, 2016, 117(2).

[96] Rosenberg N. Technological change in the machine tool industry,1840-1910[J]. The Journal of Economic History, 1963, 23.

[97] 程质彬. 贵州省旅游新业态发展研究[D]. 贵阳：贵州大学，2015.

[98] 田蒙. 全域旅游背景下保定市旅游城市形象提升策略研究[D]. 石家庄：河北经贸大学，2022.

[99] 张际. 基于游客满意度的秦皇岛旅游服务质量调查及提升对策研究[D]. 秦皇岛：燕山大学，2018.

[100] 张肖杰. 旅游"新业态"发展指标体系构建与分析[D]. 杭州：浙江工商大学. 2018.

[101] 邹永广. 目的地旅游安全评价研究[D]. 泉州：华侨大学，2015.

[102] 赵俊利. 全域旅游视角下旅游小镇发展模式研究[D]. 上海：上海师范大学，2017.

[103] 赵传松. 山东省全域旅游可持续性评估与发展模式研究[D]. 济南：山东师范大学，2019.

[104] 厉新建，马蕾. 把全域旅游作为供给侧改革的着力点[N]. 中国旅游报，2016-03-16.

[106] 李太光，张文建. 旅游产业转型升级中的业态创新[N]. 中国旅游报，2008-06-25.

[107] 唐德军. 全域旅游的空间与用地管理[N]. 中国旅游报，2016-04-27.

[108] 汤少忠. "全域旅游"驱动因素与发展模式[N]. 中国旅游报，2014-06-04.

[109] 魏小安. 全域旅游解析[N]. 中国旅游报，2015-12-02.

[110] 吴必虎，张栋平. 以五大发展理念引领全域旅游发展[N]. 中国旅游报，2016-02-03.

[111] 邹统钎，晨星，张一帆. 促进文化旅游深度融合形成经济发展新增长极[N]. 中国旅游报，2018-06-22.

[112] 邹统钎，张一帆，晨星. 国外文旅融合经验值得借鉴[N]. 中国旅游报，2018-08-17.